晉書

唐房玄齡等撰

第十册

卷一一七至卷一三〇（載記）

中華書局

晉書卷一百十七

載記第十七

姚興上

姚興字子略，萇之長子也。苻堅時爲太子舍人。萇之在馬牧，興自長安冒難奔萇，萇立爲皇太子。萇出征討，常留統後事。及鎮長安，甚有威惠。與其中舍人梁喜、洗馬范勖等講論經籍，不以兵難廢業，時人咸化之。

萇死，興祕不發喪，以其叔父緒鎮安定，碩德鎮陰密，弟崇守長安。碩德將佐言於碩德曰：「公威名宿重，部曲最强，今喪代之際，朝廷必相猜忌，非永安之道也。宜奔秦州，觀望事勢。」碩德曰：「太子志度寬明，必無疑阻。今苻登未滅而自尋干戈，所謂追二袁之蹤，授首與人。吾死而已，終不若斯。」及至，興優禮而遣之。

興自稱大將軍，以尹緯爲長史，狄伯支爲司馬，率衆伐苻登。咸陽太守劉忌奴據避世堡以叛，興襲卮奴，擒之。苻登自六陌向廢橋，始平太守姚詳據馬嵬堡以距登。登衆甚盛，興慮詳不能遏，乃自將精騎以迫登，遣尹緯領步卒赴詳。緯用詳計，據廢橋以抗登。登因急攻緯，緯將出戰，興馳遣狄伯支謂緯曰：「兵法不戰而制人者，蓋爲此也。苻登窮寇，宜持重，不可輕戰。」緯曰：「先帝登遐，人情擾懼，今不因思奮之力，梟殄逆豎，大事去矣。緯敢以死爭。」遂與登戰，大破之，登衆渴死者十二三，其夜大潰，登奔雍。興乃發喪行服。太元十九年，僭卽帝位于槐里，大赦境內，改元曰皇初，遂如安定。

先是，苻登使弟廣守雍，子崇屯胡空堡，聞登敗，各棄守走。登無所投據，遂奔平涼，率其餘衆入馬毛山。興自安定如涇陽，與登戰于山南，斬登。散其部衆，歸復農業。徙陰密三萬戶于長安，分大營戶爲四，置四軍以領之。

安南强熙、鎭遠楊多叛，推竇衝爲盟主，所在擾亂。興率諸將討之，軍次武功，多兄子良國殺多而降。衝弟彰武與衝離貳，衝奔强熙。熙聞興將至，率戶二千奔秦州。竇衝走汧川，汧川氐仇高執送之。衝從弟統率其衆降于興。

封征虜緒爲晉王，征西碩德爲隴西王，征南靖等及功臣尹緯、齊難、楊佛嵩等並爲公侯，其餘封爵各有差。

鮮卑薛勃於貳城爲魏軍所伐，遣使請救，使姚崇赴救。魏師既還，薛勃復叛，崇伐而執之，大收其士馬而還。

興追尊其庶母孫氏爲皇太后，配饗太廟。

楊盛保仇池，遣使請命，拜使持節、鎮南將軍、仇池公。鮮卑越質詰歸率戶二萬叛乞伏乾歸，降于興，興處之于成紀，拜使持節、鎮西將軍、平襄公。

姚碩德討平涼胡金豹于洛城，克之。初，上邽姜乳據本縣以叛，自稱秦州刺史。碩德進討之，乳率衆降。以碩德爲秦州牧，領護東羌校尉，鎮上邽。徵乳爲尚書。强熙及略陽豪族權千城率衆三萬圍上邽，〔一〕碩德擊破之。熙南奔仇池，遂假道歸晉。碩德西討千城，千城降。

興令郡國各歲貢淸行孝廉一人。

慕容永旣爲慕容垂所滅，河東太守柳恭等各阻兵自守，興遣姚緒討之。恭等依河距守，緒不得濟。鎮東薛彊先據楊氏壁，引緒從龍門濟河，遂入蒲坂。恭勢屈，請降。徙新平、安定新戶六千于蒲坂。

興母虵氏死，興哀毁過禮，不親庶政。羣臣議請依漢魏故事，旣葬卽吉。興尙書郎李嵩上疏曰：「三王異制，五帝殊禮。孝治天下，先王之高事也，宜遵聖性，以光道訓。旣葬之後，應素服臨朝，率先天下，仁孝之舉也。」尹緯駁曰：「帝王喪制，漢魏爲準。嵩矯常越禮，愆于軌度，請付有司，以專擅論。既葬即吉，乞依前議。」興曰：「嵩忠臣孝子，有何咎乎？尹僕射棄先王之典，而欲遵漢魏之權制，豈所望於朝賢哉！其一依嵩議。」

鮮卑薛勃叛奔嶺北，上郡、貳川雜胡皆應之，遂圍安遠將軍姚詳於金城。遣姚崇、尹緯討之。勃自三交趣金城，崇列營掎之，而租運不繼，三軍大飢。緯言於崇曰：「輔國彌姐高地、建節杜成等皆諸部之豪，位班三品，督運稽留，令三軍乏絕，宜明置刑書，以懲不肅。」遂斬之。諸部大震，租入者五十餘萬。興率步騎二萬親討之，勃懼，棄其衆奔于高平公沒奕于，于執而送之。

泫氏男姚買得欲因興葬母虵氏殺興，會有告之者，興未之信，遣李嵩詐往。買得具以告嵩，嵩還，以聞，興乃賜買得死，誅其黨與。

興下書禁百姓造錦繡及淫祀。

興率衆寇湖城，晉弘農太守陶仲山、華山太守董邁皆降於興。遂如陝城，進寇上洛，陷之。遣姚崇寇洛陽，晉河南太守夏侯宗之固守金墉，崇攻之不克，乃陷柏谷，徙流人西河嚴彥、河東裴岐、韓襲等二萬餘戶而還。

興下書，令士卒戰亡者守宰所在埋藏之，求其近親爲之立後。

武都氐屠飛、啖鐵等殺隴東太守姚迴，略三千餘家，據方山以叛。興遣姚紹等討之，斬飛、鐵。遣狄伯支迎流人曹會、牛壽萬餘戶于漢中。

興留心政事，苞容廣納，一言之善，咸見禮異。京兆杜瑾、馮翊吉默、始平周寶等上陳時事，皆擢處美官。天水姜龕、東平淳于岐、馮翊郭高等皆耆儒碩德，經明行修，各門徒數百，教授長安，諸生自遠而至者萬數千人。興每於聽政之暇，引龕等于東堂，講論道藝，錯綜名理。涼州胡辯，苻堅之末，東徙洛陽，講授弟子千有餘人，關中後進多赴之請業。興敕關尉曰：「諸生諮訪道藝，修己厲身，往來出入，勿拘常限。」於是學者咸勸，儒風盛焉。給事黃門侍郎古成詵、中書侍郎王尙、尙書郎馬岱等，以文章雅正，參管機密。詵風韻秀舉，確然不羣，每以天下是非爲己任。時京兆韋高慕阮籍之爲人，居母喪，彈琴飲酒。詵聞而泣曰：「吾當私刃斬之，以崇風教。」遂持劍求高。高懼，逃匿，終身不敢見詵。

興遣將鎭東楊佛嵩攻陷洛陽。

班命郡國，百姓因荒自賣爲奴婢者，悉免爲良人。興以日月薄蝕，災眚屢見，降號稱王，下書令羣公卿士將牧守宰各降一等。於是其太尉趙公旻等五十三人上疏諫曰：〔三〕「伏惟陛下勳格皇天，功濟四海，威靈振於殊域，聲教暨於遐方，雖成湯之隆殷基，武王之崇周業，未足比喻。方當廓靖江吳，告成中岳，豈宜過垂沖損，違皇天之眷命乎！」興曰：「殷湯、夏禹德冠百王，然猶順守謙沖，未居崇極，況朕寡昧，安可以處之哉！」乃遣旻告于社稷宗廟，大赦，改元弘始。〔三〕賜孤獨鰥寡粟帛有差，年七十已上加衣杖。始平太守周班、槐里令李彭皆以黷貨誅，於是郡國肅然矣。洛陽既陷，自淮漢已北諸城，多請降送任。

興下書聽祖父母昆弟得相容隱。姚緒、姚碩德以興降號，固讓王爵，興弗許。

京兆韋華、譙郡夏侯軌、始平龐眺等率襄陽流人一萬叛晉，奔于興。興引見東堂，謂華曰：「晉自南遷，承平已久，今政化風俗何如？」華曰：「晉主雖有南面之尊，無總御之實，宰輔執政，政出多門，權去公家，遂成習俗。刑網峻急，風俗奢宕。自桓溫、謝安已後，未見寬猛之中。」興大悅，拜華中書令。

興如河東。時姚緒鎮河東，興待以家人之禮。下書封其先朝舊臣姚驢𥗽、趙惡地、王平、馬萬載、黃世等子爲五等子男。命百僚舉殊才異行之士，刑政有不便於時者，皆除之。兵部郎金城邊熙上陳軍令煩苛，宜遵簡約。興覽而善之，乃依孫吳誓衆之法以損益之。興立律學于長安，召郡縣散吏以授之。其通明者還之郡縣，論決刑獄。若州郡縣所不能決者，讞之廷尉。興常臨諮議堂聽斷疑獄，于時號無冤滯。

姚緒、姚碩德固讓王爵，許之。緒、碩德威權日盛，興恐姦佞小人沮惑之，乃簡清正君子爲之輔佐。

興以司隸校尉郭撫、扶風太守强超、長安令魚佩、槐里令彭明、倉部郎王年等清勤貞白，下書褒美，增撫邑一百戶，賜超爵關內侯，佩等進位一級。

使碩德率隴右諸軍伐乞伏乾歸，興潛軍赴之，乾歸敗走，降其部衆三萬六千，收鎧馬六萬匹。軍無私掠，百姓懷之。興進如枹罕，班賜王公以下，偏於卒伍。

興之西也，沒奕干密欲乘虛襲安定，長史皇甫序切諫乃止。于自恨失言，陰欲殺序。乞伏乾歸以窮蹙來降，拜鎮遠將軍、河州刺史、歸義侯，復以其部衆配之。

興下書，將帥遭大喪，非在疆埸嶮要之所，皆聽奔赴，及朞，乃從王役。臨戎遭喪，聽假百日。若身爲邊將，家有大變，交代未至，敢輒去者，以擅去官罪罪之。遣晉將軍劉嵩等二百三十七人歸于建鄴。

魏人襲沒奕于，于棄其部衆，率數千騎與赫連勃勃奔于秦州。魏軍進次瓦亭，長安大震，諸城閉門固守。魏平陽太守貳塵入侵河東。興於是練兵講武，大閱于城西，幹勇壯異者召入殿中，引見羣臣于東堂，大議伐魏。羣臣咸諫以爲不可，興不從。司隸姚顯進曰：「陛下天下之鎮，不宜親行，可使諸將分討，授以廟勝之策。」興曰：「王者正以廓土靖亂爲務，吾焉得而辭之！」

興立其子泓爲皇太子，大赦境內，賜男子爲父後者爵一級。

遣姚平、狄伯支等率步騎四萬伐魏，姚碩德、姚穆率步騎六萬伐呂隆。平等軍次河東，興遣其光遠党娥、立節雷星、建忠王多等率杏城及嶺北突騎自和寧赴援，越騎校尉唐小方、〔四〕積弩姚良國率關中勁卒爲平後繼，姚緒統河東見兵爲前軍節度，姚紹率洛東之兵，姚詳率朔方見騎，並集平望，以會于興。使沒奕于權鎮上邽，中軍、廣陵公斂權鎮洛陽，姚顯及尚書令姚晃輔其太子泓，入直西宮。

碩德至姑臧，大敗呂隆之衆，俘斬一萬。隆將呂他等率衆二萬五千，以東苑來降。先是，禿髮利鹿孤據西平，沮渠蒙遜據張掖，李玄盛據敦煌，與呂隆相持。至是，皆遣使降。興率戎卒四萬七千，自長安赴姚平。平攻魏乾城，陷之，遂據柴壁。魏軍大至，攻平，截汾水以守之。興至蒲坂，憚而不進。

時碩德攻呂隆，撫納夷夏，分置守宰，節糧積粟，爲持久之計。隆懼，遂降。碩德軍令齊整，秋毫無犯，祭先賢，禮儒哲，西土悅之。

姚平糧竭矢盡，將麾下三十騎赴汾水而死，狄伯支等十將四萬餘人，皆爲魏所擒。興下書，軍士戰沒者，皆厚加褒贈。魏軍乘勝進攻蒲坂，姚緒固守不戰，魏乃引還。

興徙河西豪右萬餘戶于長安。

晉輔國將軍袁虔之、寧朔將軍劉壽、冠軍將軍高長慶、龍驤將軍郭恭等貳于桓玄，懼而奔興。興臨東堂引見，謂虔之等曰：「桓玄雖名晉臣，其實晉賊，其才度定何如父也？能辦成大事以不？」虔之曰：「玄藉世資，雄據荆楚，屬晉朝失政，遂偷竊宰衡。安忍無親，多忌好殺，位不才授，爵以愛加，無公平之度，不如其父遠矣。今既握朝權，必行篡奪，既非命世之才，正可爲他人驅除耳。此天以機便授之陛下，願速加經略，廓清吳楚。」興大悅，以虔之爲大司農，餘皆有拜授。虔之固讓，請疆場自效，改授假節、寧南將軍、廣州刺史。

興立其昭儀張氏爲皇后，封子懿、弼、洸、宣、諶、愔、璞、質、逵、裕、國兒皆爲公。遣其兼大鴻臚梁斐，以新平張構爲副，拜秃髮傉檀車騎將軍、廣武公，沮渠蒙遜鎮西將軍、沙州刺史、西海侯，李玄盛安西將軍、高昌侯。

興遣鎮遠趙曜率衆二萬西屯金城，建節王松忩率騎助呂隆等守姑臧。松忩至魏安，爲傉檀弟文眞所圍，衆潰，執松忩，送于傉檀。傉檀大怒，送松忩還長安，歸罪文眞，深自陳謝。

興下書，錄馬嵬戰時將吏，盡擢敍之，其堡戶給復二十年。興性儉約，車馬無金玉之飾，自下化之，莫不敦尚清素。然好游田，頗損農要。京兆杜挻以僕射齊難無匡輔之益，著豐草詩以箴之，馮翊相雲作德獵賦以諷焉。興皆覽而善之，賜以金帛，然終弗能改。

晉順陽太守彭泉以郡降興，興遣楊佛嵩率騎五千，與其荆州刺史趙曜迎之，遂寇陷南鄉，擒建威將軍劉嵩，略地至于梁國而歸。又遣其兼散騎常侍席確詣涼州，徵呂隆弟超入侍，隆遣之。呂隆懼禿髮傉檀之逼，表請內徙。興遣齊難及鎮西姚詰、鎮遠乞伏乾歸、鎮遠趙曜等步騎四萬，迎隆于河西。難至姑臧，以其司馬王尚行涼州刺史，配兵三千鎮姑臧，以將軍閻松爲倉松太守，郭將爲番禾太守，分戍二城，徙隆及其宗室僚屬于長安。沮渠蒙遜遣弟如子貢其方物。〔五〕王尚綏撫遺黎，導以信義，百姓懷其惠化，翕然歸之。北部鮮卑並遣使貢款。

桓玄遣使來聘，請辛恭靖、何澹之。興留恭靖而遣澹之，謂曰：「桓玄不推計曆運，將圖篡逆，天未忘晉，必將有義舉，以吾觀之，終當傾覆。卿今馳往，必逢其敗，相見之期，邈不云遠。」初，恭靖至長安，引見興而不拜，興曰：「朕將任卿以東南之事。」靖曰：「我寧爲國家鬼，不爲羌賊臣。」興怒，幽之別室。至是，恭靖亦踰牆遁歸。

興遣其將姚碩德、姚斂成、姚壽都等率衆三萬，伐楊盛于仇池。壽都等入自宕昌，斂成從下辯而進。盛遣其弟壽距成，從子斌距都。都逆擊擒之，盡俘其衆。楊壽等懼，率衆請降。碩德還師。

晉汝南太守趙策委守奔于興。

興如逍遙園，引諸沙門于澄玄堂聽鳩摩羅什演說佛經。羅什通辯夏言，尋覽舊經，多有乖謬，不與胡本相應。興與羅什及沙門僧略、僧遷、道樹、僧叡、道坦、僧肇、曇順等八百餘人，〔六〕更出大品，羅什持胡本，興執舊經，以相考校，其新文異舊者皆會於理義。續出諸經幷諸論三百餘卷。今之新經皆羅什所譯。興旣託意於佛道，公卿已下莫不欽附，沙門自遠而至者五千餘人。起浮圖於永貴里，立波若臺于中宮，沙門坐禪者恒有千數。州郡化之，事佛者十室而九矣。

使姚碩德及冠軍徐洛生等伐仇池，又遣建武趙琨自宕昌而進，遣其將斂俱寇漢中。

時劉裕誅桓玄，迎復安帝，玄衞將軍、新安王桓謙，臨原王桓怡，雍州刺史桓蔚，左衞將軍桓謐，中書令桓胤，〔七〕將軍何澹之等奔于興。劉裕遣大參軍衡凱之詣姚顯，請通和，顯遣吉默報之，自是聘使不絕。晉求南鄉諸郡，興許之。羣臣咸諫以爲不可，興曰：「天下之善一也，劉裕拔萃起微，匡輔晉室，吾何惜數郡而不成其美乎！」遂割南鄉、順陽、新野、舞陰等十二郡歸於晉。

姚碩德等頻敗楊盛，盛懼，請降，遣子難當及僚佐子弟數十人爲質，碩德等引還。署盛爲使持節、散騎常侍、都督益寧州諸軍事、征南大將軍、開府、益州牧、武都侯。斂俱陷城固，徙漢中流人郭陶等三千餘家於關中。

興班告境內及在朝文武，立名不得犯叔父緒及碩德之名，以彰殊禮。興謙恭孝友，每見緒及碩德，如家人之禮，整服傾悚，言則稱字，車馬服玩，必先二叔，然後服其次者，朝廷大政，必諮之而後行。

太史令郭黁言於興曰：「戊亥之歲，當有孤寇起於西北，宜慎其鋒。起兵如流沙，死者如亂麻，戎馬悠悠會隴頭，鮮卑、烏丸居不安，國朝疲於奔命矣。」時所在有泉水涌出，傳云飲則愈病，後多無驗。屢有妖人自稱神女，戮之乃止。

興大閱，自杜鄠至於羊牧。興以姚碩德來朝，大赦其境內。及碩德歸於秦州，興送之，及雍乃還。

禿髮傉檀獻興馬三千匹，羊三萬頭。興以爲忠於己，乃署傉檀爲涼州刺史，徵涼州刺史王尚還長安。涼州人申屠英等二百餘人，遣主簿胡威詣興，請留尚，興弗許。引威見之，威流涕謂興曰：「臣州奉國五年，王威不接，銜膽棲冰、孤城獨守者，仰恃陛下威靈，俯杖良牧惠化。忽違天人之心，以華土資狄。若傉檀才望應代，臣豈敢言。竊聞乃以臣等貿馬三千匹，羊三萬口，如所傳實者，是爲棄人貴畜。苟以馬供軍國，直煩尚書一符，三千餘家戶輸一匹，朝下夕辦，何故以一方委此姦胡！昔漢武傾天下之資，開建河西，隔絕諸戎，斷匈奴右臂，所以終能屠大宛王毋寡。今陛下方布政玉門，流化西域，奈何以五郡之地資之獫狁，忠誠華族棄之虐虜！非但臣州里塗炭，懼方爲聖朝旰食之憂。」興乃遣西平人車普馳止王尚，又遣使喻傉檀。會傉檀已至姑臧，普以狀先告之。傉檀懼，脅遣王尚，遂入姑臧。

尙既至長安，坐匿呂氏宮人，擅殺逃人薄禾等，禁止南臺。涼州別駕宗敞、治中張穆、主簿邊憲、胡威等上疏理尙曰：

臣州荒裔，鄰帶寇讎，居泰無垂拱之安，運否離傾覆之難。自張氏頹基，德風絕而莫扇；呂數將終，梟鴞以之翻翔。羣生嬰罔極之痛，西夏有焚如之禍。幸皇鑒降眷，純風遠被。刺史王尙受任垂滅之州，策成難全之際，輕身率下，躬儉節用，勞逸豐約，與衆同之，勸課農桑，時無廢業。然後振王威以掃不庭，迴天波以蕩氛穢。則羣逆冰摧，不俟朱陽之曜；若秋霜隕籜，豈待勁風之威。何定遠之足高，營平之獨美！經始甫爾，會朝算改授，使希世之功不終於必成，易失之機踐之而莫展。當其時而明其事者，誰不慨然！

既遠役遐方，劬勞于外，雖效未酬恩，而在公無闕。自至京師，二旬于今，出車之命莫逮，萋斐之責惟深。以取呂氏宮人裴氏及殺逃人薄禾等爲南臺所禁，天鑒玄鏡，暫免囹圄，譏繩之文，未離簡墨。裴氏年垂知命，首髮二毛，嫠居本家，不在尙室，年邁姿陋，何用送爲！邊藩要捍，衆力是寄，禾等私逃，罪應憲墨，以殺止殺，安邊之義也。假若以不送裴氏爲罪者，正闕奚官之一女子耳。論勳則功重，言瑕則過微。而執憲吹毛求疵，忘勞記過，斯先哲所以泣血於當年，微臣所以仰天而洒淚。

且尙之奉國，歷事二朝，能否效于既往，優劣簡在聖心，就有微過，功足相補，宜弘罔極之施，以彰覆載之恩。

臣等生自西州，無翰飛之翼，久沈僞政，絕進趣之途。及皇化既沾，投竿之心冥發，遂策名委質，位忝吏端。主辱臣憂，故重繭披款，惟陛下亮之。

興覽之大悅，謂其黃門侍郎姚文祖曰：「卿知宗敞乎？」文祖曰：「與臣州里，西方之英儁。」興曰：「有表理王尙，文義甚佳，當王尙研思耳。」文祖曰：「尙在南臺，禁止不與賓客交通，敞寓於楊桓，非尙明矣。」興曰：「若爾，桓爲措思乎？」文祖曰：「西方評敞甚重，優於楊桓。敞昔與呂超周旋，陛下試可問之。」興因謂超曰：「宗敞文才何如？可是誰輩？」超曰：「敞在西土，時論甚美，方敞魏之陳、徐，晉之潘、陸。」卽以表示超曰：「涼州小地，寧有此才乎？」超曰：「臣以敞餘文比之，未足稱多。琳琅出于崑嶺，明珠生於海濱，若必以地求人，則文命大夏之棄夫，姬昌東夷之擯士。但當問其文彩何如，不可以區宇格物。」興悅，赦尙之罪，以爲尙書。

校勘記

〔一〕權干城　元二十二字本及通鑑一〇八「干」並作「千」。下同。

〔二〕趙公旻　「趙公旻」，各本作「趙旻公」。宋本作「公旻」。冊府二二〇、通志一九〇並作「公旻」。

據下文「遺旻」云云，是其人封趙公，名旻。當姓姚，下卷有姚旻，即其人。故從宋本。

〔三〕改元弘始　諸史考異云：魏書崔光傳：鴻乃撰爲十六國春秋，勒成百卷，鴻經緯既廣，多有違謬。至太祖天興二年，姚興改號，鴻以爲改在元年。頤煊按：姚興傳（此指魏書興傳），天興元年，興去皇帝之號，降稱天王，號年弘始。晉沙門法顯傳，法顯以弘始二年，歲在己亥，至天竺。天興元年戊戌，二年己亥，則亦以弘始改元在天興元年。惟梁高僧傳，鳩摩羅什以僞秦弘始十一年八月二十日卒於長安，是歲晉義熙五年，此以弘始改元在天興二年。今按：姚興載記下記興死於義熙十二年，與魏書太宗紀合，皆以弘始改元在天興二年，即晉隆安三年，故御覽一二三引後秦錄，興攻取洛陽在弘始改元後，而載記系於改元前。

〔四〕唐小方　各本原無「小」字。魏書太祖紀、姚興傳、通鑑一一二「唐方」並作「唐小方」。此處固雙名單稱。然下卷即作「唐小方」，故補「小」字，以資一律。

〔五〕如子　考證云：「如子」，一本作「孥」。按：沮渠蒙遜載記、通鑑一一二、一一三並作「拏」，「如子」乃「拏」之譌。

〔六〕興與羅什及沙門僧略僧遷道樹僧叡道坦僧肇曇順等八百餘人　校文：僧遷、僧叡、僧肇、曇順俱見梁沙門慧皎高僧傳，而僧略、道坦、道樹無其名。考鳩摩羅什傳言興使沙門僧䂮、僧遷、法欽、道流、道恒、道標、僧肇等八百人諮受什旨云云，乃知僧略、道樹、道坦實僧䂮、道標、道恒之譌，皆形近致誤也。僧䂮爲姚興國內僧主，高僧傳中有專傳。標與恒同什譯經事，亦具道恒傳中，均可互證載記字形之譌。

〔七〕桓胤　桓胤附桓彝傳，稱：桓玄敗後，徙於新安。及東陽太守殷仲文、永嘉太守駱球等謀反，陰欲立胤爲玄嗣，事覺伏誅。桓玄傳末略同。是胤未嘗奔秦，此誤。

晉書卷一百十八

載記第十八

姚興下 尹緯

晉義熙二年，〔一〕平北將軍、梁州督護苻宣入漢中，興梁州別駕呂營、〔二〕漢中徐逸、席難起兵應宣，求救於楊盛。盛遣軍臨濜口，南梁州刺史王敏退守武興。楊盛復通於晉。興以太子泓錄尚書事。

慕容超司徒、北地王鍾，右僕射、濟陽王凝，高都公始，皆來奔。

華山郡地涌沸，廣袤百餘步，燒生物皆熟，歷五月乃止。

赫連勃勃殺高平公沒奕于，收其衆以叛。

先是，魏主拓跋珪送馬千匹，求婚于興，興許之。以魏別立后，遂絕婚，故有柴壁之戰。至是，復與魏通和，魏放狄伯支、姚伯禽、唐小方、姚良國、康宦還長安，皆復其爵位。

時禿髮傉檀、沮渠蒙遜迭相攻擊，傉檀遂東招河州刺史西羌彭奚念，奚念阻河以叛。蜀譙縱遣使稱藩，請桓謙，欲令順流東伐劉裕。興以問謙，謙請行，遂許之。

使中軍姚弼、後軍斂成、〔三〕鎮遠乞伏乾歸等率步騎三萬伐傉檀，左僕射齊難等率騎二萬討勃勃。吏部尚書尹昭諫曰：「傉檀恃遠，輕敢違逆，宜詔蒙遜及李玄盛，使自相攻擊。待其斃也，然後取之，此卞莊之舉也。」興不從。勃勃退保河曲。弼濟自金城，弼部將姜紀言於弼曰：「今王師聲討勃勃，傉檀猶豫，未爲嚴防，請給輕騎五千，掩其城門，則山澤之人皆爲吾有，孤城獨立，坐可克也。」弼不從，進拔昌松，長驅至姑臧。傉檀嬰城固守，出其兵擊弼，弼敗，退據西苑。興又遣衞大將軍姚顯率騎二萬，爲諸軍節度。至高平，聞弼敗績，兼道赴之，撫慰河外，率衆而還。傉檀遣使人徐宿詣興謝罪。

齊難爲勃勃所擒。興遣平北姚沖、征虜狄伯支、輔國斂曼嵬、鎮東楊佛嵩率騎四萬討勃勃。沖次于嶺北，欲回師襲長安，伯支不從，乃止，懼其謀泄，遂鴆殺伯支。

時王師伐譙縱，大敗之，縱遣使乞師于興。興遣平西姚賞、南梁州刺史王敏率衆二萬救之，王師引還。縱遣使拜師，仍貢其方物。興遣其兼司徒韋華持節策拜縱爲大都督、相國、蜀王，加九錫，備物典策一如魏晉故事，承制封拜悉如王者之儀。

興自平涼如朝那，聞沖謀逆，以其弟中最少，雄武絕人，猶欲隱忍容之。斂成泣謂興曰：「沖凶險不仁，每侍左右，臣常寢不安席，願早爲之所。」興曰：「沖何能爲也！但輕害名將，吾欲明其罪於四海。」乃下書賜沖死，葬以庶人之禮。

晉河間王子國璠、章武王子叔道來奔，興謂之曰：「劉裕匡復晉室，卿等何故來也？」國璠等曰：「裕與不逞之徒削弱王室，宗門能自修立者莫不害之。是避之來，實非誠款，所以避死耳。」興嘉之，以國璠爲建義將軍、揚州刺史，叔道爲平南將軍、兗州刺史，〔四〕賜以甲第。

興如貳城，將討赫連勃勃，遣安遠姚詳及斂曼嵬、鎮軍彭白狼分督租運。諸軍未集而勃勃騎大至，興欲留步軍，輕如嵬營。衆咸惶懼，羣臣固以爲不可，興弗納。尚書郎韋宗希旨勸興行，蘭臺侍御史姜楞越次而進曰：「韋宗傾險不忠，沮敗國計，宜先腰斬以謝天下。脫車駕動軫，六軍駭懼，人無守志，取危之道也。宜遣單使以徵詳等。」興默然。右僕射韋華等諫曰：「若車騎輕動，必不戰自潰，嵬營亦未必可至，惟陛下圖之。」興乃遣左將軍姚文宗率禁兵距戰，中壘齊莫統氐兵以繼之。文宗與莫皆勇果兼人，以死力戰，勃勃乃退。留禁兵五千配姚詳守貳城，興還長安。

譙縱遣其侍中譙良、太常楊軌朝於興，請大舉以寇江東。遣其荆州刺史桓謙、梁州刺史譙道福率衆二萬東寇江陵。興乃遣前將軍苟林率騎會之。謙屯枝江，〔五〕林屯江津。

謙，江左貴族，部曲徧於荆楚，晉之將士皆有叛心。荆州刺史劉道規大懼，嬰城固守。雍州刺史魯宗之率襄陽之衆救之，道規乃留宗之守江陵，率軍逆戰。謙等舟師大盛，兼列步騎以待之。大戰枝江，謙敗績，乘輕舸奔就苟林，晉人獲而斬之。苟林懼而引歸。

興以國用不足，增關津之稅，鹽竹山木皆有賦焉。羣臣咸諫，以爲天殖品物以養羣生，王者子育萬邦，不宜節約以奪其利。興曰：「能踰關梁通利於山水者，皆豪富之家。吾損有餘以裨不足，有何不可！」乃遂行之。

興從朝門游於文武苑，及昏而還，將自平朔門入。前驅既至，城門校尉王滿聰被甲持杖，閉門距之，曰：「今已昏闇，姦良不辨，有死而已，門不可開。」興乃迴從朝門而入。旦而召滿聰，進位二等。

乞伏乾歸以衆叛，攻陷金城，執太守任蘭。蘭厲色責乾歸以背恩違義，乾歸怒而囚之，蘭遂不食而死。

赫連勃勃遣其將胡金纂將萬餘騎攻平涼。興如貳城，因救平涼，纂衆大潰，生擒纂。勃勃遣兄子提攻陷定陽，執北中郎將姚廣都。興將曹熾、曹雲、王肆佛等各將數千戶避勃勃內徙，興處佛于湟山澤，熾、雲於陳倉。勃勃寇隴右，攻白崖堡，破之，遂趣清水。略陽太守姚壽都委守奔秦州，勃勃又收其衆而歸。興自安定追之，至壽渠川，不及而還。

初，天水人姜紀，呂氏之叛臣，阿諂姦詐，好間人之親戚。興子弼有寵於興，紀遂傾心附之。弼時爲雍州刺史，鎭安定，與密謀還朝，令傾心事常山公顯，樹黨左右。至是，興以弼爲尚書令、侍中、大將軍。旣居將相，虛襟引納，收結朝士，勢傾東宮，遂有奪嫡之謀矣。

興以勃勃、乾歸作亂西北，傉檀、蒙遜擅兵河右，疇咨將帥之臣，欲鎭撫二方。隴東太守郭播言於興曰：「嶺北二州鎭戶皆數萬，若得文武之才以綏撫之，足以靖塞姦略。」興曰：「吾每思得廉頗、李牧鎭撫四方，使便宜行事。然任非其人，恒致負敗。卿試舉之。」播曰：「淸潔善撫邊，則平陸子王元始；雄武多奇略，則建威王煥；賞罰必行，臨敵不顧，則奮武彭蚝。」興曰：「蚝令行禁止則有之，非綏邊之才也。始、煥年少，吾未知其爲人。」播曰：「廣平公弼才兼文武，宜鎭督一方，願陛下遠鑒前車，近悟後轍。」興不從，以其太常索棱爲太尉，領隴西內史，綏誘乾歸。政績旣美，乾歸感而歸之。太史令任猗言於興曰：「白氣出於北方，東西竟天五百里，當有破軍流血。」乞伏乾歸遣使送所掠守宰，謝罪請降。興以勃勃之難，權宜許之，假乾歸及其子熾磐官爵。

姚詳時鎭杏城，爲赫連勃勃所逼，糧盡委守，南奔大蘇。勃勃要之，衆散，爲勃勃所執。時遣衞大將軍顯迎詳，詳敗，遂屯杏城，因令顯都督安定嶺北二鎭事。

潁川太守姚平都自許昌來朝，言於興曰：「劉裕敢懷姦計，屯聚芍陂，有擾邊之志，宜遣燒之，以散其衆謀。」興曰：「裕之輕弱，安敢闚吾疆埸！苟有姦心，其在子孫乎！」召其尚書楊佛嵩謂之曰：「吳兒不自知，乃有非分之意。待至孟冬，當遣卿率精騎三萬焚其積聚。」嵩曰：「陛下若任臣以此役者，當從肥口濟淮，直趣壽春，舉大衆以屯城，縱輕騎以掠野，使淮南蕭條，兵粟俱了，足令吳兒俯仰回惶，神爽飛越。」興大悅。

時西胡梁國兒於平涼作壽冢，每將妻妾入冢飲讌，酒酣，升靈牀而歌。時人或譏之，國兒不以爲意。前後征伐，屢有大功，興以爲鎮北將軍，封平輿男，年八十餘乃死。

時客星入東井，所在地震，前後一百五十六。興公卿抗表請罪，興曰：「災譴之來，咎在元首；近代或歸罪三公，甚無謂也。公等其悉冠履復位。」

仇池公楊盛叛，侵擾祁山。遣建威趙琨率騎五千爲前鋒，立節楊伯壽統步卒繼之，〔六〕前將軍姚恢、左將軍姚文宗入自鷲陜，鎮西、秦州刺史姚嵩入羊頭陜，右衞胡翼度從陰密出自汧城，討盛。興將輕騎五千，自雍赴之，與諸將軍會于隴口。天水太守王松忩言于嵩曰：「先皇神略無方，威武冠世，冠軍徐洛生猛毅兼人，佐命英輔，再入仇池，無功而還。非楊盛智勇能全，直是地勢然也。今以趙琨之衆，使君之威，準之先朝，實未見成功。使君具悉形便，何不表聞？」嵩不從。盛率衆與琨相持，伯壽畏懦弗進，琨衆寡不敵，爲盛所敗，興斬伯壽而還。嵩乃具陳松忩之言，興善之。

乾歸爲其下人所殺，子熾磐新立，羣下咸勸興取之。興曰：「乾歸先已返善，吾方當懷撫，因喪伐之，非朕本志也。」

以楊佛嵩都督嶺北討虜諸軍事、安遠將軍、雍州刺史，率嶺北見兵以討赫連勃勃。嵩發數日，興謂羣臣曰：「佛嵩驍勇果銳，每臨敵對寇，不可制抑，吾常節之，配兵不過五千。今衆旅既多，遇賊必敗。今去已遠，追之無及，吾深憂之。」其下咸以爲不然。佛嵩果爲勃勃所執，絕亢而死。

興立昭儀齊氏爲皇后。又下書以其故丞相姚緒、太宰姚碩德、太傅姚旻、大司馬姚崇、司徒尹緯等二十四人配饗於萇廟。興以大臣屢喪，令所司更詳臨赴之制。所司白興，依故事東堂發哀。興不從，每大臣死，皆親臨之。

姚文宗有寵於姚泓，姚弼深疾之，誣文宗有怨言，以侍御史廉桃生爲證。興怒，賜文宗死。是後羣臣累足，莫敢言弼之短。

時貳縣羌叛興，興遣後將軍斂成、鎮軍彭白狼、北中郎將姚洛都討之。斂成爲羌所敗，甚懼，詣趙興太守姚穆歸罪。穆欲送殺之，成怒，奔赫連勃勃。

興遣姚紹與姚弼率禁衞諸軍鎮撫嶺北。遼東侯彌姐亭地率其部人南居陰密，劫掠百姓。弼收亭地送之，殺其衆七百餘人，徙二千餘戶于鄭城。

弼寵愛方隆，所欲施行，無不信納。乃以嬖人尹沖爲給事黄門侍郎，唐盛爲治書侍御史，左右機要，皆其黨人，漸欲廣樹爪牙，彌縫其闕。右僕射梁喜、侍中任謙、京兆尹尹昭承間言於興曰：「父子之際，人罕得而言。然君臣亦猶父子，臣等理不容默。並后匹嫡，未始不傾國亂家。廣平公弼姦凶無狀，潛有陵奪之志，陛下寵之不道，假其威權，傾險無賴之徒，莫不鱗湊其側。市巷諷議，皆言陛下欲有廢立之志。誠如此者，臣等有死而已，不敢奉詔。」興曰：「安有此乎！」昭等曰：「若無廢立之事，陛下愛弼，適所以禍之，願去其左右，減其威權。非但弼有太山之安，宗廟社稷亦有磐石之固矣。」興默然。

興寢疾，妖賊李弘反于貳原，貳原氐仇常起兵應弘。興輿疾討之，斬常，執弘而還，徙常部人五百餘戶于許昌。

興疾篤，其太子泓屯兵于東華門，侍疾於諮議堂。姚弼潛謀爲亂，招集數千人，被甲伏于其第。撫軍姚紹及侍中任謙、右僕射梁喜、冠軍姚讚、京兆尹尹昭、輔國斂曼嵬並典禁兵，宿衞于內。姚裕遣使告姚懿于蒲坂，幷密信諸藩，論弼逆狀。懿流涕以告將士曰：「上今寢疾，臣子所宜冠履不整。而廣平公弼擁兵私第，不以忠於儲宮，正是孤徇義亡身之日。諸君皆忠烈之士，亦當同孤徇斯舉也。」將士無不奮怒攘袂曰：「惟殿下所爲，死生不敢貳。」於是盡赦囚徒，散布帛數萬匹以賜其將士，建牙誓衆，將赴長安。鎮東、豫州牧姚洸起兵洛陽，平西姚諶起兵於雍，將以赴泓之難。興疾瘳，朝其羣臣，征虜劉羌泣謂興曰：「陛下寢疾數旬，奈何忽有斯事！」興曰：「朕過庭無訓，使諸子不穆，愧于四海。卿等各陳所懷，以安社稷。」尹昭曰：「廣平公弼恃寵不虔，阻兵懷貳，自宜置之刑書，以明典憲。陛下若含忍未便加法者，且可削奪威權，使散居藩國，以紓闚闟之禍，全天性之恩。」興謂梁喜曰：「卿以爲何如？」喜曰：「臣之愚見，如昭所陳。」興以弼才兼文武，未忍致法，免其尚書令，以將軍、公就第。懿等聞興疾瘳，各罷兵還鎭。懿、恢及弟諶等皆抗表罪弼，請致之刑法，興弗許。

時魏遣使聘于興，且請婚。會平陽太守姚成都來朝，興謂之曰：「卿久處東藩，與魏鄰接，應悉彼事形。今來求婚，吾已許之，終能分災共患，遠相接援以不？」成都曰：「魏自柴壁克捷已來，戎甲未曾損失，士馬桓桓，師旅充盛。今修和親，兼婚姻之好，豈但分災共患而已，實亦永安之福也。」興大悅，遣其吏部郎嚴康報聘，幷致方物。

時姚懿、姚洸、姚宣、姚諶來朝，使姚裕言於興曰：「懿等今悉在外，欲有所陳。」興曰：「汝等正欲道弼事耳，吾已知之。」裕曰：「弼苟有可論，陛下所宜垂聽。若懿等言違大義，便當肆之刑辟，奈何距之！」於是引見諮議堂。宣流涕曰：「先帝以大聖起基，陛下以神武定業，方隆七百之祚，爲萬世之美，安可使弼謀傾社稷。宜委之有司，肅明刑憲。臣等敢以死請。」興曰：「吾自處之，非汝等所憂。」先是，大司農竇溫、司徒左長史王弼皆有密表，勸興廢立。興雖不從，亦不以爲責。撫軍東曹屬姜虬上疏曰：「廣平公弼懷姦積年，謀禍有歲，傾諂羣豎爲之畫足，釁成逆著，取嗤戎裔。文王之化，刑于寡妻；聖朝之亂，起自愛子。今雖欲含忍其瑕，掩蔽其罪，而逆黨猶繁，扇惑不已，弼之亂心其可革耶！宜斥散凶徒，以絕禍始。」興以虬表示梁喜曰：「天下之人莫不以吾兒爲口實，將何以處之？」喜曰：「信如虬言，陛下宜早裁決。」興默然。

太子詹事王周亦虛襟引士，樹黨東宮。弼惡之，每規陷害周。周抗志確然，不爲之屈。興嘉其守正，以周爲中書監。

興如三原，顧謂羣臣曰：「古人有言，關東出相，關西出將，三秦饒儁異，汝潁多奇士。吾應天明命，跨據中原，自流沙已東，淮漢已北，未嘗不傾己招求，冀匡不逮。然明不照下，弗感懸魚。至於智效一官，行著一善，吾歷級而進之，不使有後門之歎。卿等宜明揚仄陋，助吾舉之。」梁喜對曰：「奉旨求賢，弗曾休倦，未見儒亮大才王佐之器，可謂世之乏賢。」興曰：「自古霸王之起也，莫不將則韓吳，相兼蕭鄧，終不採將於往賢，求相於後哲。卿自識拔不明，求之不至，奈何厚誣四海乎！」羣臣咸悅。

晉荊州刺史司馬休之據江陵，雍州刺史魯宗之據襄陽，與劉裕相攻，遣使求援。興遣姚成王、司馬國璠率騎八千赴之。

弼恨姚宣之毁己，遂譖宣於興。會宣司馬權丕至長安，興責丕以無匡輔之益，將戮之。丕性傾巧，因誣宣罪狀。興大怒，遂收宣于杏城，下獄，而使弼將三萬人鎭秦州。尹昭言於興曰：「廣平公與皇太子不平，握强兵於外，陛下一旦不諱，恐社稷必危。小不忍以致大亂者，陛下之謂也。」興弗納。赫連勃勃攻杏城，興又遣弼救之，至冠泉而杏城陷。興如北地，弼次於三樹，遣弼及斂曼嵬向新平，興還長安。

姚成王至于南陽，司馬休之等爲劉裕所敗，引歸。休之、宗之等遂與譙王文思，新蔡王道賜，寧朔將軍、梁州刺史馬敬，輔國將軍、竟陵太守魯軌，寧朔將軍、南陽太守魯範奔于興。

勃勃遣其將赫連建率衆寇貳縣，數千騎入平涼。姚恢與建戰于五井，平涼太守姚興都爲建所獲，遂入新平。姚弼討之，戰于龍尾堡，大破之，擒建，送於長安。初，勃勃攻彭雙方于石堡，方力戰距守，積年不能克。至是，聞建敗，引歸。

休之等至長安，興謂之曰：「劉裕崇奉晉帝，豈便有闕乎？」休之曰：「臣前下都，琅邪王德文泣謂臣曰：『劉裕供御主上，克薄奇深。』以事勢推之，社稷之憂方未可測。」興將以休之爲荆州刺史，任以東南之事。休之固辭，請與魯宗之等擾動襄陽、淮、漢。乃以休之爲鎭南將軍、揚州刺史，宗之等並有拜授。休之將行，侍御史唐盛言於興曰：「符命所記，司馬氏應復河洛。休之既得濯鱗南翔，恐非復池中之物，可以崇禮，不宜放之。」興曰：「司馬氏脫如所記，留之適足爲患。」遂遣之。

揚武、安鄉侯康宦驅略白鹿原氐胡數百家奔上洛，太守宋林距之。商洛人黃金等起義兵以掎宦，宦乃率衆歸罪。興赦之，復其爵位。

時白虹貫日，有術人言於興曰：「將有不祥之事，終當自消。」時興藥動，姚弼稱疾不朝，集兵於第。興聞之怒甚，收其黨殿中侍御史唐盛、孫玄等殺之。泓言於興曰：「臣誠不肖，不能訓諧於弟，致弼構造是非，仰慚天日。陛下若以臣爲社稷之憂，除臣而國寧，亦家之福也。若垂天性之恩，不忍加臣刑戮者，乞聽臣守藩。」興慘然改容，召姚讚、梁喜、尹昭、斂曼嵬於諮議堂，密謀收弼。時姚紹屯兵雍城，馳遣告之，數日不決。弼黨兇懼。興慮其爲變，乃收弼，囚之中曹，窮責黨與，將殺之。泓流涕固請之，乃止。興謂梁喜曰：「泓天心平和，性少猜忌，必能容養羣賢，保全吾子。」於是皆赦弼黨。

靈臺令張泉又言於興曰：「熒惑入東井，旬紀而返，未餘月，復來守心。王者惡之，宜修仁虛己，以答天譴。」興納之。

正旦，興朝羣臣于太極前殿，沙門賀僧慟泣不能自勝，衆咸怪焉。賀僧者，莫知其所從來也，言事皆有效驗，興甚神禮之，常與隱士數人預於讌會。

興如華陰，以泓監國，入居西宮。因疾篤，還長安。泓欲出迎，其宮臣曰：「今主上疾篤，姦臣在側，廣平公每希覬非常，變故難測。今殿下若出，進則不得見主上，退則有弼等之禍，安所歸乎！自宜深抑情禮，以寧宗社。」泓從之，乃拜迎於黃龍門樽下。弼黨見興升輿，咸懷危懼。尹沖等先謀欲因泓出迎害之，尚書姚沙彌曰：「若太子有備，不來迎侍，當奉乘輿直趣公第。宿衞者聞上在此，自當來奔，誰與太子守乎！吾等以廣平公之故，陷身逆節。今以乘輿南幸，自當是杖義之理，匪但救廣平之禍，足可以申雪前愆。」沖等不從，欲隨興入殿中作亂，復未知興之存亡，疑而不發。興命泓錄尚書事，使姚紹、胡翼度典兵禁中，防制內外，遣斂曼嵬收弼第中甲杖，內之武庫。

興疾轉篤，興妹僞南安長公主問疾，不應。興少子耕兒出告其兄愔曰：「上已崩矣，宜速決計。」於是愔與其屬率甲士攻端門，殿中上將軍斂曼嵬勒兵距戰，右衞胡翼度率禁兵閉四門。愔等遣壯士登門，緣屋而入，及于馬道。泓時侍疾於諮議堂，遣斂曼嵬率殿中兵登武庫距戰，太子右衞率姚和都率東宮兵入屯馬道南。愔等既不得進，遂燒端門。興力疾臨前殿，賜弼死。禁兵見興，喜躍，貫甲赴賊，賊衆駭擾。和都勒東宮兵自後擊之，愔等奔潰，逃于驪山，愔黨呂隆奔雍，尹沖等奔于京師。興引紹及讚、梁喜、尹昭、斂曼嵬入內寢，受遺輔政。義熙十二年，興死，〔七〕時年五十一，〔八〕在位二十二年。僞謚文桓皇帝，廟號高祖，墓曰偶陵。

尹緯字景亮，天水人也。少有大志，不營產業。身長八尺，腰帶十圍，魁梧有爽氣。每覽書傳至宰相立勳之際，常輟書而歎。苻堅以尹赤之降姚襄，諸尹皆禁錮不仕。緯晚乃爲吏部令史，風志豪邁，郎皆憚之。堅末年，祅星見于東井，緯知堅將滅，喜甚，向天再拜，既而流涕長歎。友人略陽桓識怪而問之，緯曰：「天時如此，正是霸王龍飛之秋，吾徒杖策之日。然知己難遭，恐不得展吾才志，是以欣懼交懷。」

及姚萇奔馬牧，緯與尹詳、龐演等扇動羣豪，推萇爲盟主，遂爲佐命元功。萇既敗苻堅，遣緯說堅，求禪代之事。堅問緯曰：「卿於朕何官？」緯曰：「尚書令史。」堅歎曰：「宰相之才也，王景略之儔。而朕不知卿，亡也不亦宜乎！」

緯性剛簡清亮，慕張子布之爲人。馮翊段鏗性傾巧，萇愛其博識，引爲侍中。緯固諫以爲不可，萇不從。緯屢衆中辱鏗，鏗心不平之。萇聞而謂緯曰：「卿性不好學，何爲憎學者？」緯曰：「臣不憎學，憎鏗不正耳。」萇因曰：「卿好不自知，每比蕭何，眞何如也？」緯曰：「漢祖與蕭何俱起布衣，是以相貴。陛下起貴中，是以賤臣。」萇曰：「卿實不及，胡爲不也？」緯曰：「陛下何如漢祖？」萇曰：「朕實不如漢祖，卿遠蕭何，故不如甚也！」緯曰：「漢祖所以勝陛下者，以能遠段鏗之徒故耳。」萇默然，乃出鏗爲北地太守。

萇死，緯與姚興滅苻登，成興之業，皆緯之力也。歷輔國將軍、司隸校尉、尚書左右僕射、清河侯。

緯友人隴西牛壽率漢中流人歸興，謂緯曰：「足下平生自謂：『時明也，才足以立功立事；道消也，則追二疏、朱雲，發其狂直，不能如胡廣之徒滂隆隨俗。』今遇其時矣，正是垂名竹素之日，可不勉歟！」緯曰：「吾之所庶幾如是，但未能委宰衡於夷吾，識韓信於羈旅，以斯爲愧耳。立功立事，竊謂未負昔言。」興聞而謂緯曰：「君之與壽言也，何其誕哉！立功立事，自謂何如古人？」緯曰：「臣實未愧古人。何則？遇時來之運，則輔翼太祖，建八百之基。及陛下龍飛之始，翦滅苻登，盪清秦雍，生極端右，死饗廟庭，古之君子，正當爾耳。」興大悅。及死，興甚悼之，贈司徒，謚曰忠成侯。

校勘記

〔一〕晉義熙二年　通鑑一一四事在義熙三年。下文姚興以太子泓錄尚書事，據御覽一二三引後秦錄在興之弘始九年，則此事亦當在此年。弘始元年，據魏書崔鴻傳在魏天興二年，即晉隆安三年，其九年即晉義熙三年。此誤前一年。參下校記。

〔二〕呂營　通鑑一一四、宋書氐胡傳「營」作「瑩」。

〔三〕斂成　周校：當作「姚斂成」，下同。按：姚斂成見上卷姚興載記上，周說是。

〔四〕兗州刺史　册府二三〇、通鑑一一五、通志一九〇「兗州」並作「交州」，「兗」字當是形近而譌。

〔五〕謙屯枝江　各本「枝」作「支」。本書地理志下，宋書、南齊書州郡志，宋書武帝紀、通鑑一一五「支江」並作「枝江」。今據改。

〔六〕楊伯壽　通鑑一一六「楊」作「姚」。

〔七〕義熙十二年興死　通鑑考異云：晉本紀、三十國、晉春秋皆云義熙十一年二月姚興卒；魏本紀、北史本紀、姚興、姚泓載記皆在十二年。按：後魏書崔鴻傳：太祖天興二年改號，鴻以爲元年，故晉本紀、三十國、晉春秋凡弘始後事，皆在前一年，由鴻之誤也。

〔八〕時年五十一　御覽一二三引後秦錄「五十一」作「五十三」。

晉書卷一百十九

載記第十九

姚泓

姚泓字元子，興之長子也。孝友寬和而無經世之用，又多疾病，興將以爲嗣而疑焉。久之，乃立爲太子。興每征伐巡游，常留總後事。博學善談論，尤好詩詠。尚書王尚、黃門郎段章、尚書郎富允文以儒術侍講，胡義周、夏侯稚以文章游集。時尚書王敏、右丞郭播以刑政過寬，議欲峻制，泓曰：「人情挫辱，則壯厲之心生；政教煩苛，則苟免之行立。上之化下，如風靡草。君等參贊朝化，弘昭政軌，不務仁恕之道，惟欲嚴法酷刑，豈是安上馭下之理乎！」敏等遂止。泓受經於博士淳于岐。岐病，泓親詣省疾，拜于牀下。自是公侯見師傅皆拜焉。

興之如平涼也，馮翊人劉厥聚衆數千，據萬年以叛。泓遣鎮軍彭白狼率東宮禁兵討之，斬厥，赦其餘黨。諸將咸勸泓曰：「殿下神算電發，蕩平醜逆，宜露布表言，廣其首級，以慰遠近之情。」泓曰：「主上委吾後事，使式遏寇逆。吾綏御失和，以長姦寇，方當引咎責躬，歸罪行間，安敢過自矜誕，以重罪責乎！」其右僕射韋華聞而謂河南太守慕容筑曰：「皇太子實有恭惠之德，社稷之福也。」其弟弼有奪嫡之謀，泓恩撫如初，未嘗見於色。姚紹每爲弼羽翼，泓亦推心宗事，弗以爲嫌。及僭位，任紹以兵權，紹亦感而歸誠，卒守其忠烈。其明識寬裕，皆此類也。

興既死，祕不發喪。南陽公姚愔及大將軍尹元等謀爲亂，泓皆誅之。命其齊公姚恢殺安定太守呂超，恢久乃誅之。泓疑恢有陰謀，恢自是懷貳，陰聚兵甲焉。泓發喪，以義熙十二年僭卽帝位，大赦殊死已下，改元永和，廬于諮議堂。既葬，乃親庶政，內外百僚增位一等，令文武各盡直言，政有不便于時、事有光益宗廟者，極言勿有所諱。

初，興徙李閏羌三千家於安定，尋徙新支。至是，羌酋党容率所部叛還，遣撫軍姚讚討之。容降，徙其豪右數百戶于長安，餘遣還李閏。北地太守毛雍據趙氏塢以叛于泓，姚紹討擒之。姚宣時鎭李閏，未知雍敗，遣部將姚佛生等來衞長安。衆既發，宣參軍韋宗姦諂好亂，說宣曰：「主上初立，威化未著，勃勃強盛，侵害必深，本朝之難未可弭也。殿下居維城之任，宜深慮之。邢望地形險固，總三方之要，若能據之，虛心撫禦，非但克固維城，亦霸王之業也。」宣乃率戶三萬八千，棄李閏，南保邢望。宣既南移，諸羌據李閏以叛，紹進討破之。宣詣紹歸罪，紹怒殺之。初，宣在邢望，泓遣姚佛生諭宣，佛生遂讚成宣計。紹數其罪，又戮之。

泓下書，士卒死王事，贈以爵位，永復其家。將封宮臣十六人五等子男，姚讚諫曰：「東宮文武，自當有守忠之誠，未有赫然之效，何受封之多乎？」泓曰：「懸爵於朝，所以懲勸來效，標明盛德。元子遭家不造，與宮臣同此百憂，獨享其福，得不愧於心乎！」讚默然。姚紹進曰：「陛下不忘報德，封之是也。古者敬其事，命之以始，可須來春，然後議之。」乃止。幷州、定陽、貳城胡數萬落叛泓，入于平陽，攻立義姚成都於匈奴堡，推匈奴曹弘爲大單于，所在殘掠。征東姚懿自蒲坂討弘，戰于平陽，大破之，執弘，送於長安，徙其豪右萬五千落于雍州。

仇池公楊盛攻陷祁山，執建節王總，遂逼秦州。泓遣後將軍姚平救之，盛引退。姚嵩與平追盛及于竹嶺，姚讚率隴西太守姚秦都、略陽太守王煥以禁兵赴之。讚至清水，嵩爲盛所敗，嵩及秦都、王煥皆戰死。讚至秦州，退還仇池。〔一〕先是，天水冀縣石鼓鳴，聲聞數百里，野雉皆雊。秦州地震者三十二，殷殷有聲者八，山崩舍壞，咸以爲不祥。及嵩將出，羣僚固諫止之。嵩曰：「若有不祥，此乃命也，安所逃乎！」遂及於難。識者以爲秦州泓之故鄉，將滅之徵也。

赫連勃勃攻陷陰密，執秦州刺史姚軍都，坑將士五千餘人。軍都瞋目厲聲數勃勃殘忍之罪，不爲之屈，勃勃怒而殺之。勃勃既克陰密，進兵侵雍，嶺北雜戶悉奔五將山。征北姚恢棄安定，率戶五千奔新平，安定人胡儼、華韜等率衆距恢，恢單騎歸長安。立節彌姐成、建武裴岐爲儼所殺，鎭西姚諶委鎭東走。勃勃遂據雍，抄掠郿城。姚紹及征虜尹昭、鎭軍姚洽等率步騎五萬討勃勃，姚恢以精騎一萬繼之。軍次橫水，勃勃退保安定，胡儼閉門距之，殺鮮卑數千人，據安定以降。紹進兵躡勃勃，戰于馬鞍坂，敗之，追至朝那，不及而還。楊盛遣兄子倦入寇長蛇。平陽氐苟渴聚衆千餘，據五丈原以叛，遣鎭遠姚萬、恢武姚難討之，爲渴所敗。姚諶討渴，擒之。泓使輔國斂曼嵬、前將軍姚光兒討楊倦于陳倉，倦奔于散關。勃勃遣兄子提南侵池陽，車騎姚裕、前將軍彭白狼、建義蛇玄距却之。

尋而晉太尉劉裕總大軍伐泓，次于彭城，遣冠軍將軍檀道濟、龍驤將軍王鎭惡入自淮肥，攻漆丘、項城，將軍沈林子自汴入河，攻倉垣。泓將王苟生以漆丘降鎭惡，徐州刺史姚掌以項城降道濟，王師遂入潁口，所至多降服。惟新蔡太守董遵固守不降，道濟攻破之，縛遵而致諸軍門。遵厲色曰：「古之王者伐國，待士以禮。君奈何以不義行師，待國士以非禮乎！」道濟怒殺之。姚紹聞王師之至，還長安，言于泓曰：「晉師已過許昌，豫州、安定孤遠，卒難救衛，宜還諸鎭戶內實京畿，可得精兵十萬，足以橫行天下。假使二寇交侵，無深害也。如其不爾，晉侵豫州，勃勃寇安定者，將若之何！事機已至，宜在速決。」其左僕射梁喜曰：「齊公恢雄勇有威名，爲嶺北所憚，鎭人已與勃勃深仇，理應守死無貳，勃勃終不能棄安定遠寇京畿。若無安定，虜馬必及於郿、雍。今關中兵馬足距晉師，豈可未有憂危先自削損也。」泓從之。吏部郎懿橫密言於泓曰：「齊公恢於廣平之難有忠勳於陛下，自陛下龍飛紹統，未有殊賞以答其意。今外則致之死地，內則不豫朝權，安定人自以孤危逼寇，欲思南遷者十室而九，若擁精兵四萬，鼓行而向京師，得不爲社稷之累乎！宜徵還朝廷，以慰其心。」泓曰：「恢若懷不逞之心，徵之適所以速禍耳。」又不從。

王師至成皐，〔三〕征南姚洸時鎭洛陽，馳使請救。泓遣越騎校尉閻生率騎三千以赴之，武衞姚益男將步卒一萬助守洛陽，又遣征東、并州牧姚懿南屯陝津爲之聲援。洸部將趙玄說洸曰：「今寇逼已深，百姓駭懼，衆寡勢殊，難以應敵。宜攝諸戍兵士，固守金墉，以待京師之援，不可出戰。如脫不捷，大事去矣。金墉既固，師無損敗，吳寇終不敢越金墉而西。困之於堅城之下，可以坐制其弊。」時洸司馬姚禹潛通於道濟，主簿閻恢、楊虔等皆禹之黨，嫉玄忠誠，咸共毀之，固勸洸出戰。洸從之，乃遣玄率精兵千餘南守柏谷塢，廣武石無諱東戍鞏城，以距王師。玄泣謂洸曰：「玄受三帝重恩，所守正死耳。但明公不用忠臣之言，爲姦孽所誤，後必悔之，但無及耳。」會陽城及成皋、滎陽、武牢諸城悉降，道濟等長驅而至。無諱至石關，奔還。玄與晉將毛德祖戰于柏谷，以衆寡而敗，被瘡十餘，據地大呼。玄司馬騫鑒冒刃抱玄而泣，〔三〕玄曰：「吾瘡已重，君宜速去。」鑒曰：「若將軍不濟，當與俱死，去將安之！」皆死於陣。姚禹踰城奔于王師。道濟進至洛陽，洸懼，遂降。時閻生至新安，益男至湖城，會洛陽已沒，遂留屯不進。

姚懿險薄，惑於信受，其司馬孫暢姦巧傾佞，好亂樂禍，勸懿襲長安，誅姚紹，廢泓自立。懿納之，乃引兵至陝津，散穀以賜河北夷夏，欲虛損國儲，招引和戎諸羌，樹已私惠。懿左常侍張敞、侍郎左雅固諫懿曰：「殿下以母弟之親，居分陝之重，安危休戚，與國共之。漢有七國之難，實賴梁王。今吳寇內侵，四州傾沒，西虜擾邊，秦涼覆敗，朝廷之危有同累卵，正是諸侯勤王之日。穀者，國之本也，而今散之。若朝廷問殿下者，將何辭以報？」懿怒，笞而殺之。泓聞之，召姚紹等密謀於朝堂。紹曰：「懿性識鄙近，從物推移，造成此事，惟當孫暢耳。但馳使徵暢，遣撫軍讚據陝城，臣向潼關爲諸軍節度。若暢奉詔而至者，臣當遣懿率河東見兵共平吳寇。如其逆釁已成，違距詔敕者，當明其罪於天下，聲鼓以擊之。」泓曰：「叔父之言，社稷之計也。」於是遣姚讚及冠軍司馬國璠、建義蛇玄屯陝津，武衞姚驢屯潼關。

懿遂舉兵僭號，傳檄州郡，欲運匈奴堡穀以給鎮人。寧東姚成都距之，懿乃卑辭招誘，深自結託，送佩刀爲誓，成都送以呈泓。懿又遣驍騎王國率甲士數百攻成都，成都擒國，囚之，遣讓懿曰：「明公以母弟之親，受推轂之寄，今社稷之危若綴旒然，宜恭恪憂勤，匡輔王室。而更包藏奸宄，謀危宗廟，三祖之靈豈安公乎！此鎮之糧，一方所寄，鎮人何功？而欲給之！王國爲蛇畫足，國之罪人，已就囚執，聽詔而戮之。成都方糾合義衆，以懲明公之罪，復須大兵悉集，當與明公會於河上。」乃宣告諸城，勉以忠義，厲兵秣馬，徵發義租。河東之兵無詣懿者，懿深患之。臨晉數千戶叛應懿。姚紹濟自蒲津，擊臨晉叛戶，大破之，懿等震懼。鎮人安定郭純、王奴等率衆圍懿。紹入於蒲坂，執懿囚之，誅孫暢等。

泓以內外離叛，王師漸逼，歲旦朝羣臣于其前殿，悽然流涕，羣臣皆泣。時征北姚恢率安定鎮戶三萬八千，焚燒室宇，以車爲方陣，自北雍州趣長安，自稱大都督、建義大將軍，移檄州郡，欲除君側之惡。揚威姜紀率衆奔之。建節彭完都聞恢將至，棄陰密，奔還長安。恢至新支，姜紀說恢曰：「國家重將在東，京師空虛，公可輕兵徑襲，事必克矣。」恢不從，乃南攻郿城。鎮西姚諶爲恢所敗，恢軍勢彌盛，長安大震。泓馳使徵紹，遣姚裕及輔國胡翼度屯于澧西。扶風太守姚儁、安夷護軍姚墨蠡、建威姚娥都、揚威彭蚝皆懼而降恢。恢舅茍和時爲立節將軍，守忠不貳，泓召而謂之曰：「衆人咸懷去就，卿何能自安邪？」和曰：「若天縱妖賊，得肆其逆節者，舅甥之理，不待奔馳而加親。如其罪極逆銷，天盈其罰者，守忠執志，臣之體也。違親叛君，臣之所恥。」泓善其忠恕，加金章紫綬。姚紹率輕騎先赴難，使姚洽、司馬國璠將步卒三萬赴長安。恢從曲牢進屯杜成，紹與恢相持于靈臺。姚讚聞恢漸逼，留寧朔尹雅爲弘農太守，守潼關，率諸軍還長安。泓謝讚曰：「元子不能崇明德義，導率羣下，致禍起蕭牆，變自同氣，既上負祖宗，亦無顏見諸父。懿始構逆滅亡，恢復擁衆內叛，將若之何？」讚曰：「懿等所以敢稱兵內侮者，諒由臣等輕弱，無防遏之方故也。」因攘袂大泣曰：「臣與大將軍不滅此賊，終不持面復見陛下！」泓於是班賜軍士而遣之。恢衆見諸軍悉集，咸懼而思善，其將齊黃等棄恢而降。恢進軍逼紹，讚自後要擊，大破之，殺恢及其三弟。泓哭之悲慟，葬以公禮。

至是，王鎮惡至宜陽。毛德祖攻弘農太守尹雅于蠡城，〔四〕衆潰，德祖使騎追獲之，既而殺晉守者奔固潼關。

檀道濟、沈林子攻拔襄邑堡，建威薛帛奔河東。道濟自陝北渡，攻蒲坂，使將軍苟卓攻匈奴堡，爲泓寧東姚成都所敗。泓遣姚驢救蒲坂，胡翼度據潼關。泓進紹太宰、大將軍、大都督、都督中外諸軍事，假黃鉞，改封魯公，侍中、司隸、宗正、節錄並如故，朝之大政皆往決焉。紹固辭，弗許。於是遣紹率武衞姚鸞等步騎五萬，距王師于潼關。姚驢與幷州刺史尹昭爲表裏之勢，夾攻道濟。道濟深壁不戰，沈林子說道濟曰：「今蒲坂城堅池濬，非可卒克，攻之傷衆，守之引日，不如棄之，先事潼關。潼關天岨，〔五〕形勝之地，鎭惡孤軍，勢危力寡，若使姚紹據之，則難圖矣。如克潼關，紹可不戰而服。」道濟從之，乃棄蒲坂，南向潼關。姚讚率禁兵七千，自渭北而東，進據蒲津。劉裕使沈田子及傅弘之率衆萬餘人入上洛，所在多委城鎭奔長安。田子等進及青泥，姚紹方陣而前，以距道濟。道濟固壘不戰，紹乃攻其西營，不克，遂以大衆逼之。道濟率王敬、沈林子等逆衝紹軍，將士驚散，引還定城。紹留姚鸞守險，絕道濟糧道。

時裕別將姚珍入自子午，竇霸入自洛谷，衆各數千人。泓遣姚萬距霸，姚彊距珍。姚鸞遣將尹雅與道濟司馬徐琰戰于潼關南，爲琰所獲，送之劉裕。裕以雅前叛，欲殺之。雅曰：「前活本在望外，今死寧不甘心。明公將以大義平天下，豈可使秦無守信之臣乎！」裕嘉而免之。

泓遣給事黃門侍郎姚和都屯于堯柳，以備田子。姚紹謂諸將曰：「道濟等遠來送死，衆旅不多，嬰壘自固者，正欲曠日持久，以待繼援耳。吾欲分軍逕據閿鄉，以絕其糧運，不至一月，道濟之首可懸之麾下矣。濟等既沒，裕計自沮。」諸將咸以爲然。其將胡翼度曰：「軍勢宜集不可以分，若偏師不利，人心駭懼，胡可以戰！」紹乃止。薛帛據河曲以叛。紹分道置諸軍爲掎角之勢，遣輔國胡翼度據東原，武衞姚鸞營於大路，與晉軍相接。沈林子簡精銳銜枚夜襲之，鸞衆潰戰死，士卒死者九千餘人。

姚讚屯于河上，遣恢武姚難運蒲坂穀以給其軍，至香城，爲王師所敗。時泓遣姚諶守堯柳，姚和都討薛帛於河東，聞王師要難，乃兼道赴救，未至而難敗，因破裕裨將于河曲，遂屯蒲坂。姚讚爲林子所敗，單馬奔定城。紹遣左長史姚洽及姚墨蠡等率騎三千屯于河北之九原，欲絕道濟諸縣租輸。洽辭曰：「夫小敵之堅，大敵之擒。今兵衆單弱，而遠在河外，雖明公神武，然鞭短勢殊，恐無所及。」紹不聽。沈林子率衆八千，要洽于河上，洽戰死，衆皆沒。紹聞洽等敗，忿恚發病，託姚讚以後事，使姚難屯關西，紹嘔血而死。

泓以晉師之逼，遣使乞師于魏。魏遣司徒、南平公拔拔嵩，〔六〕正直將軍、安平公乙旃眷，進據河內，游擊將軍王洛生屯于河東，爲泓聲援。

劉裕次于陝城，遣沈林子率精兵萬餘，越山開道，會沈田子等于青泥，將攻堯柳。泓使姚裕率步騎八千距之，泓躬將大衆繼發。裕爲田子所敗，泓退次于灞上，關中郡縣多潛通于王師。劉裕至潼關，遣將軍朱超石、徐猗之會薛帛于河北，以攻蒲坂。姚讚距裕于關西，姚難屯于香城。裕遣王鎭惡、王敬自秋社西渡渭，以逼難軍。鎭東姚璞及姚和都擊敗猗之等於蒲坂，猗之遇害，超石棄其衆奔于潼關。姚讚遣司馬休之及司馬國璠自軹關向河內，引魏軍以躡裕後。姚難既爲鎮惡所逼，引師而西。時大霖雨，渭水泛溢，讚等不得北渡。鎮惡水陸兼進，追及姚難。泓自灞上還軍，次于石橋以援之。讚退屯鄭城。鎮北姚彊率郡人數千，與姚難陣于涇上，以距鎮惡。鎮惡遣毛德祖擊彊，大敗，彊戰死，難遁還長安。劉裕進據鄭城。泓使姚裕、尙書龐統屯兵宮中，姚洸屯于灃西，尙書姚白瓜徙四軍雜戶入長安，姚丕守渭橋，胡翼度屯石積，姚讚屯霸東，泓軍于逍遙園。鎮惡夾渭進兵，破姚丕于渭橋。泓自逍遙園赴之，逼水地狹，因丕之敗，遂相踐而退。姚諶及前軍姚烈、左衞姚寶安、散騎王帛、建武姚進、揚威姚蚝、尙書右丞孫玄等皆死於陣，泓單馬還宮。鎮惡入自平朔門，泓與姚裕等數百騎出奔于石橋。讚聞泓之敗也，召將士告之，衆皆以刀擊地，攘袂大泣。胡翼度先與劉裕陰通，是日棄衆奔裕。讚夜率諸軍，將會泓于石橋，王師已固諸門，讚軍不得入，衆皆驚散。

泓計無所出，謀欲降于裕。其子佛念，年十一，謂泓曰：「晉人將逞其欲，終必不全，願自裁決。」泓憮然不答。佛念遂登宮牆自投而死。泓將妻子詣壘門而降。讚率宗室子弟百餘人亦降于裕，裕盡殺之，餘宗遷于江南。送泓于建康市斬之，時年三十，在位二年。建康百里之內，草木皆燋死焉。

姚萇以孝武太元九年僭立，至泓三世，以安帝義熙十三年而滅，凡三十二年。〔七〕

史臣曰：自長江徙御，化龍創業，巨寇乘機而未寧，戎馬交馳而不息，晦重氛于六漠，鼓洪流於八際，天未厭亂，凶旅實繁。弋仲越自金方，言歸石氏，抗直詞於暴主，闡忠訓於危朝，貽厥之謀，在乎歸順，鳴哀之義，有足稱焉。景國弱歲英奇，見方孫策，詳其榦識，無忝斯言，遽踐迷途，良可悲矣！

景茂因仲襄之緒，躡苻亡之會，嘯命羣豪，恢弘霸業，假容沖之銳，俯定函秦；挫雷惡之鋒，載寧東北。在茲姦略，實冠凶徒。列樹而表新營，雖云效績；荐棘而陵舊主，何其不仁！安枕而終，斯爲幸也。

子略克摧勍敵，荷成先構，虛襟訪道，側席求賢，敦友弟以睦其親，明賞罰以臨其下，英髦盡節，爪牙畢命。取汾絳，陷許洛，款僭燕而藩僞蜀，夷隴右而靜河西，俗阜年豐，遠安邇輯，雖楚莊、秦穆何以加焉！旣而逞志矜功，弗虞後患。委涼都於禿髮，授朔方於赫連，專己生灾，邊城繼陷，距諫招禍，蕭牆屢發，戰無寧歲，人有危心。豈宜騁彼雄圖，被深恩於介士；翻崇詭說，加殊禮於桑門！當有爲之時，肆無爲之業，麗衣腴食，殆將萬數，析實談空，靡然成俗。夫以漢朝殷廣，猶鄙鴻都之費；況乎僞境日侵，寧堪永貴之役！儲用殫竭，山林有稅，政荒威挫，職是之由，坐致淪胥，非天喪也。

元子以庸愞之質，屬傾擾之餘，內難方殷，外禦斯輟。王師杖順，弭節而下長安；凶嗣失圖，係組而降軹道。物極則反，抑斯之謂歟！

贊曰：弋仲剛烈，終表奇節。襄實英果，萇惟姦桀。興始崇構，泓遂摧滅。貽誡將來，無踐危轍。

校勘記

〔一〕讚至秦州退還仇池　「退還」上當有「盛」字。

〔二〕成皐　各本「成」作「城」。「成」「城」同音通用，然地理志上皆作「成皐」，今據改。

〔三〕騫鑒　通鑑一一七作「蹇鑒」。

〔四〕蠡城　各本「蠡」下有「吾」字。通鑑一一八同，胡注：蠡吾自是漢淸河國界亭名，此乃蠡城，非蠡吾城也。按：宋書王鎭惡傳正作「蠡城」，胡說是，今據删。

〔五〕潼關天岨　岨，各本作「限」，獨局本作「岨」。通志一九〇亦作「岨」，局本當即據通志改。今從局本。

〔六〕拔拔嵩　毛本、局本「拔」字不重，殿本上「拔」字作「拓」，宋本、南北監本重「拔」字。「拔拔嵩」即長孫嵩，事見魏書嵩傳。魏書官氏志「拓跋氏後改爲長孫氏」，鄧名世古今姓氏辯證三七云「拔拔氏後改爲長孫氏」，通鑑一一九云長孫嵩「實姓拔拔」。歷來考證並以官氏志此條「拓拔」爲「拔拔」之譌。今從宋本。

〔七〕凡三十二年　姚萇以太元九年稱秦王，至義熙十三年姚泓之亡實三十四年。此云三十二年，或自太元十一年萇稱皇帝時起算。

晉書卷一百二十

載記第二十

李特

李特字玄休，巴西宕渠人，其先廩君之苗裔也。昔武落鍾離山崩，有石穴二所，其一赤如丹，一黑如漆。有人出於赤穴者，名曰務相，姓巴氏。有出于黑穴者，凡四姓：曰暤氏、樊氏、柏氏、〔一〕鄭氏。五姓俱出，皆爭爲神，於是相與以劍刺穴屋，能著者以爲廩君。四姓莫著，而務相之劍懸焉。又以土爲船，雕畫之而浮水中，曰：「若其船浮存者，以爲廩君。」務相船又獨浮。於是遂稱廩君，乘其土船，將其徒卒，當夷水而下，至於鹽陽。鹽陽水神女子止廩君曰：「此魚鹽所有，地又廣大，與君俱生，可止無行。」廩君曰：「我當爲君求廩地，不能止也。」鹽神夜從廩君宿，旦輒去爲飛蟲，諸神皆從其飛，蔽日晝昏。廩君欲殺之不可，別又不知天地東西。如此者十日，廩君乃以青縷遺鹽神曰：「嬰此，卽宜之，與汝俱生。弗宜，將去汝。」鹽神受而嬰之。廩君立碭石之上，〔二〕望膺有青縷者，跪而射之，中鹽神。鹽神死，羣神與俱飛者皆去，天乃開朗。廩君復乘土船，下及夷城，夷城石岸曲，泉水亦曲。廩君望如穴狀，歎曰：「我新從穴中出，今又入此，奈何！」岸卽爲崩，廣三丈餘，而階陛相乘，廩君登之。岸上有平石方一丈，長五尺，廩君休其上，投策計算，皆著石焉，因立城其旁而居之。其後種類遂繁。秦幷天下，以爲黔中郡，薄賦斂之，口歲出錢四十。巴人呼賦爲賨，因謂之賨人焉。及漢高祖爲漢王，募賨人平定三秦，既而求還鄉里。高祖以其功，復同豐沛，不供賦稅，更名其地爲巴郡。土有鹽鐵丹漆之饒，俗性剽勇，又善歌舞。高祖愛其舞，詔樂府習之，今巴渝舞是也。漢末，張魯居漢中，以鬼道教百姓，賨人敬信巫覡，多往奉之。值天下大亂，自巴西之宕渠遷于漢中楊車坂，抄掠行旅，百姓患之，號爲楊車巴。魏武帝克漢中，特祖將五百餘家歸之，〔三〕魏武帝拜爲將軍，遷於略陽，北土復號之爲巴氐。〔四〕

特父慕爲東羌獵將。

特少仕州郡，見異當時，身長八尺，雄武善騎射，沈毅有大度。元康中，氐齊萬年反，關西擾亂，頻歲大飢，百姓乃流移就穀，相與入漢川者數萬家。特隨流人將入于蜀，至劍閣，箕踞太息，顧眄險阻曰：「劉禪有如此之地而面縛於人，豈非庸才邪！」同移者閻式、〔五〕趙肅、李遠、任回等咸歎異之。

初，流人既至漢中，上書求寄食巴蜀，朝議不許，遣侍御史李苾持節慰勞，且監察之，不令入劍閣。苾至漢中，受流人貨賂，反爲表曰：「流人十萬餘口，非漢中一郡所能振贍，東下荆州，水湍迅險，又無舟船。蜀有倉儲，人復豐稔，宜令就食。」朝廷從之，由是散在益梁，不可禁止。

永康元年，詔徵益州刺史趙廞爲大長秋，以成都內史耿滕代廞。廞遂謀叛，潛有劉氏割據之志，乃傾倉廩，振施流人，以收衆心。特之黨類皆巴西人，與廞同郡，率多勇壯，廞厚遇之，以爲爪牙，故特等聚衆，專爲寇盜，蜀人患之。滕密上表，以爲流人剛剽而蜀人愞弱，客主不能相制，必爲亂階，宜使移還其本。若致之險地，將恐秦雍之禍萃於梁益，必貽聖朝西顧之憂。廞聞而惡之。時益州文武千餘人已往迎滕，滕率衆入州，廞遣衆逆滕，戰于西門，滕敗，死之。

廞自稱大都督、大將軍、益州牧。特弟庠與兄弟及妹夫李含、任回、上官惇、〔六〕扶風李攀、始平費佗、氐苻成、隗伯等以四千騎歸廞。廞以庠爲威寇將軍，使斷北道。庠素東羌良將，曉軍法，不用麾幟，舉矛爲行伍，斬部下不用命者三人，部陣肅然。廞惡其齊整，欲殺之而未言。長史杜淑、司馬張粲言於廞曰：「傳云五大不在邊，將軍起兵始爾，便遣李庠握强兵於外，愚竊惑焉。且非我族類，其心必異，倒戈授人，竊以爲不可，願將軍圖之。」廞斂容曰：「卿言正當吾意，可謂起予者商，此天使卿等成吾事也。」會庠在門，請見廞，廞大悅，引庠見之。庠欲觀廞意旨，再拜進曰：「今中國大亂，無復綱維，晉室當不可復興也。明公道格天地，德被區宇，湯武之事，實在於今。宜應天時，順人心，拯百姓於塗炭，使物情知所歸，則天下可定，非但庸蜀而已。」廞怒曰：「此豈人臣所宜言！」令淑等議之。於是淑等上庠大逆不道，廞乃殺之，及其子姪宗族三十餘人。廞慮特等爲難，遣人喻之曰：「庠非所宜言，罪應至死，不及兄弟。」以庠尸還特，復以特兄弟爲督將，以安其衆。牙門將許弇求爲巴東監軍，杜淑、張粲固執不許。弇怒，於廞閤下手刃殺淑、粲，淑、粲左右又殺弇，〔七〕皆廞腹心也。

特兄弟既以怨廞，引兵歸緜竹。廞恐朝廷討己，遣長史費遠、犍爲太守李苾、督護常俊督萬餘人斷北道，次緜竹之石亭。特密收合得七千餘人，夜襲遠軍，遠大潰，因放火燒之，死者十八九。進攻成都。廞聞兵至，驚懼不知所爲。李苾、張徵等夜斬關走出，文武盡散。廞獨與妻子乘小船走至廣都，爲下人朱竺所殺。特至成都，縱兵大掠，害西夷護軍姜發，殺廞長史袁治及廞所置守長，〔八〕遣其牙門王角、李基詣洛陽陳廞之罪狀。

先是，惠帝以梁州刺史羅尚爲平西將軍、〔九〕領護西夷校尉、益州刺史，督牙門將王敦、上庸都尉義歆、蜀郡太守徐儉、廣漢太守辛冉等凡七千餘人入蜀。特等聞尚來，甚懼，使其弟驤於道奉迎，幷貢寶物。尙甚悅，以驤爲騎督。特及弟流復以牛酒勞尙於緜竹。王敦、辛冉並說尙曰：「特等流人，專爲盜賊，急宜梟除，可因會斬之。」尙不納。冉先與特有舊，因謂特曰：「故人相逢，不吉當凶矣。」特深自猜懼。

尋有符下秦、雍州，凡流人入漢川者，皆下所在召還。特兄輔素留鄉里，託言迎家，既至蜀，謂特曰：「中國方亂，不足復還。」特以爲然，乃有雄據巴蜀之意。朝廷以討趙廞功，拜特宣威將軍，封長樂鄉侯，流爲奮威將軍、武陽侯。璽書下益州，條列六郡流人與特協同討廞者，將加封賞。會辛冉以非次見徵，不顧應召，又欲以滅廞爲己功，乃寢朝命，不以實上。衆咸怨之。羅尙遣從事催遣流人，限七月上道。辛冉性貪暴，欲殺流人首領，取其資貨，乃移檄發遣。又令梓潼太守張演於諸要施關，搜索寶貨。特等固請，求至秋收。流人布在梁益，爲人傭力，及聞州郡逼遣，人人愁怨，不知所爲。又知特兄弟頻請求停，皆感而恃之。且水雨將降，年穀未登，流人無以爲行資，遂相與詣特。特乃結大營於緜竹，以處流人，移冉求自寬。冉大怒，遣人分牓通逵，購募特兄弟，許以重賞。特見，大懼，悉取以歸，與驤改其購云：「能送六郡之豪李、任、閻、趙、楊、上官及氐、叟侯王一首，賞百匹。」流人既不樂移，咸往歸特，騁馬屬鞬，同聲雲集，旬月間衆過二萬。流亦聚衆數千。特乃分爲二營，特居北營，流居東營。

特遣閻式詣羅尚，求申期。式既至，見冉營栅衝要，謀掩流人，歎曰：「無寇而城，讎必保焉。今而速之，亂將作矣！」又知冉及李苾意不可迴，乃辭尚還緜竹。尚謂式曰：「子且以吾意告諸流人，今聽寬矣。」式曰：「明公惑於姦說，恐無寬理。弱而不可輕者百姓也，今促之不以理，衆怒難犯，恐爲禍不淺。」尚曰：「然。吾不欺子，子其行矣。」式至緜竹，言於特曰：「尚雖云爾，然未可必信也。何者？尚威刑不立，冉等各擁强兵，一旦爲變，亦非尚所能制，深宜爲備。」特納之。冉、苾相與謀曰：「羅侯貪而無斷，日復一日，流人得展姦計。李特兄弟並有雄才，吾屬將爲豎子虜矣。宜爲決計，不足復問之。」乃遣廣漢都尉曾元、牙門張顯、劉並等潛率步騎三萬襲特營。羅尚聞之，亦遣督護田佐助元。特素知之，乃繕甲厲兵，戒嚴以待之。元等至，特安臥不動，待其衆半入，發伏擊之，殺傷者甚衆，害田佐、曾元、張顯，傳首以示尚、冉。尚謂將佐曰：「此虜成去矣，而廣漢不用吾言，以張賊勢，今將若之何！」

於是六郡流人推特爲主，特命六郡人部曲督李含、上邽令任臧、始昌令閻式、諫議大夫李攀、陳倉令李武、陰平令李遠、將兵都尉楊褒等上書，請依梁統奉竇融故事，推特行鎮北大將軍，承制封拜，其弟流行鎮東將軍，以相鎮統。於是進兵攻冉於廣漢。冉衆出戰，特每破之。尚遣李苾及費遠率衆救冉，憚特不敢進。冉智力既窘，出奔江陽。〔一〇〕特入據廣漢，以李超爲太守，進兵攻尚於成都。閻式遺尚書，責其信用讒構，欲討流人，又陳特兄弟立功王室，以寧益土。尚覽書，知特等將有大志，嬰城固守，求救於梁、寧二州。於是特自稱使持節、大都督、鎮北大將軍，承制封拜一依竇融在河西故事。兄輔爲驃騎將軍，弟驤爲驍騎將軍，長子始爲武威將軍，次子蕩爲鎮軍將軍，少子雄爲前將軍，李含爲西夷校尉，含子國離、任回、李恭、上官晶、李攀、費佗等爲將帥，任臧、上官惇、楊褒、楊珪、王達、麴歆等爲爪牙，李遠、李博、夕斌、嚴檉、上官琦、李濤、王懷等爲僚屬，閻式爲謀主，何巨、趙肅爲腹心。時羅尚貪殘，爲百姓患，而特與蜀人約法三章，施捨振貸，禮賢拔滯，軍政肅然。百姓爲之謠曰：「李特尚可，羅尚殺我。」尚頻爲特所敗，乃阻長圍，緣水作營，自都安至犍爲七百里，與特相距。

河間王顒遣督護衙博、廣漢太守張徵討特，〔二〕南夷校尉李毅又遣兵五千助尚，尚遣督護張龜軍繁城，三道攻特。特命蕩、雄襲博。特躬擊張龜，龜衆大敗。蕩又與博接戰連日，博亦敗績，死者太半。蕩追博至漢德，博走葭萌。蕩進寇巴西，巴西郡丞毛植、五官襄珍以郡降蕩。蕩撫恤初附，百姓安之。蕩進攻葭萌，博又遠遁，其衆盡降於蕩。

太安元年，特自稱益州牧、都督梁益二州諸軍事、大將軍、大都督，改年建初，〔三〕赦其境內。於是進攻張徵。徵依高據險，與特相持連日。時特與蕩分爲二營，徵候特營空虛，遣步兵循山攻之，特逆戰不利，山險窘逼，衆不知所爲。羅準、任道皆勸引退，特量蕩必來，故不許。徵衆至稍多，山道至狹，唯可一二人行，蕩軍不得前，謂其司馬王辛曰：〔三〕「父在深寇之中，是我死日也。」乃衣重鎧，持長矛，大呼直前，推鋒必死，殺十餘人。徵衆來相救，蕩軍皆殊死戰，徵軍遂潰。特議欲釋徵還涪，蕩與王辛進曰：「徵軍連戰，士卒傷殘，智勇俱竭，宜因其弊遂擒之。若舍而寬之，徵養病收亡，餘衆更合，圖之未易也。」特從之，復進攻徵，徵潰圍走。蕩水陸追之，遂害徵，生擒徵子存，以徵喪還之。

以騫碩爲德陽太守，碩略地至巴郡之墊江。

特之攻張徵也，使李驤與李攀、任回、李恭屯軍毗橋，以備羅尚。尚遣軍挑戰，驤等破之。尚又遣數千人出戰，驤又陷破之，大獲器甲，攻燒其門。流進次成都之北。尚遣將張興僞降於驤，以觀虛實。時驤軍不過二千人，興夜歸白尚，尚遣精勇萬人銜枚隨興夜襲驤營。李攀逆戰死，驤及將士奔于流柵，與流并力迴攻尚軍。尚軍亂，敗還者十一二。晉梁州刺史許雄遣軍攻特，特陷破之，進擊，破尚水上軍，遂寇成都。蜀郡太守徐儉以小城降，特以李瑾爲蜀郡太守以撫之。〔四〕羅尚據大城自守。流進屯江西，尚懼，遣使求和。

是時蜀人危懼，並結邨堡，請命于特，特遣人安撫之。益州從事任明說尚曰：〔五〕「特既凶逆，侵暴百姓，又分人散衆，在諸邨堡，驕怠無備，是天亡之也。可告諸邨，密剋期日，內外擊之，破之必矣。」尚從之。明先僞降特，特問城中虛實，明曰：「米穀已欲盡，但有貨帛耳。」因求省家，特許之。明潛說諸邨，諸邨悉聽命。還報尚，尚許如期出軍，諸邨亦許一時赴會。

二年，惠帝遣荆州刺史宋岱〔一六〕、建平太守孫阜救尚。阜已次德陽，特遣蕩督李璜助任臧距阜。尚遣大衆奄襲特營，連戰二日，衆少不敵，特軍大敗，收合餘卒，引趣新繁。尚軍引還，特復追之，轉戰三十餘里。尚出大軍逆戰，特軍敗績，斬特及李輔、李遠，皆焚尸，傳首洛陽。在位二年。其子雄僭稱王，追諡特景王，及僭號，追尊曰景皇帝，廟號始祖。

李流 李庠

李流字玄通，特第四弟也。少好學，便弓馬，東羌校尉何攀稱流有賁育之勇，舉爲東羌督。及避地益州，刺史趙廞器異之。廞之使庠合部衆也，流亦招鄉里子弟得數千人。庠爲廞所殺，流從特安慰流人，破常俊於緜竹，平趙廞於成都。朝廷論功，拜奮威將軍，封武陽侯。

特之承制也，以流爲鎮東將軍，居東營，號爲東督護。特常使流督鋭衆，與羅尚相持。特之陷成都小城，使六郡流人分口入城，壯勇督領邨堡。流言於特曰：「殿下神武，已克小城，然山藪未集，糧仗不多，宜錄州郡大姓子弟以爲質任，送付廣漢，縶之二營，收集猛鋭，嚴爲防衞。」又書與特司馬上官惇，深陳納降若待敵之義。特不納。

特既死，蜀人多叛，流人大懼。流與兄子蕩、雄收遺衆，還赤祖，流保東營，蕩、雄保北營。流自稱大將軍、大都督、益州牧。

時宋岱水軍三萬，次于墊江，前鋒孫阜破德陽，獲特所置守將騫碩，太守任臧等退屯涪陵縣。羅尚遣督護常深軍毗橋，牙門左氾、黃訇、何沖三道攻北營。流身率蕩、雄攻深柵，克之，深士衆星散。追至成都，尚閉門自守，蕩馳馬追擊，觸倚矛被傷死。流以特、蕩並死，而岱、阜又至，甚懼。太守李含又勸流降，流將從之。雄與李驤迭諫，不納，流遣子世及含子胡質於阜軍。胡兄含子離聞父欲降，自梓潼馳還，欲諫不及，退與雄謀襲阜軍，曰：「若功成事濟，約與君三年迭爲主。」雄曰：「今計可定，二翁不從，將若之何？」離曰：「今當制之，若不可制，便行大事。翁雖是君叔，勢不得已，老父在君，夫復何言！」雄大喜，乃攻尚軍。尚保大城。雄渡江害汶山太守陳圖，遂入郫城，流移營據之。三蜀百姓並保險結塢，城邑皆空，流野無所略，士衆飢困。涪陵人范長生率千餘家依青城山，尚參軍涪陵徐轝求爲汶山太守，欲要結長生等，與尚掎角討流。尚不許，轝怨之，求使江西，遂降於流，說長生等使資給流軍糧。長生從之，故流軍復振。

流素重雄有長者之德，每云：「興吾家者，必此人也。」敕諸子尊奉之。流疾篤，謂諸將曰：「驍騎高明仁愛，識斷多奇，固足以濟大事，然前軍英武，殆天所相，可共受事於前軍，以爲成都王。」遂死，時年五十六。諸將共立雄爲主。雄僭號，追謚流秦文王。

李庠字玄序，特第三弟也。少以烈氣聞。仕郡督郵、主簿，皆有當官之稱。元康四年，察孝廉，不就。後以善騎射，舉良將，亦不就。州以庠才兼文武，舉秀異，固以疾辭。州郡不聽，以其名上聞，中護軍切徵，不得已而應之，拜中軍騎督。弓馬便捷，膂力過人，時論方之文鴦。

以洛陽方亂，稱疾去官。性在任俠，好濟人之難，州黨爭附之。與六郡流人避難梁益，道路有飢病者，庠常營護隱恤，振施窮乏，大收衆心。至蜀，趙廞深器之，與論兵法，無不稱善，每謂所親曰：「李玄序蓋亦一時之關張也。」及將有異志，委以心膂之任，乃表庠爲部曲督，使招合六郡壯勇，至萬餘人。以討叛羌功，表庠爲威寇將軍，假赤幢曲蓋，封陽泉亭侯，賜錢百萬，馬五十匹。被誅之日，六郡士庶莫不流涕，時年五十五。

校勘記

〔一〕柏氏　御覽三七引世本，太平寰宇記一七八「柏」作「相」，斠注據謂「柏」爲「相」字之譌。按：後漢書南蠻傳亦作「相」，斠注說是。

〔二〕碭石　後漢書南蠻傳引盛弘之荆州記「碭石」作「陽石」。水經夷水注云：「又有鹽石，即陽石也。盛弘之以是推之，疑即廩君所射鹽神處也。將知陰石是對陽石之名矣。」則酈道元亦同盛說。疑作「陽」是。

〔三〕特祖將五百餘家歸之　李校：據華陽國志、李雄載記「祖」下當有「武」字。斠注亦引華陽國志九「曾（此字衍）祖父虎」及御覽一二三引蜀錄「特祖父虎」之文，謂載記不書虎名，蓋避唐諱，惟李雄記則改「虎」爲「武」。按：此處當脫「武」字，李說是。

〔四〕巴氏　廩君族乃巴郡、南郡蠻，本非氐族。後漢書列之南蠻傳中。巴乃巴郡，南郡蠻五姓之一，傳稱廩君爲「巴氏子」，又云「及秦惠王幷巴中，以巴氏爲蠻夷君長」，數言「巴氏」，皆以爲族姓。華陽國志九此句作「北土復號曰巴人」，御覽一二三引蜀錄作「所在號爲巴人」，並無「巴氐」之稱。此處「巴氐」疑爲「巴氏」之譌。

〔五〕同移者閻式　各本「移」作「夷」，殿本作「移」。御覽一二三引蜀錄亦作「移」，今從殿本。

〔六〕上官惇　斠注：華陽國志八作「上官晶」，惟下文則上官晶、上官惇二人並列。按：通鑑八三亦作「上官晶」。此處上官惇敍於任回下，李攀、費佗上，下文在任下李、費上者正是晶而非惇，知此處「惇」當是「晶」之誤。

〔七〕手刃殺淑粲淑粲左右又殺旾　各本皆不重「淑粲」二字，册府二二二、通鑑八四、通志一九〇皆重「淑粲」二字，疑此脫，今據補。

〔八〕袁洽　南北監本、毛本、殿本「洽」作「治」，據張元濟校勘記云，所見另一宋本此字空格，百衲本從殿本補「治」字，獨局本作「洽」。通志一九〇、華陽國志八並作「洽」。今從局本。

〔九〕梁州刺史羅尙　各本「梁」作「涼」。羅尙傳及華陽國志八並云尙以梁州刺史遷益州。斠注：「涼州」當從羅尙傳及華陽國志作「梁州」。按：通鑑八四亦作「梁州」。斠注說是，今據改。

〔一〇〕出奔江陽　華陽國志八及通鑑八四「江陽」作「德陽」。舉正：通鑑作「德陽」爲是。德陽屬廣漢，特攻冉於廣漢，就近出奔耳。

〔一一〕廣漢太守張徵　惠紀「徵」作「微」。華陽國志八上文及此處兩見「廣漢太守張微」，而上文李特攻趙廞，入成都，稱張徵斬關出走，與載記同。斠注：張微、張徵以形近致譌。徵字建興，張翼之子，見華陽國志壽良傳。則載記作「徵」不誤。凡本書不誤者本不出校記，以華陽國志先後雜出，通鑑八四從紀作「微」，故錄斠注語。

〔一二〕太安元年至改年建初　通鑑八五此事繫於太安二年正月，通鑑考異云：「帝紀：『太安元年五月，特自號大將軍。』載記：『太安元年，特稱大將軍改元。』後魏書李雄傳曰：『昭帝七年，特稱大將軍，號年建初。』昭帝七年，太安元年也。祖孝徵修文殿御覽云：『太安二年，特大赦，改年建初元年。特見殺。』三十國晉春秋云：『太安二年正月特僭位改年。』今從御覽等書。」按：御覽一二三引蜀錄云：「太安二年，都下推特爲大將軍，大赦，改元爲建初元年。」

〔一三〕王辛　通鑑八四「辛」作「幸」。

〔一四〕李瑾　通鑑八五「瑾」作「璜」。下文及李雄載記皆作「李璜」，疑「瑾」字譌。

〔一五〕任明　通鑑八五「任明」作「任叡」，通鑑考異云：「羅尚傳作『任鋭』，今從華陽國志。」

〔一六〕宋岱　參卷四校記。

晉書卷一百二十一

載記第二十一

李雄

李雄字仲儁，特第三子也。母羅氏，夢雙虹自門升天，一虹中斷，既而生蕩。後羅氏因汲水，忽然如寐，又夢大蛇繞其身，遂有孕，十四月而生雄。常言吾二子若有先亡，在者必大貴。蕩竟前死。雄身長八尺三寸，美容貌。少以烈氣聞，每周旋鄉里，識達之士皆器重之。有劉化者，道術士也，每謂人曰：「關隴之士皆當南移，李氏子中惟仲儁有奇表，終爲人主。」

特起兵於蜀，承制，以雄爲前將軍。流死，雄自稱大都督、大將軍、益州牧，都於郫城。羅尚遣將攻雄，雄擊走之。李驤攻犍爲，斷尚運道，尚軍大餒，攻之又急，遂留牙門羅特固守，尚委城夜遁。特開門內雄，〔一〕遂克成都。于時雄軍飢甚，乃率衆就穀於郪，掘野芋而食之。蜀人流散，東下江陽，南入七郡。雄以西山范長生巖居穴處，求道養志，欲迎立爲君而臣之。長生固辭。雄乃深自挹損，不敢稱制，事無巨細，皆決於李國、李離兄弟。國等事雄彌謹。

諸將固請雄卽尊位，以永興元年僭稱成都王，赦其境內，建元爲建興，除晉法，約法七章。以其叔父驤爲太傅，兄始爲太保，折衝李離爲太尉，建威李雲爲司徒，翊軍李璜爲司空，材官李國爲太宰，其餘拜授各有差。追尊其曾祖武曰巴郡桓公，〔二〕祖慕隴西襄王，父特成都景王，母羅氏曰王太后。范長生自西山乘素輿詣成都，〔三〕雄迎之於門，執版延坐，拜丞相，尊曰范賢。長生勸雄稱尊號，雄於是僭卽帝位，赦其境內，改年曰太武。〔四〕追尊父特曰景帝，廟號始祖，母羅氏爲太后。加范長生爲天地太師，封西山侯，復其部曲不豫軍征，租稅一入其家。雄時建國草創，素無法式，諸將恃恩，各爭班位。其尚書令閻式上疏曰：「夫爲國制法，勳尚仍舊。〔五〕漢晉故事，惟太尉、大司馬執兵，太傅、太保父兄之官，論道之職，司徒、司空掌五教九土之差。秦置丞相，總領萬機。漢武之末，越以大將軍統政。今國業初建，凡百未備，諸公大將班位有差，降而競請施置，不與典故相應，宜立制度以爲楷式。」雄從之。

遣李國、李雲等率衆二萬寇漢中，梁州刺史張殷奔于長安。國等陷南鄭，盡徙漢中人于蜀。

先是，南土頻歲饑疫，死者十萬計。南夷校尉李毅固守不降，雄誘建寧夷使討之。毅病卒，城陷，殺壯士三千餘人，送婦女千口於成都。

時李離據梓潼，其部將羅羕、張金苟等殺離及閻式，以梓潼歸于羅尚。尚遣其將向奮屯安漢之宜福以逼雄，雄率衆攻奮，不克。時李國鎮巴西，其帳下文碩又殺國，以巴西降尚。雄乃引還，遣其將張寶襲梓潼，陷之。會羅尚卒，巴郡亂，李驤攻涪，又陷之，執梓潼太守譙登，遂乘勝進軍討文碩，害之。雄大悅，赦其境內，改元曰玉衡。

雄母羅氏死，雄信巫覡者之言，多有忌諱，至欲不葬。其司空趙肅諫，雄乃從之。雄欲申三年之禮，羣臣固諫，雄弗許。李驤謂司空上官惇曰：「今方難未弭，吾欲固諫，不聽主上終諒闇，君以為何如？」惇曰：「三年之喪，自天子達於庶人，故孔子曰：『何必高宗，古之人皆然。』但漢魏以來，天下多難，宗廟至重，不可久曠，故釋縗絰，至哀而已。」驤曰：「任回方至，此人決於行事，且上常難違其言，待其至，當與俱請。」及回至，驤與回俱見雄。驤免冠流涕，固請公除。雄號泣不許。回跪而進曰：「今王業初建，凡百草創，一日無主，天下惶惶。昔武王素甲觀兵，晉襄墨絰從戎，豈所願哉？為天下屈己故也。願陛下割情從權，永隆天保。」遂强扶雄起，釋服親政。

是時南得漢嘉、涪陵，遠人繼至，雄於是下寬大之令，降附者皆假復除。虛己愛人，授用皆得其才，益州遂定。僞立其妻任氏爲皇后。氐王楊難敵兄弟爲劉曜所破，奔葭萌，遣子入質。隴西賊帥陳安又附之。

遣李驤征越巂，太守李釗降。驤進軍由小會攻寧州刺史王遜，遜使其將姚岳悉衆距戰。驤軍不利，又遇霖雨，驤引軍還，爭濟瀘水，士衆多死。釗到成都，雄待遇甚厚，朝廷儀式，喪紀之禮，皆決於釗。

楊難敵之奔葭萌也，雄安北李稚厚撫之，縱其兄弟還武都，難敵遂恃險多爲不法，稚請討之。雄遣中領軍琀及將軍樂次、費佗、李乾等由白水橋攻下辯，征東李壽督琀弟玝攻陰平。難敵遣軍距之，壽不得進，而琀、稚長驅至武街。難敵遣兵斷其歸道，四面攻之，獲琀、稚，死者數千人。琀、稚，雄兄蕩之子也。雄深悼之，不食者數日，言則流涕，深自咎責焉。

其後將立蕩子班爲太子。雄有子十餘人，羣臣咸欲立雄所生。雄曰：「起兵之初，舉手扞頭，本不希帝王之業也。值天下喪亂，晉氏播蕩，羣情義舉，志濟塗炭，而諸君遂見推逼，處王公之上。本之基業，功由先帝。吾兄適統，丕祚所歸，恢懿明叡，殆天所命，大事垂克，薨于戎戰。班姿性仁孝，好學夙成，必爲名器。」李驤與司徒王達諫曰：「先王樹冢適者，所以防篡奪之萌，不可不愼。吳子捨其子而立其弟，所以有專諸之禍；宋宣不立與夷而立穆公，卒有宋督之變。猶子之言，豈若子也？深願陛下思之。」雄不從，竟立班。驤退而流涕曰：「亂自此始矣！」

張駿遣使遺雄書，勸去尊號，稱藩于晉。雄復書曰：「吾過爲士大夫所推，然本無心於帝王也，進思爲晉室元功之臣，退思共爲守藩之將，掃除氛埃，以康帝宇。而晉室陵遲，德聲不振，引領東望，有年月矣。會獲來貺，情在闇室，有何已已。知欲遠遵楚漢，尊崇義帝，春秋之義，於斯莫大。」駿重其言，使聘相繼。巴郡嘗告急，云有東軍。雄曰：「吾嘗慮石勒跋扈，侵逼琅邪，以爲耿耿。不圖乃能舉兵，使人欣然。」雄之雅譚，多如此類。

雄以中原喪亂，乃頻遣使朝貢，與晉穆帝分天下。〔六〕張駿領秦梁，先是，遣傅穎假道于蜀，通表京師，雄弗許。駿又遣治中從事張淳稱藩于蜀，託以假道。雄大悅，謂淳曰：「貴主英名蓋世，土險兵强，何不自稱帝一方？」淳曰：「寡君以乃祖世濟忠良，未能雪天下之恥，解衆人之倒懸，日昃忘食，枕戈待旦。以琅邪中興江東，故萬里翼戴，將成桓文之事，何言自取邪！」雄有慚色，曰：「我乃祖乃父亦是晉臣，往與六郡避難此地，爲同盟所推，遂有今日。琅邪若能中興大晉於中夏，亦當率衆輔之。」淳還，通表京師，天子嘉之。

時李驤死，以其子壽爲大將軍、西夷校尉，督征南費黑、征東任砚攻陷巴東，〔七〕太守楊謙退保建平。壽別遣費黑寇建平，晉巴東監軍毋丘奧退保宜都。雄遣李壽攻朱提，以費黑、卬攀爲前鋒，〔八〕又遣鎭南任回征木落，分寧州之援。寧州刺史尹奉降，遂有南中之地。雄於是赦其境內，使班討平寧州夷，以班爲撫軍。

咸和八年，雄生瘍於頭，六日死，〔九〕時年六十一，在位三十年。〔一〇〕僞謚武帝，廟曰太宗，墓號安都陵。

雄性寬厚，簡刑約法，甚有名稱。氐苻成、隗文既降復叛，〔一一〕手傷雄母，及其來也，咸釋其罪，厚加待納。由是夷夏安之，威震西土。時海內大亂，而蜀獨無事，故歸之者相尋。雄乃興學校，置史官，聽覽之暇，手不釋卷。其賦男丁歲穀三斛，女丁半之，戶調絹不過數丈，緜數兩。事少役稀，百姓富實，閭門不閉，無相侵盜。然雄意在招致遠方，國用不足，故諸將每進金銀珍寶，多有以得官者。丞相楊褒諫曰：「陛下爲天下主，當網羅四海，何有以官買金邪！」雄遜辭謝之。後雄嘗酒醉而推中書令，杖太官令，褒進曰：「天子穆穆，諸侯皇皇，安有天子而爲酗也！」雄卽捨之。雄無事小出，褒於後持矛馳馬過雄。雄怪問之，對曰：「夫統天下之重，如臣乘惡馬而持矛也，急之則慮自傷，緩之則懼其失，是以馬馳而不制也。」雄寤，卽還。雄爲國無威儀，官無祿秩，班序不別，君子小人服章不殊；行軍無號令，用兵無部隊，戰勝不相讓，敗不相救，攻城破邑動以虜獲爲先。此其所以失也。

李班

班字世文。初署平南將軍，後立爲太子。班謙虛博納，敬愛儒賢，自何點、李釗，班皆師之，又引名士王嘏及隴西董融、天水文夔等以爲賓友。每謂融等曰：「觀周景王太子晉、魏太子丕、吳太子孫登，文章鑒識，超然卓絕，未嘗不有慚色。何古賢之高朗，後人之莫逮也！」爲性汎愛，動修軌度。時諸李子弟皆尙奢靡，而班常戒厲之。每朝有大議，雄輒令豫之。班以古者墾田均平，貧富獲所，今貴者廣占荒田，貧者種殖無地，富者以己所餘而賣之，此豈王者大均之義乎！雄納之。及雄寢疾，班晝夜侍側。雄少數攻戰，多被傷夷，至是疾甚，痕皆膿潰，雄子越等惡而遠之。班爲吮膿，殊無難色，每嘗藥流涕，不脫衣冠，其孝誠如此。

雄死，嗣僞位，以李壽錄尙書事輔政。班居中執喪禮，政事皆委壽及司徒何點、尙書令王瓌等。越時鎭江陽，以班非雄所生，意甚不平。至此，奔喪，與其弟期密計圖之。李玝勸班遣越還江陽，以期爲梁州刺史，鎭葭萌。班以未葬，不忍遣，推誠居厚，心無纖芥。時有白氣二道帶天，太史令韓豹奏：「宮中有陰謀兵氣，戒在親戚。」班不悟。咸和九年，班因夜哭，越殺班于殯宮，時年四十七，在位一年，遂立雄之子期嗣位焉。

李期

期字世運，雄第四子也。聰慧好學，弱冠能屬文，輕財好施，虛心招納。初爲建威將軍，雄令諸子及宗室子弟以恩信合衆，多者不至數百，而期獨致千餘人。其所表薦，雄多納之，故長史列署頗出其門。

既殺班，欲立越爲主，越以期雄妻任氏所養，又多才藝，乃讓位于期。于是僭即皇帝位，大赦境內，改元玉恆。誅班弟都。使李壽伐都弟玝于涪，玝棄城降晉。封壽漢王，拜梁州刺史、東羌校尉、中護軍、錄尚書事；封兄越建寧王，拜相國、大將軍、錄尚書事。立妻閻氏爲皇后。以其衞將軍尹奉爲右丞相、驃騎將軍、尚書令；王瓌爲司徒。期自以謀大事既果，輕諸舊臣，外則信任尚書令景騫、尚書姚華、田褒。褒無他才藝，雄時勸立期，故寵待甚厚。內則信宦豎許涪等。國之刑政，希復關之卿相，慶賞威刑，皆決數人而已，于是綱維紊矣。乃誣其尚書僕射、武陵公李載謀反，下獄死。

先是，晉建威將軍司馬勳屯漢中，期遣李壽攻而陷之，遂置守宰，戍南鄭。

雄子霸、保並不病而死，皆云期鴆殺之，於是大臣懷懼，人不自安。天雨大魚于宮中，其色黃。又宮中豕犬交。期多所誅夷，籍沒婦女資財以實後庭，內外兇兇，道路以目，諫者獲罪，人懷苟免。期又鴆殺其安北李攸。攸，壽之養弟也。於是與越及景騫、田褒、姚華謀襲壽等，欲因燒市橋而發兵。期又累遣中常侍許涪至壽所，伺其動靜。及殺攸，壽大懼，又疑許涪往來之數也，乃率步騎一萬，自涪向成都，表稱景騫、田褒亂政，興晉陽之甲，以除君側之惡。以李奕爲先登。壽到成都，期、越不虞其至，素不備設，壽遂取其城，屯兵至門。期遣侍中勞壽，壽奏相國、建寧王越，尚書令、河南公景騫，尚書田褒、姚華，中常侍許涪，征西將軍李遐及將軍李西等，皆懷姦亂政，謀傾社稷，大逆不道，罪合夷滅。期從之，於是殺越、騫等。壽矯任氏令，廢期爲邛都縣公，幽之別宮。期歎曰：「天下主乃當爲小縣公，不如死也！」咸康三年，自縊而死，〔一二〕時年二十五，在位三年。〔一三〕謚曰幽公。及葬，賜鸞輅九旒，餘如王禮。雄之子皆爲壽所殺。

李壽

壽字武考，驤之子也。敏而好學，雅量豁然，少尚禮容，異於李氏諸子。雄奇其才，以爲足荷重任，拜前將軍、督巴西軍事，遷征東將軍。時年十九，聘處士譙秀以爲賓客，盡其讜言，在巴西威惠甚著。驤死，遷大將軍、大都督、侍中，封扶風公，錄尙書事。征寧州，攻圍百餘日，悉平諸郡，雄大悅，封建寧王。雄死，受遺輔政。期立，改封漢王，食梁州五郡，領梁州刺史。

壽威名遠振，深爲李越、景騫等所憚，壽深憂之。代李玝屯涪，每應期朝覲，常自陳邊疆寇警，不可曠鎮，故得不朝。壽又見期、越兄弟十餘人年方壯大，而並有强兵，懼不自全，乃數聘禮巴西龔壯。壯雖不應聘，數往見壽。時岷山崩，江水竭，壽惡之，每問壯以自安之術。壯以特殺其父及叔，欲假手報仇，未有其由，因說壽曰：「節下若能捨小從大，以危易安，則開國裂土，長爲諸侯，名高桓文，勳流百代矣。」壽從之，陰與長史略陽羅恒、〔四〕巴西解思明共謀據成都，稱藩歸順。乃誓文武，得數千人，襲成都，克之，縱兵虜掠，至乃姦略雄女及李氏諸婦，多所殘害，數日乃定。

恒與思明及李奕、王利等勸壽稱鎮西將軍、益州牧、成都王，稱藩于晉，而任調與司馬蔡興、侍中李艷及張烈等勸壽自立。壽命筮之，占者曰：「可數年天子。」調喜曰：「一日尚爲足，而況數年乎！」思明曰：「數年天子，孰與百世諸侯！」壽曰：「朝聞道，夕死可矣。任侯之言，策之上也。」遂以咸康四年僭卽僞位，赦其境內，改元爲漢興。以董皎爲相國，羅恒、馬當爲股肱，李奕、任調、李閎爲爪牙，解思明爲謀主。以安車束帛聘龔壯爲太師，壯固辭，特聽縞巾素帶，居師友之位。拔擢幽滯，處之顯列。追尊父驤爲獻帝，母昝氏爲太后，立妻閻氏爲皇后，世子勢爲太子。

有告廣漢太守李乾與大臣通謀，欲廢壽者。壽令其子廣與大臣盟于前殿，徙乾漢嘉太守。大風暴雨，震其端門。壽深自悔責，命羣臣極盡忠言，勿拘忌諱。

遣其散騎常侍王嘏、中常侍王廣聘於石季龍。先是，季龍遺壽書，欲連橫入寇，約分天下。壽大悅，乃大修船艦，嚴兵繕甲，吏卒皆備糇糧。以其尚書令馬當爲六軍都督，假節鉞，營東場大閱，軍士七萬餘人，舟師泝江而上。過成都，鼓譟盈江，壽登城觀之。其羣臣咸曰：「我國小衆寡，吳會險遠，圖之未易。」解思明又切諫懇至，壽於是命羣臣陳其利害。龔壯諫曰：「陛下與胡通，孰如與晉通？胡，豺狼國也。晉既滅，不得不北面事之。若與之爭天下，則强弱勢異。此虞虢之成範，已然之明戒，願陛下熟慮之。」羣臣以壯之言爲然，叩頭泣諫，壽乃止，士衆咸稱萬歲。

遣其鎭東大將軍李奕征牂柯，太守謝恕保城距守者積日，不拔。會奕糧盡，引還。

壽以其太子勢領大將軍、錄尙書事。

壽承雄寬儉，新行篡奪，因循雄政，未逞其志欲。會李閎、王嘏從鄴還，盛稱季龍威强，宮觀美麗，鄴中殷實。壽又聞季龍虐用刑法，王遜亦以殺罰御下，並能控制邦域，壽心欣慕，人有小過，輒殺以立威。又以郊甸未實，都邑空虛，工匠器械，事未充盈，乃徙旁郡戶三丁已上以實成都，興尙方御府，發州郡工巧以充之，廣修宮室，引水入城，務於奢侈。又廣太學，起讌殿。百姓疲於使役，呼嗟滿道，思亂者十室而九矣。其左僕射蔡興切諫，壽以爲誹謗，誅之。右僕射李嶷數以直言忤旨，壽積忿非一，託以他罪，下獄殺之。

壽疾篤，常見李期、蔡興爲祟。八年，壽死，〔一五〕時年四十四，在位五年。〔一六〕僞謚昭文帝，廟曰中宗，墓曰安昌陵。

壽初爲王，好學愛士，庶幾善道，每覽良將賢相建功立事者，未嘗不反覆誦之，故能征伐四克，闢國千里。雄既垂心於上，壽亦盡誠於下，號爲賢相。及即僞位之後，改立宗廟，以父驤爲漢始祖廟，特、雄爲大成廟，又下書言與期、越別族，凡諸制度，皆有改易。公卿以下，率用己之僚佐，雄時舊臣及六郡士人，皆見廢黜。壽初病，思明等復議奉王室，壽不從。李演自越巂上書，勸壽歸正返本，釋帝稱王，壽怒殺之，以威龔壯、思明等。壯作詩七篇，託言應璩以諷壽。壽報曰：「省詩知意。若今人所作，賢哲之話言也。古人所作，死鬼之常辭耳！」動慕漢武、魏明之所爲，恥聞父兄時事，上書者不得言先世政化，自以己勝之也。

李勢

勢字子仁，壽之長子也。初，壽妻閻氏無子，驤殺李鳳，爲壽納鳳女，生勢。期愛勢姿貌，拜翊軍將軍、漢王世子。勢身長七尺九寸，腰帶十四圍，善於俯仰，時人異之。壽死，勢嗣僞位，赦其境內，改元曰太和。尊母閻氏爲太后，妻李氏爲皇后。

太史令韓皓奏熒惑守心，以宗廟禮廢，勢命羣臣議之。其相國董皎、侍中王嘏等以爲景武昌業，獻文承基，至親不遠，無宜疏絕。勢更令祭特、雄，同號曰漢王。

勢弟大將軍、漢王廣以勢無子，求爲太弟，勢弗許。馬當、解思明以勢兄弟不多，若有所廢，則益孤危，固勸許之。勢疑當等與廣有謀，遣其太保李奕襲廣於涪城，命董皎收馬當、思明斬之，夷其三族。貶廣爲臨邛侯，廣自殺。思明有計謀，强諫諍，馬當甚得人心，自此之後，無復紀綱及諫諍者。

李奕自晉壽舉兵反之，蜀人多有從奕者，衆至數萬。勢登城距戰。奕單騎突門，門者射而殺之，衆乃潰散。勢既誅奕，大赦境內，改年嘉寧。

初，蜀土無獠，至此，始從山而出，北至犍爲、梓潼，布在山谷，十餘萬落，不可禁制，大爲百姓之患。勢既驕吝，而性愛財色，常殺人而取其妻，荒淫不恤國事。夷獠叛亂，軍守離缺，境宇日蹙。加之荒儉，性多忌害，誅殘大臣，刑獄濫加，人懷危懼。斥外父祖臣佐，親任左右小人，羣小因行威福。又常居內，少見公卿。史官屢陳災譴，乃加董皎太師，以名位優之，實欲與分災眚。

大司馬桓溫率水軍伐勢。溫次青衣，勢大發軍距守，又遣李福與昝堅等數千人從山陽趣合水距溫。謂溫從步道而上，諸將皆欲設伏於江南以待王師，昝堅不從，率諸軍從江北鴛鴦碕渡向犍爲。而溫從山陽出江南，昝堅到犍爲，方知與溫異道，乃迴從沙頭津北渡。及堅至，溫已造成都之十里陌，昝堅衆自潰。溫至城下，縱火燒其大城諸門。勢衆惶懼，無復固志，其中書監王嘏、散騎常侍常璩等勸勢降。勢以問侍中馮孚，孚言：「昔吳漢征蜀，盡誅公孫氏。今晉下書，不赦諸李，雖降，恐無全理。」勢乃夜出東門，與昝堅走至晉壽，然後送降文於溫曰：「僞嘉寧二年三月十七日，略陽李勢叩頭死罪。伏惟大將軍節下，先人播流，恃險因釁，竊自汶蜀。勢以闇弱，復統末緒，偷安荏苒，未能改圖。猥煩朱軒，踐冒險阻。將士狂愚，干犯天威。仰慚俯愧，精魂飛散，甘受斧鑕，以釁軍鼓。伏惟大晉，天網恢弘，澤及四海，恩過陽日。逼迫倉卒，自投草野。即日到白水城，謹遣私署散騎常侍王幼奉牋以聞，并敕州郡投戈釋杖。窮池之魚，待命漏刻。」勢尋輿櫬面縛軍門，溫解其縛，焚其櫬，遷勢及弟福、〔一七〕從兄權親族十餘人于建康，封勢歸義侯。升平五年，死于建康。在位五年而敗。

始，李特以惠帝太安元年起兵，至此六世，凡四十六年，〔一八〕以穆帝永和三年滅。

史臣曰：昔周德方隆，古公切踰梁之患；漢祚斯永，宣后興渡湟之師。是知戎狄亂華，釁深自古，況乎巴濮雜種，厥類實繁，資剽竊以全生，習獷悍而成俗。李特世傳兇狡，早擅梟雄，太息劍門，志呑井絡。屬晉綱之落紐，乘羅侯之無斷，騁馬屬鞬，同聲雲集，殲殄蜀漢，薦食巴梁，沃野無半菽之資，華陽有析骸之釁。蓋上失其道，覆敗之至於斯！

仲儁天挺英姿，見稱奇偉，推鋒累載，〔一九〕克隆霸業。蹈玄德之前基，掩子陽之故地，薄賦而綏弊俗，約法而悅新邦，擬於其倫，實孫權之亞也。若夫立子以嫡，往哲通訓，繼體承基，前修茂範。而雄闇經國之遠圖，蹈匹夫之小節，傳大統於猶子，託强兵於厥胤。遺骸莫斂，尋戈之釁已深；星紀未周，傾巢之釁便及。雖云天道，抑亦人謀。

班以寬愛罹災，期以暴戾速禍，殊塗並失，異術同亡。武考憑藉世資，窮兵竊位，罪百周帶，毒甚楚圍，獲保歸全，何其幸也！子仁承緒，繼傳昏虐，驅率餘燼，敢距大邦。授甲晨征，則理均於困獸；斬關宵遁，則義殊於前禽。宜其懸首國門，以明大戮，遂得禮同劉禪，不亦優乎！

贊曰：晉圖弛馭，百六斯鍾。天垂伏鼈，野戰羣龍。李特窺釁，盜我巴庸。世歷五朝，年將四紀。篡殺移國，昏狂繼軌。德之不修，險亦難恃。

校勘記

〔一〕遂留牙門羅特固守至特開門內雄　通鑑八五「羅特」作「張羅」，通鑑考異云從華陽國志。按：華陽國志八云：「留牙門張羅持城」，又云「倉卒失節鉞，羅持從後得之」，似作「張羅持」，但所云「張羅持城」，又似「持」非人名，「持城」作守城解，下「羅持從後得之」衍「持」字，故通鑑以爲作「張羅」。然華陽國志不云張羅開門納雄，下文稱羅進據犍爲之合水，又以巴郡太守行三府事，與隗文戰死。開門納雄者是否即張羅，仍可疑。

〔二〕追尊其曾祖武曰巴郡桓公　華陽國志九「武」作「虎」，晉書避唐諱改。

〔三〕范長生自西山乘素輿詣成都　各本「西山」作「山西」，周校：「西山」誤倒。按：上文已見「西山范長生」，下云「封西山侯」，今據乙。

〔四〕改年曰太武　通鑑八六作「改元晏平，國號大成」。通鑑考異據十六國春秋目錄及華陽國志八以爲李雄建元建興，後改晏平，無「太武」。雄稱帝後，國號大成，載記誤以「大成」爲年號。又譌「成」爲「武」。按：今本華陽國志作「太武」，蓋後人據載記妄改。

〔五〕勳尚仍舊　毛本、局本「勳」下注「元作『動』」。疑是。

〔六〕與晉穆帝分天下　商榷：雄死在咸和八年，是成帝時，何云「與晉穆帝分天下」，「穆」字誤。按：語出魏書李雄傳，本無「晉」字，穆帝乃指魏追諡穆帝之猗盧。載記採魏書，妄增「晉」字。

〔一七〕任砒　華陽國志九「砒」作「卲」。疑本作「㱔」，即「昭」字。魏書莊帝紀尒朱榮所殺常山王卲，新出墓誌「卲」作「㱔」，可證。

〔一八〕卬攀　華陽國志「卬」作「卲」。

〔一九〕咸和八年雄生瘍於頭六日死　校文：成帝紀及華陽國志皆言雄死於九年六月，此誤前一年。通鑑書雄卒於九年六月丁卯，亦不從載記。舉正：魏書，烈帝六年李雄死，即咸和九年也。按：御覽一二三引蜀錄，謂雄卒於玉衡二十四年。永嘉五年，雄改年玉衡，二十四年正當咸和九年。此作八年誤。又御覽引蜀錄，稱「五月雄寢疾，六月丁卯薨」。丁卯乃六月二十五日，必非病六日死。此處「日」字當爲「月」之譌。

〔二〇〕在位三十年　雄以永興元年稱成都王，至咸和九年應爲三十一年。此少一年，亦以雄死誤爲咸和八年之故。

〔二一〕氐苻成隗文既降　各本「隗文」倒作「文隗」。華陽國志八、穆紀俱作「隗文」，今乙正。

〔二二〕咸康三年自縊而死　成紀、華陽國志九、通鑑九六俱繫期死於咸康四年，魏書李壽傳，壽廢期自立在什翼犍之建國元年，亦即咸康四年，此作「三年」，亦因雄死誤前一年而誤。

〔二三〕在位三年　校文：成帝紀，期立於咸和九年十月，華陽國志同。死於咸康四年四月，當從國志作五月。凡五年。此傳以期死屬之三年固誤，謂在位三年，亦駁文也。

〔一四〕羅恒　各本「恒」作「桓」，殿本據下文改「恒」。華陽國志九、通鑑九六並作「恒」，「桓」字形近而譌，今從殿本。下同。

〔一五〕八年壽死　康紀及華陽國志九並謂壽死於建元元年，此作咸康八年，誤前一年。

〔一六〕在位五年　校文：帝紀，壽立於咸康四年，卒於建元元年，計在位六年。華陽國志所記年月與帝紀同，御覽一二三引蜀錄亦云壽死於漢興六年（卽晉建元元年），此云五年誤。按：此誤以壽死於咸康八年，故少一年。

〔一七〕遷勢及弟福　周校：桓溫傳作「勢叔父福」爲是。校文：桓溫傳作「勢叔父福」，御覽一二三引蜀錄、三二四引晉書並同。按：「弟」上疑脫「壽」字。

〔一八〕始李特以惠帝太安元年起兵至此六世凡四十六年　惠紀，李特於永寧元年起兵，至永和三年滅，應是四十七年，御覽一二三引蜀錄即云「合四十七年」，此云太安元年起兵，故少一年，實誤。

〔一九〕推鋒累載　各本「推」作「椎」，獨宋本作「推」。文選左太沖魏都賦有「推鋒積紀」語，「推鋒」亦屢見本書，今從宋本。

晉書卷一百二十二

載記第二十二

呂光

呂光字世明，略陽氐人也。其先呂文和，漢文帝初，自沛避難徙焉，世爲酋豪。父婆樓，佐命苻堅，官至太尉。光生于枋頭，夜有神光之異，故以光爲名。年十歲，與諸童兒游戲邑里，爲戰陣之法，儔類咸推爲主。部分詳平，羣童歎服。不樂讀書，唯好鷹馬。及長，身長八尺四寸，目重瞳子，左肘有肉印。沈毅凝重，寬簡有大量，喜怒不形于色。時人莫之識也，惟王猛異之，曰：「此非常人。」言之苻堅，舉賢良，除美陽令，夷夏愛服。遷鷹揚將軍。從堅征張平，戰于銅壁，刺平養子蚝，中之，自是威名大著。

苻雙反于秦州，堅將楊成世爲雙將苟興所敗，光與王鑒討之。鑒欲速戰，光曰：「興初破成世，姦氣漸張，宜持重以待其弊。興乘勝輕來，糧竭必退，退而擊之，可以破也。」二旬而興退，諸將不知所爲，光曰：「揆其姦計，必攻榆眉。若得榆眉，據城斷路，資儲復贍，非國之利也，宜速進師。若興攻城，尤須赴救。如其奔也，彼糧既盡，可以滅之。」鑒從焉，果敗興軍。從王猛滅慕容暐，封都亭侯。

苻重之鎭洛陽，以光爲長史。及重謀反，苻堅聞之，曰：「呂光忠孝方正，必不同也。」馳使命光檻重送之。尋入爲太子右率，甚見敬重。

蜀人李焉聚衆二萬，攻逼益州。堅以光爲破虜將軍，率兵討滅之，遷步兵校尉。苻洛反，光又擊平之，拜驍騎將軍。〔一〕

堅既平山東，士馬强盛，遂有圖西域之志，乃授光使持節、都督西討諸軍事，率將軍姜飛、彭晃、杜進、康盛等總兵七萬，鐵騎五千，以討西域。以隴西董方、馮翊郭抱、武威賈虔、弘農楊穎爲四府佐將。堅太子宏執光手曰：「君器相非常，必有大福，宜深保愛。」行至高昌，聞堅寇晉，光欲更須後命。部將杜進曰：「節下受任金方，赴機宜速，有何不了，而更留乎！」光乃進及流沙，三百餘里無水，將士失色。光曰：「吾聞李廣利精誠玄感，飛泉涌出，吾等豈獨無感致乎！皇天必將有濟，諸君不足憂也。」俄而大雨，平地三尺。進兵至焉耆，其王泥流率其旁國請降。龜茲王帛純距光，光軍其城南，五里爲一營，深溝高壘，廣設疑兵，以木爲人，被之以甲，羅之壘上。帛純驅徙城外人入于城中，附庸侯王各嬰城自守。

至是，光左臂内脈起成字，文曰「巨霸」。營外夜有一黑物，大如斷堤，揺動有頭角，目光若電，及明而雲霧四周，遂不復見。旦視其處，南北五里，東西三十餘步，鱗甲隱地之所，昭然猶在。光笑曰：「黑龍也。」俄而雲起西北，暴雨滅其跡。杜進言於光曰：「龍者神獸，人君利見之象。易曰：『見龍在田，德施普也。』斯誠明將軍道合靈和，德符幽顯。願將軍勉之，以成大慶。」光有喜色。

又進攻龜茲城，夜夢金象飛越城外。光曰：「此謂佛神去之，胡必亡矣。」光攻城既急，帛純乃傾國財寶請救獪胡。獪胡弟吶龍、侯將馗率騎二十餘萬，并引溫宿、尉頭等國王，〔三〕合七十餘萬以救之。胡便弓馬，善矛矟，鎧如連鎖，射不可入，以革索爲羂，策馬擲人，多有中者。衆甚憚之。諸將咸欲每營結陣，案兵以距之。光曰：「彼衆我寡，營又相遠，勢分力散，非良策也。」於是遷營相接陣，爲勾鎖之法，精騎爲遊軍，彌縫其闕。戰于城西，大敗之，斬萬餘級。帛純收其珍寶而走，王侯降者三十餘國。光入其城，大饗將士，賦詩言志。見其宮室壯麗，命參軍京兆段業著龜茲宮賦以譏之。胡人奢侈，厚於養生，家有蒲桃酒，或至千斛，經十年不敗，士卒淪沒酒藏者相繼矣。諸國憚光威名，貢款屬路，乃立帛純弟震爲王以安之。光撫寧西域，威恩甚著，桀黠胡王昔所未賓者，不遠萬里皆來歸附，上漢所賜節傳，光皆表而易之。

堅聞光平西域，以爲使持節、散騎常侍、都督玉門已西諸軍事、安西將軍、西域校尉，道絕不通。光既平龜茲，有留焉之志。時始獲鳩摩羅什，羅什勸之東還，語在西夷傳。〔三〕光於是大饗文武，博議進止。衆咸請還，光從之，以駝二萬餘頭致外國珍寶及奇伎異戲、殊禽怪獸千有餘品，駿馬萬餘匹。而苻堅高昌太守楊翰說其涼州刺史梁熙距守高桐、〔四〕伊吾二關，熙不從。光至高昌，翰以郡迎降。初，光聞翰之說，惡之，又聞苻堅喪敗，長安危逼，謀欲停師。杜進諫曰：「梁熙文雅有餘，機鑒不足，終不能納善從說也，願不足憂之。聞其上下未同，宜在速進，進而不捷，請受過言之誅。」光從之。及至玉門，梁熙傳檄責光擅命還師，遣子胤與振威姚皓、別駕衞翰率衆五萬，距光于酒泉。光報檄涼州，責熙無赴難之誠，數其遏歸師之罪。遣彭晃、杜進、姜飛等爲前鋒，擊胤，大敗之。胤輕將麾下數百騎東奔，杜進追擒之。於是四山胡夷皆來款附。武威太守彭濟執熙請降。光入姑臧，自領涼州刺史、護羌校尉，表杜進爲輔國將軍、武威太守，封武始侯，自餘封拜各有差。

光主簿尉祐，姦佞傾薄人也，見棄前朝，與彭濟同謀執梁熙，光深見寵任，乃譖誅南安姚皓、天水尹景等名士十餘人，遠近頗以此離貳。光尋擢祐爲寧遠將軍、金城太守。祐次允吾，襲據外城以叛，祐從弟隨據鸇陰以應之。光遣其將魏眞討隨，隨敗，奔祐，光將姜飛又擊敗祐衆。祐奔據興城，扇動百姓，夷夏多從之。飛司馬張象、參軍郭雅謀殺飛應祐，發覺，逃奔。

初，苻堅之敗，張天錫南奔，其世子大豫爲長水校尉王穆所匿。及堅還長安，穆將大豫奔禿髮思復鞬，思復鞬送之魏安。是月，魏安人焦松、齊肅、張濟等起兵數千，迎大豫於揟次，陷昌松郡。光遣其將杜進討之，爲大豫所敗。大豫遂進逼姑臧，求決勝負，王穆諫曰：「呂光糧豐城固，甲兵精銳，逼之非利。不如席卷嶺西，厲兵積粟，東向而爭，不及朞年，可以平也。」大豫不從，乃遣穆求救於嶺西諸郡，建康太守李隰、祁連都尉嚴純及閻襲起兵應之。大豫進屯城西，王穆率衆三萬及思復鞬子奚于等陣于城南。光出擊，破之，斬奚于等二萬餘級。光謂諸將曰：「大豫若用王穆之言，恐未可平也。」諸將曰：「大豫豈不及此邪！皇天欲贊成明公八百之業，故令大豫迷於良算耳。」光大悅，賜金帛有差。大豫自西郡詣臨洮，驅略百姓五千餘戶，保據俱城。光將彭晃、徐炅攻破之，大豫奔廣武，穆奔建康。廣武人執大豫，送之，斬于姑臧市。

光至是始聞苻堅爲姚萇所害，奮怒哀號，三軍縞素，大臨于城南，僞謚堅曰文昭皇帝，長吏百石已上服斬縗三月，庶人哭泣三日。光於是大赦境內，建元曰太安，〔五〕自稱使持節、侍中、中外大都督、督隴右河西諸軍事、大將軍、領護匈奴中郎將、涼州牧、酒泉公。王穆襲據酒泉，自稱大將軍、涼州牧。時穀價踊貴，斗直五百，人相食，死者太半。光西平太守康寧自稱匈奴王，阻兵以叛，光屢遣討之，不捷。

初，光之定河西也，杜進有力焉，以爲輔國將軍、武威太守。既居都尹，權高一時，出入羽儀，與光相亞。光甥石聰至自關中，光曰：「中州人言吾政化何如？」聰曰：「止知有杜進耳，實不聞有舅。」光默然，因此誅進。光後讌羣僚，酒酣，語及政事。時刑法峻重，參軍段業進曰：「嚴刑重憲，非明王之義也。」光曰：「商鞅之法至峻，而兼諸侯；吳起之術無親，而荆蠻以霸，何也？」業曰：「明公受天眷命，方君臨四海，景行堯舜，猶懼有弊，奈何欲以商申之末法臨道義之神州，豈此州士女所望於明公哉！」光改容謝之，於是下令責躬，及崇寬簡之政。

其將徐炅與張掖太守彭晃謀叛，光遣師討炅，炅奔晃。晃東結康寧，西通王穆，光議將討之，諸將咸曰：「今康寧在南，阻兵伺隙，若大駕西行，寧必乘虛出于嶺左。晃、穆未平，康寧復至，進退狼狽，勢必大危。」光曰：「事勢實如卿言。今而不往，當坐待其來。晃、穆共相脣齒，寧又同惡相救，東西交至，城外非吾之有，若是，大事去矣。今晃叛逆始爾，寧、穆與之情契未密，及其倉卒，取之爲易。且隆替命也，卿勿復言。」光於是自率步騎三萬，倍道兼行。既至，攻之二旬，晃將寇顗斬關納光，於是誅彭晃。王穆以其黨索嘏爲敦煌太守，既而忌其威名，率衆攻嘏。光聞之，謂諸將曰：「二虜相攻，此成擒也。」光將攻之，衆咸以爲不可。光曰：「取亂侮亡，武之善經，不可以累征之勞而失永逸之舉。」率步騎二萬攻酒泉，克之，進次涼興。穆引師東還，路中衆散，穆單騎奔騂馬，騂馬令郭文斬首送之。

是時麟見金澤縣，百獸從之，光以爲己瑞，以孝武太元十四年僭卽三河王位，置百官自丞郎已下，赦其境內，年號麟嘉。光妻石氏、子紹、弟德世至自仇池，光迎于城東，大饗羣臣。遣其子左將軍他、武賁中郎將纂討北虜匹勤于三巖山，〔六〕大破之。立妻石氏爲王妃，子紹爲世子。讌其羣臣于內苑新堂。太廟新成，追尊其高祖爲敬公，曾祖爲恭公，祖爲宣公，父爲景昭王，母曰昭烈妃。其中書侍郎楊穎上疏，請依三代故事，追尊呂望爲始祖，永爲不遷之廟，光從之。

是歲，張掖督郵傅曜考覈屬縣，而丘池令尹興殺之，〔七〕投諸空井。曜見夢於光曰：「臣張掖郡小吏，案校諸縣，而丘池令尹興贓狀狼藉，懼臣言之，殺臣投於南亭空井中。臣衣服形狀如是。」光寤而猶見，久之乃滅。遣使覆之如夢，光怒，殺興。著作郎段業以光未能揚清激濁，使賢愚殊貫，因療疾于天梯山，作表志詩九歎、七諷十六篇以諷焉。光覽而悅之。

南羌彭奚念入攻白土，都尉孫峙退奔興城。光遣其南中郎將呂方及其弟右將軍呂寶、振威楊範、强弩竇苟討乞伏乾歸于金城。方屯河北，寶進師濟河，爲乾歸所敗，寶死之。武賁呂纂、强弩竇苟率步騎五千南討彭奚念，戰于盤夷，大敗而歸。光親討乾歸、奚念，遣纂及揚武楊軌、建忠沮渠羅仇、建武梁恭軍于左南。奚念大懼，于白土津累石爲堤，以水自固，遣精兵一萬距守河津。光遣將軍王寶潛趣上津，夜渡湟河。光濟自石堤，攻克枹罕，奚念單騎奔甘松，光振旅而旋。

初，光徙西海郡人於諸郡，至是，謠曰：「朔馬心何悲？念舊中心勞。燕雀何徘徊？意欲還故巢。」頃之，遂相扇動，復徙之於西河樂都。

羣議以高昌雖在西垂，地居形勝，外接胡虜，易生翻覆，宜遣子弟鎭之。光以子覆爲使持節、鎭西將軍、都督玉門已西諸軍事、西域大都護，鎭高昌，命大臣子弟隨之。

光於是以太元二十一年僭卽天王位，大赦境內，改年龍飛。立世子紹爲太子，諸子弟爲公侯者二十人。中書令王詳爲尚書左僕射，段業等五人爲尚書。

乾歸從弟軻彈來奔，光下書曰：「乾歸狼子野心，前後反覆。朕方東清秦趙，勒銘會稽，豈令豎子鴟峙洮南！且其兄弟內相離間，可乘之機，勿過今也。其敕中外戒嚴，朕當親討。」光於是次于長最，使呂纂率楊軌、竇苟等步騎三萬攻金城。乾歸率衆二萬救之。光遣其將王寶、徐炅率騎五千邀之，乾歸懼而不進。光又遣其將梁恭、金石生以甲卒萬餘出陽武下峽，與秦州刺史沒奕于攻其東，光弟天水公延以枹罕之衆攻臨洮、武始、河關，皆克之。呂纂克金城，擒乾歸金城太守衞鞬，鞬瞋目謂光曰：「我寧守節斷頭，不爲降虜也。」光義而免之。

乾歸因大震，泣歎曰：「死中求生，正在今日也。」乃縱反間，稱乾歸衆潰，東奔成紀。呂延信之，引師輕進。延司馬耿稚諫曰：「乾歸雄勇過人，權略難測，破王廣，克楊定，皆羸師以誘之，雖蕞爾小國，亦不可輕也。困獸猶鬬，況乾歸而可望風自散乎！且告者視高而色動，必爲姦計。而今宜部陣而前，步騎相接，徐待諸軍大集，可一舉滅之。」延不從，與乾歸相遇，戰敗，死之。耿稚及將軍姜顯收集散卒，屯于枹罕。光還于姑臧。

光荒耄信讒，殺尚書沮渠羅仇、三河太守沮渠麴粥。羅仇弟子蒙遜叛光，殺中田護軍馬邃，攻陷臨松郡，屯兵金山，大爲百姓之患。蒙遜從兄男成先爲將軍，守晉昌，聞蒙遜起兵，逃奔貲虜，扇動諸夷，衆至數千，進攻福祿、建安。寧戎護軍趙策擊敗之，男成退屯樂涫。呂纂敗蒙遜于忽谷。〔八〕酒泉太守壘澄率將軍趙策、趙陵步騎萬餘討男成于樂涫，戰敗，澄、策死之。男成進攻建康，說太守段業曰：「呂氏政衰，權臣擅命，刑罰失中，人不堪役，一州之地，叛者連城，瓦解之勢，昭然在目，百姓嗷然，無所宗附。府君豈可以蓋世之才，而立忠於垂亡之世！男成等既唱大義，欲屈府君撫臨鄙州，使塗炭之餘蒙來蘇之惠。」業不從。相持二旬而外救不至，郡人高逵、史惠等言於業曰：「今孤城獨立，臺無救援，府君雖心過田單，而地非卽墨，宜思高算，轉禍爲福。」業先與光侍中房晷、僕射王詳不平，慮不自容，乃許之。男成等推業爲大都督、龍驤大將軍、涼州牧、建康公。光命呂纂討業，沮渠蒙遜進屯臨洮，爲業聲勢。戰于合離，纂師大敗。

光散騎常侍、太常郭黁明天文，善占候，謂王詳曰：「於天文，涼之分野將有大兵。主上老病，太子沖闇，纂等凶武，一旦不諱，必有難作。以吾二人久居內要，常有不善之言，恐禍及人，深宜慮之。田胡王氣乞機部衆最强，〔九〕二苑之人多其故衆。吾今與公唱義，推機爲主，則二苑之衆盡我有也。克城之後，徐更圖之。」詳以爲然。夜燒光洪範門，二苑之衆皆附之，詳爲內應。事發，光誅之。黁遂據東苑以叛。光馳使召纂，諸將勸纂曰：「業聞師迴，必躡軍後。若潛師夜還，庶無後患矣。」纂曰：「業雖憑城阻衆，無雄略之才，若夜潛還，張其姦志。」乃遣使告業曰：「郭黁作亂，吾今還都。卿能決者，可出戰。」於是引還。業不敢出。纂司馬楊統謂其從兄桓曰：「郭黁明善天文，起兵其當有以。京城之外非復朝廷之有，纂今還都，復何所補！統請除纂，勒兵推兄爲盟主，西襲呂弘，據張掖以號令諸郡，亦千載一時也。」桓怒曰：「吾聞臣子之事君親，有隕無二，吾未有包胥存救之效，豈可安榮其祿，亂增其難乎！呂宗若敗，吾爲弘演矣。」統懼，至番禾，遂奔郭黁。黁遣軍邀纂于白石，纂大敗。光西安太守石元良率步騎五千赴難，與纂共擊黁軍，破之，遂入于姑臧。黁之叛也，得光孫八人于東苑。及軍敗，恚甚，悉投之于鋒刃之上，枝分節解，飲血盟衆，衆皆掩目，不忍視之，黁悠然自若。

麐推後將軍楊軌爲盟主，軌自稱大將軍、涼州牧、西平公。呂纂擊麐將王斐于城西，大破之，自是麐勢漸衰。光遺楊軌書曰：「自羌胡不靖，郭麐叛逆，南藩安否，音問兩絕。行人風傳，云卿擁逼百姓，爲麐脣齒。卿雅志忠貞，有史魚之操，鑒察成敗，遠侔古人，豈宜聽納姦邪，以虧大美！陵霜不彫者松柏也，臨難不移者君子也，何圖松柏彫於微霜，雞鳴已於風雨！郭麐巫卜小數，時或誤中，考之大理，率多虛謬。朕宰化寡方，澤不逮遠，致世事紛紜，百城離叛。勠力一心，同濟巨海者，望之於卿也。今中倉積粟數百千萬，東人戰士一當百餘，入則言笑晏晏，出則武步涼州，呑麐咀業，綽有餘暇。但與卿形雖君臣，心過父子，欲全卿名節，不使貽笑將來。」軌不答，率步騎二萬北赴郭麐。至姑臧，壘于城北。軌以士馬之盛，議欲大決成敗，麐每以天文裁之。呂弘爲段業所逼，光遣呂纂迎之。軌謀於衆曰：「呂弘精兵一萬，若與光合，則敵强我弱。養獸不討，將爲後患。」遂率兵邀纂，纂擊敗之。郭麐聞軌敗，東走魏安，遂奔于乞伏乾歸。楊軌聞麐走，南奔廉川。

光疾甚，立其太子紹爲天王，自號太上皇帝。以呂纂爲太尉，呂弘爲司徒。謂紹曰：「吾疾病唯增，恐將不濟。三寇闚闟，迭伺國隙。吾終之後，使纂統六軍，弘管朝政，汝恭己無爲，委重二兄，庶可以濟。若內相猜貳，釁起蕭牆，則晉趙之變旦夕至矣。」又謂纂、弘曰：「永業才非撥亂，直以正嫡有常，猥居元首。今外有强寇，人心未寧，汝兄弟緝穆，則貽厥萬世。若內自相圖，則禍不旋踵。」纂、弘泣曰：「不敢有二心。」光以安帝隆安三年死，時年六十三，〔一〇〕在位十年。〔一一〕僞諡懿武皇帝，廟號太祖，墓號高陵。

呂纂

纂字永緒，光之庶長子也。少便弓馬，好鷹犬。苻堅時入太學，不好讀書，唯以交結公侯聲樂爲務。及堅亂，西奔上邽，轉至姑臧，拜武賁中郎將，封太原公。

光死，呂紹祕不發喪，纂排閤入哭，盡哀而出。紹懼爲纂所害，以位讓之，曰：「兄功高年長，宜承大統，願兄勿疑。」纂曰：「臣雖年長，陛下國家之冢嫡，不可以私愛而亂大倫。」紹固以讓纂，纂不許之。及紹嗣僞位，呂超言於紹曰：「纂統戎積年，威震內外，臨喪不哀，步高視遠，觀其舉止亂常，恐成大變，宜早除之，以安社稷。」紹曰：「先帝顧命，音猶在耳，兄弟至親，豈有此乎！吾弱年而荷大任，方賴二兄以寧家國。縱其圖我，我視死如歸，終不忍有此意也，卿慎勿過言。」超曰：「纂威名素盛，安忍無親，今不圖之，後必噬臍矣。」紹曰：「吾每念袁尙兄弟，未曾不痛心忘寢食，寧坐而死，豈忍行之。」超曰：「聖人稱知機其神，陛下臨機不斷，臣見大事去矣。」既而纂見紹於湛露堂，超執刀侍紹，目纂請收之，紹弗許。

初，光欲立弘爲世子，會聞紹在仇池，乃止，弘由是有憾於紹。遣尙書姜紀密告纂曰：

「先帝登遐，主上闇弱，兄總攝內外，威恩被于遐邇，輒欲遠追廢昌邑之義，以兄爲中宗何如？」纂於是夜率壯士數百，踰北城，攻廣夏門，弘率東苑之衆斫洪範門。左衞齊從守融明觀，逆問之曰：「誰也？」衆曰：「太原公。」從曰：「國有大故，主上新立，太原公行不由道，夜入禁城，將爲亂邪？」因抽劍直前，斫纂中額。纂左右擒之，纂曰：「義士也，勿殺。」紹遣武賁中郎將呂開率其禁兵距戰于端門，驍騎呂超率卒二千赴之。衆素憚纂，悉皆潰散。

纂入自青角門，升于謙光殿。紹登紫閣自殺，呂超出奔廣武。纂憚弘兵強，勸弘卽位。弘曰：「自以紹弟也而承大統，衆心不順，是以違先帝遺敕，慚負黃泉。今復越兄而立，何面目以視息世間！大兄長且賢，威名振于二賊，宜速卽大位，以安國家。」纂以隆安四年遂僭卽天王位，〔三〕大赦境內，改元爲咸寧。謚紹爲隱王。以弘爲使持節、侍中、大都督、都督中外諸軍事、大司馬、車騎大將軍、司隸校尉、錄尚書事，改封番禾郡公，其餘封拜各有差。

纂謂齊從曰：「卿前斫我，一何甚也！」從泣曰：「隱王先帝所立，陛下雖應天順時，而微心未達，惟恐陛下不死，何謂甚也！」纂嘉其忠，善遇之。纂遣使謂征東呂方曰：「超實忠臣，義勇可嘉，但不識經國大體，權變之宜。方賴其忠節，誕濟世難，可以此意諭之。」超上疏陳謝，纂復其爵位。

呂弘自以功名崇重，恐不爲纂所容，纂亦深忌之。弘遂起兵東苑，劫尹文、楊桓以爲謀主，請宗燮俱行。燮曰：「老臣受先帝大恩，位爲列棘，不能隕身授命，死有餘罪，而復從殿下，親爲戎首者，豈天地所容乎！且智不能謀，衆不足恃，將焉用之！」弘曰：「君爲義士，我爲亂臣！」乃率兵攻纂。纂遣其將焦辨擊弘，弘衆潰，出奔廣武。纂縱兵大掠，以東苑婦女賞軍，弘之妻子亦爲士卒所辱。纂笑謂羣臣曰：「今日之戰何如？」其侍中房晷對曰：「天禍涼室，釁起戚藩。先帝始崩，隱王幽逼，山陵甫訖，大司馬驚疑肆逆，京邑交兵，友于接刃。雖弘自取夷滅，亦由陛下無棠棣之義。宜考己責躬，以謝百姓，而反縱兵大掠，幽辱士女。釁自由弘，百姓何罪！且弘妻，陛下之弟婦也；弘女，陛下之姪女也，奈何使無賴小人辱爲婢妾。天地神明，豈忍見此！」遂歔欷悲泣。纂改容謝之，召弘妻及男女于東宮，厚撫之。呂方執弘繫獄，馳使告纂，纂遣力士康龍拉殺之。是月，立其妻楊氏爲皇后，以楊氏父桓爲散騎常侍、尚書左僕射、涼都尹，封金城侯。

纂將伐禿髮利鹿孤，中書令楊穎諫曰：「夫起師動衆，必參之天人，苟非其時，聖賢所不爲。禿髮利鹿孤上下用命，國未有釁，不可以伐。宜繕甲養銳，勸課農殖，待可乘之機，然後一舉蕩滅。比年多事，公私罄竭，不深根固本，恐爲患將來，願抑赫斯之怒，思萬全之算。」纂不從。度浩亹河，爲鹿孤弟傉檀所敗，遂西襲張掖。姜紀諫曰：「方今盛夏，百姓廢農，所利既少，所喪者多。若師至嶺西，虜必乘虛寇抄都下，宜且迴師以爲後圖。」纂曰：「虜無大志，聞朕西征，正可自固耳。今速襲之，可以得志。」遂圍張掖，略地建康。聞傉檀寇姑臧，乃還。

卽序胡安據盜發張駿墓，見駿貌如生，得眞珠簏、〔二三〕琉璃榼、白玉樽、赤玉簫、紫玉笛、珊瑚鞭、馬腦鍾，水陸奇珍不可勝紀。纂誅安據黨五十餘家，遣使弔祭駿，并繕修其墓。

道士句摩羅耆婆言於纂曰：「潛龍屢出，豕犬見妖，將有下人謀上之禍，宜增修德政，以答天戒。」纂納之。耆婆，卽羅什之別名也。

纂游田無度，荒耽酒色，其太常楊穎諫曰：「臣聞皇天降鑒，惟德是與。德由人弘，天應以福，故勃焉之美奄在聖躬。大業已爾，宜以道守之，廓靈基於日新，邀洪福於萬祀。自陛下龍飛，疆宇未闢，崎嶇二嶺之內，綱維未振於九州。當兢兢夕惕，經略四方，成先帝之遺志，拯蒼生於荼蓼。而更飲酒過度，出入無恒，宴安游盤之樂，沈湎樽酒之間，不以寇讐爲慮，竊爲陛下危之。糟丘酒池，洛汭不返，皆陛下之殷鑒。臣蒙先帝夷險之恩，故不敢避干將之戮。」纂曰：「朕之罪也。不有貞亮之士，誰匡邪僻之君！」然昏虐自任，終不能改。常與左右因醉馳獵於坑澗之間，殿中侍御史王回、中書侍郎王儒扣馬諫曰：「千金之子坐不垂堂，萬乘之主淸道而行，奈何去輿輦之安，冒奔騎之危！銜橜之變，動有不測之禍。愚臣竊所不安，敢以死爭。願陛下遠思袁盎攬轡之言，不令臣等受譏千載。」纂不納。

纂番禾太守呂超擅伐鮮卑思盤，思盤遣弟乞珍訴超於纂，纂召超將盤入朝。超至姑臧，大懼，自結於殿中監杜尙。纂見超，怒曰：「卿恃兄弟桓桓，欲欺吾也，要當斬卿，然後天下可定。」超頓首不敢。纂因引超及其諸臣讌于內殿。呂隆屢勸纂酒，已至昏醉，乘步輓車將超等游于內。至琨華堂東閤，車不得過，纂親將竇川、駱騰倚劍於壁，推車過閤。超取劍擊纂，纂下車擒超，超刺纂洞胸，奔于宣德堂。川、騰與超格戰，超殺之。纂妻楊氏命禁兵討超，杜尙約兵舍杖。將軍魏益多入，斬纂首以徇曰：「纂違先帝之命，殺害太子，荒耽酒獵，昵近小人，輕害忠良，以百姓爲草芥。番禾太守超以骨肉之親，懼社稷顚覆，已除之矣。上以安宗廟，下爲太子報仇。凡我士庶，同茲休慶。」

僞巴西公呂他、隴西公呂緯時在北城，或說緯曰：「超陵天逆上，士衆不附。明公以懿弟之親，投戈而起，姜紀、焦辨在南城，楊桓、田誠在東苑，皆我之黨也，何慮不濟！」緯乃嚴兵謂他曰：「隆、超弑逆，所宜擊之。昔田恒之亂，孔子鄰國之臣，猶抗言於哀公，況今蕭牆有難，而可坐觀乎！」他將從之，他妻梁氏止之曰：「緯、超俱兄弟之子，何爲舍超助緯而爲禍首乎！」他謂緯曰：「超事已立，據武庫，擁精兵，圖之爲難。且吾老矣，無能爲也。」超聞，登城告他曰：「纂信讒言，將滅超兄弟。超以身命之切，且懼社稷覆亡，故出萬死之計，爲國家唱義，叔父當有以亮之。」超弟邈有寵於緯，說緯曰：「纂殘國破家，誅戮兄弟，隆、超此舉應天人之心，正欲尊立明公耳。先帝之子，明公爲長，四海顒顒，人無異議。隆、超雖不達臧否，終不以孽代宗，更圖異望也，願公勿疑。」緯信之，與隆、超結盟，單馬入城，超執而殺之。

初，纂嘗與鳩摩羅什棊，殺羅什子，曰：「斫胡奴頭。」羅什曰：「不斫胡奴頭，胡奴斫人頭。」超小字胡奴，竟以殺纂。纂在位三年，以元興元年死。〔一四〕隆既篡位，僞謚纂靈皇帝，墓號白石陵。

呂隆

隆字永基，光弟寶之子也。美姿貌，善騎射。光末拜北部護軍，稍歷顯位，有聲稱。超既殺纂，讓位於隆，隆有難色。超曰：「今猶乘龍上天，豈可中下！」隆以安帝元興元年遂僭即天王位。〔一五〕超先於番禾得小鼎，以爲神瑞，大赦，改元爲神鼎。追尊父寶爲文皇帝，母衞氏爲皇太后，妻楊氏爲皇后。以弟超有佐命之勳，拜使持節、侍中、都督中外諸軍事、輔國大將軍、司隸校尉、錄尚書事，封安定公。

隆多殺豪望，以立威名，內外囂然，人不自固。魏安人焦朗遣使說姚興將姚碩德曰：「呂氏因秦之亂，制命此州，自武皇棄世，諸子競尋干戈，德刑不恤，殘暴是先，饑饉流亡，死者太半，唯泣訴昊天，而精誠無感。伏惟明公道邁前賢，任尊分陝，宜兼弱攻昧，經略此方，救生靈之沈溺，布徽政于玉門。篡奪之際，爲功不難。」遣妻子爲質。碩德遂率衆至姑臧。其部將姚國方言於碩德曰：「今懸師三千，後無繼援，師之難也。宜曜勁鋒，示其威武。彼以我遠來，必決死距戰，可一舉而平。」碩德從之。呂超出戰，大敗，遁還。隆收集離散，嬰城固守。

時熒惑犯帝坐，有羣雀鬬于太廟，死者數萬。東人多謀外叛，將軍魏益多又唱動羣心，乃謀殺隆、超，事發，誅之，死者三百餘家。於是羣臣表求與姚興通好，隆弗許。呂超諫曰：「通塞有時，艱泰相襲，孫權屈身於魏，譙周勸主迎降，豈非大丈夫哉？勢屈故也。天錫承七世之資，樹恩百載，武旅十萬，謀臣盈朝，秦師臨境，識者導以見機，而愎諫自專，社稷爲墟。前鑒不遠，我之元龜也。何惜尺書單使，不以危易安！且令卑辭以退敵，然後內修德政，廢興由人，未損大略。」隆曰：「吾雖常人，屬當家國之重，不能嗣守成基，保安社稷，以太祖之業委之於人，何面目見先帝於地下！」超曰：「應龍以屈伸爲靈，大人以知機爲美。今連兵積歲，資儲內盡，強寇外逼，百姓嗷然無餬口之寄，假使張、陳、韓、白，亦無如之何！陛下宜思權變大綱，割區區常慮。苟卜世有期，不在和好。若天命去矣，宗族可全。」隆從之，乃請降。碩德表隆爲使持節、鎮西大將軍、涼州刺史、建康公。於是遣母弟愛子文武舊臣慕容筑、楊穎、史難、閻松等五十餘家質于長安，碩德乃還。姚興謀臣皆曰：「隆藉伯父餘資，制命河外。今雖飢窘，尚能自支。若將來豐贍，終非國有。涼州險絕，世難先違，道清後順，不如因其飢弊而取之。」興乃遣使來觀虛實。

沮渠蒙遜又伐隆，隆擊敗之，蒙遜請和結盟，留穀萬餘斛以振飢人。姑臧穀價踊貴，斗直錢五千文，人相食，餓死者十餘萬口。城門晝閉，樵採路絕，百姓請出城乞爲夷虜奴婢者日有數百。隆懼沮動人情，盡坑之，於是積屍盈于衢路。

禿髮傉檀及蒙遜頻來伐之，隆以二寇之逼也，遣超率騎二百，多齎珍寶，請迎于姚興。興乃遣其將齊難等步騎四萬迎之。難至姑臧，隆素車白馬迎于道旁。使胤告光廟曰：「陛下往運神略，開建西夏，德被蒼生，威振遐裔。枝嗣不臧，迭相篡弒。二虜交逼，將歸東京，謹與陛下奉訣於此。」歔欷慟泣，酸感興軍。隆率騎一萬，〔一六〕隨難東遷，至長安，興以隆爲散騎常侍，公如故；超爲安定太守；文武三十餘人皆擢敍之。其後隆坐與子弼謀反，爲興所誅。

呂光以孝武太元十二年定涼州，十五年僭立，至隆凡十有三載，〔一七〕以安帝元興三年滅。〔一八〕

史臣曰：自晉室不綱，中原蕩析，苻氏乘釁，竊號神州。世明委質僞朝，位居上將，爰以心膂，受脤遐征。鐵騎如雲，出玉門而長騖；琱戈耀景，捐金丘而一息。蕞爾夷陬，承風霧卷，宏圖壯節，亦足稱焉。屬永固運銷，羣雄競起，班師右地，便有覬覦。於是要結六戎，潛窺雁鼎；并吞五郡，遂假鴻名。控黃河以設險，負玄漠而爲固，自謂克昌霸業，貽厥孫謀。尋而耄及政昏，親離衆叛，瞑目甫爾，釁發蕭牆。紹纂凡才，負乘致寇；弘超兇狡，職爲亂階；永基庸庸，面縛姚氏。昔竇融歸順，榮煥累葉；隗囂干紀，靡終身世。而光棄玆勝躅，遵彼覆車，十數年間，終致殘滅。向使矯邪歸正，革僞爲忠，鳴檄而蕃晉朝，仗義而誅醜虜，則燕秦之地可定，桓文之功可立，郭黁、段業豈得肆其姦，蒙遜、烏孤無所窺其隙矣。而猥竊非據，何其謬哉！夫天地之大德曰生，聖人之大寶曰位。非其人而處其位者，其禍必速；在其位而忘其德者，其殃必至。天鑒非遠，庸可濫乎！

贊曰：金行不競，寶業斯屯。瓜分九寓，沴聚三秦。呂氏伺隙，欺我人神。天命難假，終亦傾淪。

校勘記

〔一〕拜驍騎將軍　各本「驍」作「驃」，宋本作「驍」。本書苻堅載記、鳩摩羅什傳、册府二二二、通志一九〇、魏書呂光傳、御覽八九五引十六國春秋並作「驍騎」。周校以爲作「驍騎」是。今從宋本。

〔二〕引溫宿尉頭等國王　各本「尉頭」訛「尉須」，今據漢書、北史西域傳及御覽一二五引後涼錄改。

〔三〕語在西夷傳　周校：羅什語見藝術傳，誤作西夷。斠注：本書西戎傳但云光進軍討平龜茲，並無始獲羅什及勸其東還之語，且傳稱「西戎」，非「西夷」。

〔四〕涼州刺史梁熙距守高桐　苻丕載記「高桐」作「高梧」，通鑑一〇六從之，胡注云「當在高昌西界」，未能確指其地。讀史方輿紀要引或說，「高梧，交河之譌」。今按：或說近是，則此「桐」字乃「梧」之譌。但無確證。

〔五〕建元曰太安　御覽一二五引後涼錄、通鑑一〇六「太」作「大」。按：「太安」乃苻丕年號，此時光自稱大將軍、涼州牧、酒泉公，當是用丕年號，非自建元。故魏書呂光傳稱光紀年始於麟嘉，不記建元太安事。

〔六〕遣其子左將軍他武賁中郎將纂　舉正：「下呂超及隆殺呂纂，呂緯說他擊之。他妻梁氏曰：『緯、超俱兄弟之子。』又他謂緯曰：『吾老矣。』而超告他呼爲『叔父』。夫隆爲光弟寶之子，超乃隆弟。使他爲光子，則超爲從兄弟，不應稱叔父；而是時光沒甫三年，他亦不應言老，幷以超爲兄弟之子。尋前後文義，當爲光弟，非子也。」按：舉正說是，「子」字當在「武賁中郎將纂」上，此處當作「弟」。

〔七〕丘池　洪亮吉十六國疆域志一〇：「按兩漢張掖有氐池縣。晉書武帝紀泰始三年四月『張掖太守焦勝上言，氐池大神谷口有玄石一所，白畫成文』。是晉初有氐池縣，本未嘗省。地理志失載也。『丘池』即『氐池』之誤。」按：禿髮烏孤載記、傉檀載記、沮渠蒙遜載記並見「氐池」，洪說是。

〔八〕忽谷　通鑑一〇九「忽谷」作「怱谷」。

〔九〕王氣乞機　周校：藝術郭麐傳及禿髮載記俱作「王乞基」，「機」、「基」同音通用。「氣」古爲「气」，今爲「乞」，一字誤書，當去其一。參卷九五校記。

〔一〇〕時年六十三　御覽三八五引涼州記，謂光石氏建武四年生。按：石趙建武四年當晉咸康四年，至隆安三年，則是六十二歲。

〔一一〕在位十年　上文及孝武紀並云太元十四年即三河王位，隆安三年卒，應云「十一年」。

〔一二〕纂以隆安四年遂僭即天王位　呂光死於隆安三年十二月，呂紹立五日而自殺，纂即位即在本年十二月內。御覽一二五引後涼錄稱纂改龍飛四年爲咸寧元年。龍飛四年即晉隆安三年。可證其即位改元在隆安三年歲末。此作「四年」誤。

〔一三〕眞珠簏　册府九三〇「簏」作「簾」。御覽三五九引後涼錄，七〇〇、七〇一引涼州記，八〇二引晉書並作「簾」。疑「簏」字譌。

〔一四〕纂在位三年以元興元年死　周校：安帝紀，纂死在隆安五年。按：通鑑一一二同紀，纂改元咸寧在隆安三年，在位三年正是隆安五年。載記既誤纂即位改元在隆安四年，故其死亦誤後一年。

〔一五〕隆以安帝元興元年遂僭即天王位　周校：紀作隆安五年。按：通鑑一一二同紀。御覽一二五引後涼錄，呂隆即位，「改咸寧三年爲神鼎元年」，咸寧三年即晉隆安五年，魏書太祖紀隆立在天興四年，亦即隆安五年，此誤後一年。參上條校記。

〔一六〕隆率騎一萬　御覽一二五引後涼錄、通鑑一一三「騎」作「戶」。按：姚興載記云呂隆降後，「興徙河西豪右萬餘戶於長安」，即隆所率東遷之衆。作「戶」是。

〔一七〕呂光以孝武太元十二年定涼州十五年僭立至隆凡十有三載　所謂「定涼州」，當指光據姑臧，稱酒泉公，事在太元十年。（孝武紀在九年誤）所謂「僭立」，若指稱「三河王」，改元大赦，則在太元十四年，前有明文；若指稱「天王」，則在二十一年，亦有明文。此處紀年誤。

〔一八〕以安帝元興三年滅　通鑑一一三在「二年」。按：御覽一二五引後涼錄稱隆滅於神鼎三年，歲在癸卯，當晉元興二年。此作「三年」亦誤後一年。

晉書卷一百二十三

載記第二十三

慕容垂

慕容垂字道明，〔一〕皝之第五子也。少岐嶷有器度，身長七尺七寸，手垂過膝。皝甚寵之，常目而謂諸弟曰：「此兒闊達好奇，終能破人家，或能成人家。」故名霸，字道業，恩遇踰于世子儁，故儁不能平之。以滅宇文之功，封都鄉侯。石季龍來伐，既還，猶有兼幷之志，遣將鄧恒率衆數萬屯于樂安，營攻取之備。垂戍徒河，與恒相持，恒憚而不敢侵。垂少好畋遊，因獵墜馬折齒。慕容儁僭卽王位，改名缺，外以慕郤缺爲名，內實惡而改之。尋以讖記之文，乃去夬，以「垂」爲名焉。

石季龍之死也，趙魏亂，垂謂儁曰：「時來易失，赴機在速，兼弱攻昧，今其時矣。」儁以新遭大喪，不許。慕輿根言於儁曰：「王子之言，千載一時，不可失也。」儁乃從之，以垂爲前鋒都督。儁既克幽州，將坑降卒，垂諫曰：「弔伐之義，先代常典。今方平中原，宜綏懷以德，坑戮之刑不可爲王師之先聲。」儁從之。及儁僭稱尊號，封垂吳王，徙鎮信都，以侍中、右禁將軍錄留臺事，大收東北之利。又爲征南將軍、荆兗二州牧，有聲於梁楚之南。再爲司隸，僞王公已下莫不累迹。時慕容暐嗣僞位，慕容恪爲太宰。恪甚重垂，常謂暐曰：「吳王將相之才十倍於臣，先帝以長幼之次，以臣先之，臣死之後，願陛下委政吳王，可謂親賢兼舉。」及敗桓溫于枋頭，威名大振。慕容評深忌惡之，乃謀誅垂。垂懼禍及己，與世子全奔于苻堅。〔二〕

自恪卒後，堅密有圖暐之謀，憚垂威名而未發。及聞其至，堅大悅，郊迎執手，禮之甚重。堅相王猛惡垂雄略，勸堅殺之。堅不從，以爲冠軍將軍，封賓都侯，〔三〕食華陰之五百戶。王猛伐洛，引全爲參軍。猛乃令人詭傳垂語於全曰：「吾已東還，汝可爲計也。」全信之，乃奔暐。猛表全叛狀，垂懼而東奔，及藍田，爲追騎所獲。堅引見東堂，慰勉之曰：「卿家國失和，委身投朕。賢子志不忘本，猶懷首丘。書不云乎：『父父子子，無相及也。』卿何爲過懼而狼狽若斯也！」於是復垂爵位，恩待如初。

及堅擒暐，垂隨堅入鄴，收集諸子，對之悲慟，見其故吏，有不悅之色。前郎中令高弼私於垂曰：「大王以命世之姿，遭無妄之運，迍邅棲伏，艱亦至矣。天啓嘉會，靈命暫遷，此乃鴻漸之始，龍變之初，深願仁慈有以慰之。且夫高世之略必懷遺俗之規，方當網漏吞舟，以弘苞養之義；收納舊臣之胄，以成爲山之功。奈何以一怒捐之？竊爲大王不取。」垂深納之。垂在堅朝，歷位京兆尹，進封泉州侯，所在征伐，皆有大功。

堅之敗於淮南也，垂軍獨全，堅以千餘騎奔垂。垂世子寶言於垂曰：「家國傾喪，皇綱廢弛，至尊明命著之圖籙，當隆中興之業，建少康之功。但時來之運未至，故韜光俟奮耳。今天厭亂德，凶衆土崩，可謂乾啓神機，授之于我。千載一時，今其會也，宜恭承皇天之意，因而取之。且夫立大功者不顧小節，行大仁者不念小惠。秦既蕩覆三京，〔四〕竊辱神器，仇恥之深，莫甚於此，願不以意氣微恩而忘社稷之重。五木之祥，今其至矣。」垂曰：「汝言是也。然彼以赤心投命，若何害之！苟天所棄，圖之多便。且縱令北還，更待其釁，既不負宿心，可以義取天下。」垂弟德進曰：「夫鄰國相吞，有自來矣。秦强而并燕，秦弱而圖之，此爲報仇雪辱，豈所謂負宿心也！昔鄧祁侯不納三甥之言，終爲楚所滅；吳王夫差違子胥之諫，取禍句踐。前事之不忘，後事之師表也。願不棄湯武之成蹤，追韓信之敗迹，乘彼土崩，恭行天罰，斬逆氐，復宗祀，建中興，繼洪烈，天下大機，弗宜失也。若釋數萬之衆，授干將之柄，是卻天時而待後害，非至計也。語曰：『當斷不斷，反受其亂。』願兄無疑。」垂曰：「吾昔爲太傅所不容，投身於秦主，又爲王猛所譖，復見昭亮，國士之禮每深，報德之分未一。如使秦運必窮，曆數歸我者，授首之便，何慮無之。關西之地，會非吾有，自當有擾之者，吾可端拱而定關東。君子不怙亂，不爲禍先，且可觀之。」乃以兵屬堅。初，寶在長安，與韓黃、李根等因讌摴蒱，寶危坐整容，誓之曰：「世云摴蒱有神，豈虛也哉！若富貴可期，頻得三盧。」於是三擲盡盧，寶拜而受賜，故云五木之祥。

堅至澠池，垂請至鄴展拜陵墓，因張國威刑，以安戎狄。堅許之。權翼諫曰：「垂爪牙名將，所謂今之韓白，世豪東夏，志不爲人用。頃以避禍歸誠，非慕德而至，列土千城未可以滿其志，〔五〕冠軍之號豈足以稱其心！且垂猶鷹也，飢則附人，飽便高颺，遇風塵之會，必有陵霄之志。惟宜急其羈靽，不可任其所欲。」堅不從，遣其將李蠻、閔亮、尹國率衆三千送垂，又遣石越戍鄴，張蚝戍并州。

時堅子丕先在鄴，及垂至，丕館之于鄴西，垂具說淮南敗狀。會堅將苻暉告丁零翟斌聚衆謀逼洛陽，丕謂垂曰：「翟斌兄弟因王師小失，敢肆凶勃，子母之軍，殆難爲敵，非冠軍英略，莫可以滅也。欲相煩一行可乎？」垂曰：「下官殿下之鷹犬，敢不惟命是聽。」於是大賜金帛，一無所受，惟請舊田園。丕許之，配垂兵二千，遣其將苻飛龍率氐騎一千爲垂之副。丕戒飛龍曰：「卿王室肺腑，年秩雖卑，其實帥也。垂爲三軍之統，卿爲謀垂之主，用兵制勝之權，防微杜貳之略，委之於卿，卿其勉之。」垂請入鄴城拜廟，丕不許。乃潛服而入，亭吏禁之，垂怒，斬吏燒亭而去。石越言於丕曰：「垂之在燕，破國亂家，及投命聖朝，蒙超常之遇，忽敢輕侮方鎭，殺吏焚亭，反形已露，終爲亂階。將老兵疲，可襲而取之矣。」丕曰：「淮南之敗，衆散親離，而垂侍衞聖躬，誠不可忘。」越曰：「垂既不忠於燕，其肯盡忠於我乎！且其亡虜也，主上寵同功舊，不能銘澤誓忠，而首謀爲亂，今不擊之，必爲後害。」丕不從。越退而告人曰：「公父子好存小仁，〔六〕不顧天下大計，吾屬終當爲鮮卑虜矣。」

垂至河內，殺飛龍，悉誅氐兵，召募遠近，衆至三萬，濟河焚橋，令曰：「吾本外假秦聲，內規興復。亂法者軍有常刑，奉命者賞不踰日。天下既定，封爵有差，不相負也。」

翟斌聞垂之將濟河也，遣使推垂爲盟主。垂距之曰：「吾父子寄命秦朝，危而獲濟，荷主上不世之恩，蒙更生之惠，雖曰君臣，義深父子，豈可因其小隙，便懷二三。吾本救豫州，不赴君等，何爲斯議而及於我！」垂進欲襲據洛陽，故見苻暉以臣節，退又未審斌之誠款，故以此言距之。垂至洛陽，暉閉門距守，不與垂通。斌又遣長史河南郭通說垂，乃許之。斌率衆會垂，勸稱尊號，垂曰：「新興侯，國之正統，孤之君也。若以諸君之力，得平關東，當以大義喻秦，奉迎反正。無上自尊，非孤心也。」謀于衆曰：「洛陽四面受敵，北阻大河，至於控馭燕趙，非形勝之便，不如北取鄴都，據之而制天下。」衆咸以爲然。乃引師而東，遣建威將軍王騰起浮橋于石門。

初，垂之發鄴中，子農及兄子楷、紹，弟子宙，爲苻丕所留。及誅飛龍，遣田生密告農等，使起兵趙魏以相應。於是農、宙奔列人，楷、紹奔辟陽，衆咸應之。農西招庫辱官偉于上黨，東引乞特歸于東阿，各率衆數萬赴之，衆至十餘萬。丕遣石越討農，爲農所敗，斬越于陳。

垂引兵至滎陽，以太元八年自稱大將軍、大都督、燕王，〔七〕承制行事，建元曰燕元。令稱統府，府置四佐，王公已下稱臣，凡所封拜，一如王者。以翟斌爲建義大將軍，封河南王；翟檀爲柱國大將軍、弘農王；弟德爲車騎大將軍、范陽王；兄子楷征西大將軍、太原王。衆至二十餘萬，濟自石門，長驅攻鄴。農、楷、紹、宙等率衆會垂。立子寶爲燕王太子，封功臣爲公侯伯子男者百餘人。

苻丕乃遣侍郎姜讓謂垂曰：「往歲大駕失據，君保衞鑾輿，勤王誠義，邁蹤前烈。宜述修前規，終忠貞之節，奈何棄崇山之功，爲此過舉！過貴能改，先賢之嘉事也。深宜詳思，悟猶未晚。」垂謂讓曰：「孤受主上不世之恩，故欲安全長樂公，使盡衆赴京師，然後修復家國之業，與秦永爲鄰好。何故闇於機運，不以鄴見歸也？大義滅親，況於意氣之顧！公若迷而不返者，孤亦欲窮兵勢耳。今事已然，恐單馬乞命不可得也。」讓厲色責垂曰：「將軍不容於家國，投命於聖朝，燕之尺土，將軍豈有分乎！主上與將軍風殊類別，臭味不同，奇將軍於一見，託將軍以斷金，寵踰宗舊，任齊懿藩，自古君臣冥契之重，豈甚此邪！方付將軍以六尺之孤，萬里之命，奈何王師小敗，便有二圖！夫師起無名，終則弗成，天之所廢，人不能支。將軍起無名之師，而欲興天所廢，竊未見其可。長樂公主上之元子，聲德邁于唐衞，居陝東之任，爲朝廷維城，其可束手輸將軍以百城之地！大夫死王事，國君死社稷，將軍欲裂冠毀冕，拔本塞源者，自可任將軍兵勢，何復多云。但念將軍以七十之年，懸首白旗，高世之忠，忽爲逆鬼，竊爲將軍痛之。」垂默然。左右勸垂殺之，垂曰：「古者兵交，使在其間，犬各吠非其主，何所問也！」乃遣讓歸。

垂上表于苻堅曰：「臣才非古人，致禍起蕭牆，身嬰時難，歸命聖朝。陛下恩深周漢，猥叨微顧之遇，位爲列將，爵忝通侯，誓在戮力輸誠，常懼不及。去夏桓沖送死，一擬雲消，迴討鄖城，俘馘萬計，斯誠陛下神算之奇，頗亦愚臣忘死之效。方將飲馬桂州，懸旌閩會，不圖天助亂德，大駕班師。陛下單馬奔臣，臣奉衞匪貳，豈陛下聖明鑒臣單心，皇天后土實亦知之。臣奉詔北巡，受制長樂。然丕外失衆心，內多猜忌，令臣野次外庭，不聽謁廟。丁零逆豎寇逼豫州，丕迫臣單赴，限以師程，惟給弊卒二千，盡無兵杖，復令飛龍潛爲刺客。及至洛陽，平原公暉復不信納。臣竊惟進無淮陰功高之慮，退無李廣失利之愆，懼有青蠅，交亂白黑。丁零夷夏以臣忠而見疑，乃推臣爲盟主。臣受託善始，不遂令終，泣望西京，揮涕卽邁。軍次石門，所在雲赴，雖復周武之會於孟津，漢祖之集于垓下，不期之衆，實有甚焉。欲令長樂公盡衆赴難，以禮發遣，而丕固守匹夫之志，不達變通之理。臣息農收集故營，以備不虞，而石越傾鄴城之衆，輕相掩襲，兵陣未交，越已隕首。臣旣單車懸軫，歸者如雲，斯實天符，非臣之力。且鄴者臣國舊都，應卽惠及，然後西面受制，永守東藩，上成陛下遇臣之意，下全愚臣感報之誠。今進師圍鄴，幷喻丕以天時人事。而丕不察機運，杜門自守，時出挑戰，鋒戈屢交，恒恐飛矢誤中，以傷陛下天性之念。臣之此誠，未簡神聽，輒遏兵止銳，不敢窮攻。夫運有推移，去來常事，惟陛下察之。」

堅報曰：「朕以不德，忝承靈命，君臨萬邦，三十年矣。遐方幽裔，莫不來庭，惟東南一隅，敢違王命。朕爰奮六師，恭行天罰，而玄機不弔，王師敗績。賴卿忠誠之至，輔翼朕躬，社稷之不隕，卿之力也。詩云：『中心藏之，何日忘之。』方任卿以元相，爵卿以郡侯，庶弘濟艱難，敬酬勳烈，何圖伯夷忽毀冰操，柳惠倏爲淫夫！覽表惋然，有慚朝士。卿旣不容於本朝，匹馬而投命，朕則寵卿以將位，禮卿以上賓，任同舊臣，爵齊勳輔，歃血斷金，披心相付。謂卿食椹懷音，保之偕老。豈意畜水覆舟，養獸反害，悔之噬臍，將何所及！誕言駭衆，誇擬非常，周武之事，豈卿庸人所可論哉！失籠之鳥，非羅所羈；脫網之鯨，豈罟所制！翹陸任懷，何須聞也。念卿垂老，老而爲賊，生爲叛臣，死爲逆鬼，侏張幽顯，布毒存亡，中原士女，何痛如之！朕之曆運興喪，豈復由卿！但長樂、平原以未立之年，遇卿於兩都，慮其經略未稱朕心，所恨者此焉而已。」

垂攻拔鄴郛，丕固守中城，垂塹而圍之，分遣老弱於魏郡、肥鄉，築新興城以置輜重，擁漳水以灌之。

翟斌潛諷丁零及西人，請斌爲尙書令。垂訪之羣僚，其安東將軍封衡厲色曰：「馬能千里，不免羈靽，明畜生不可以人御也。斌戎狄小人，遭時際會，兄弟封王，自驩兜已來，未有此福。忽履盈忘止，復有斯求，魂爽錯亂，必死不出年也。」垂猶隱忍容之，令曰：「翟王之功宜居上輔，但臺既未建，此官不可便置。待六合廓清，更當議之。」斌怒，密應苻丕，潛使丁零決防潰水。事洩，垂誅之。斌兄子眞率其部衆北走邯鄲，引兵向鄴，欲與丕爲內外之勢，垂令其太子寶、冠軍慕容隆擊破之。眞自邯鄲北走，又使慕容楷率騎追之，戰于下邑，爲眞所敗，眞遂屯于承營。垂謂諸將曰：「苻丕窮寇，必守死不降。丁零叛擾，乃我腹心之患。吾欲遷師新城，開其逸路，進以謝秦主疇昔之恩，退以嚴擊眞之備。」於是引師去鄴，北屯新城。慕容農進攻翟嵩于黃泥，破之。垂謂其范陽王德曰：「苻丕吾縱之不能去，方引晉師規固鄴都，不可置也。」進師又攻鄴，開其西奔之路。

垂將有北都中山之意，農率衆數萬迎之。羣僚聞慕容暐爲苻堅所殺，勸垂僭位。垂以慕容沖稱號關中，不許。

晉龍驤將軍劉牢之率衆救苻丕，至鄴，垂逆戰，敗績，遂徹鄴圍，退屯新城。垂自新城北走，牢之追垂，連戰皆敗。又戰于五橋澤，王師敗績，德及隆引兵要之於五丈橋，牢之馳馬跳五丈澗，會苻丕救至而免。

翟眞去承營，徙屯行唐，眞司馬鮮于乞殺眞，盡誅翟氏，自立爲趙王。營人攻殺乞，迎立眞從弟成爲主，眞子遼奔黎陽。

高句驪寇遼東，垂平北慕容佐遣司馬郝景率衆救之，爲高句驪所敗，遼東、玄菟遂沒。建節將軍徐巖叛于武邑，〔八〕驅掠四千餘人，北走幽州。垂馳敕其將平規曰：「但固守勿戰，比破丁零，吾當自討之。」規違命距戰，爲巖所敗。巖乘勝入薊，掠千餘戶而去，所過寇暴，遂據令支。

翟成長史鮮于得斬成而降，垂入行唐，悉坑其衆。

苻丕棄鄴城，奔于幷州。

慕容農攻克令支，斬徐巖兄弟。進伐高句驪，復遼東、玄菟二郡，還屯龍城。

垂定都中山，羣僚勸卽尊號，具典儀，修郊燎之禮。垂從之，以太元十一年僭卽位，赦其境內，改元曰建興，置百官，繕宗廟社稷，立寶爲太子。以其左長史庫辱官偉、右長史段崇、龍驤張崇，中山尹封衡爲吏部尚書，〔九〕慕容德爲侍中、都督中外諸軍事、領司隸校尉，撫軍慕容麟爲衞大將軍，其餘拜授有差。追尊母蘭氏爲文昭皇后，遷𣈶后段氏，以蘭氏配饗。博士劉詳、董謐議以堯母妃位第三，不以貴陵姜嫄，明聖王之道以至公爲先。垂不從。遣其征西慕容楷、衞軍慕容麟、鎭南慕容紹、征虜慕容宙等攻苻堅冀州牧苻定、鎭東苻紹、幽州牧苻謨、鎭北苻亮。楷與定等書，喩以禍福，定等悉降。

垂留其太子寶守中山，率諸將南攻翟遼，以楷爲前鋒都督。遼之部衆皆燕趙人也，咸曰：「太原王之子，吾之父母。」相率歸附。遼懼，遣使請降。垂至黎陽，遼肉袒謝罪，垂厚撫之。

爲其太子寶起承華觀，以寶錄尚書政事，巨細皆委之，垂總大綱而已。立其夫人段氏爲皇后。又以寶領侍中、大單于、驃騎大將軍、幽州牧。建留臺于龍城，以高陽王慕容隆錄留臺尚書事。時慕容暐及諸宗室爲苻堅所害者，並招魂葬之。

清河太守賀耕聚衆定陵以叛，南應翟遼，〔一〇〕慕容農討斬之，毁定陵城。進師入鄴，以鄴城廣難固，築鳳陽門大道之東爲隔城。

其尚書郎婁會上疏曰：「三年之喪，天下之達制，兵荒殺禮，遂以一切取士。人心奔競，苟求榮進，至乃身冒縗絰，以赴時役，豈必殉忠於國家，亦昧利于其間也。聖王設教，不以顛沛而虧其道，不以喪亂而變其化，故能杜豪競之門，塞奔波之路。陛下鍾百王之季，廓中興之業，天下漸平，兵革方偃，誠宜蠲蕩瑕穢，率由舊章。吏遭大喪，聽終三年之禮，則四方知化，人斯服禮。」垂不從。

翟遼死，子釗代立，攻逼鄴城，慕容農擊走之。垂引師伐釗于滑臺，次于黎陽津，釗于南岸距守，諸將惡其兵精，咸諫不宜濟河。垂笑曰：「豎子何能爲，吾今爲卿等殺之。」遂徙營就西津，爲牛皮船百餘艘，載疑兵列杖，溯流而上。釗先以大衆備黎陽，見垂向西津，乃棄營西距。垂潛遣其桂林王慕容鎮、驃騎慕容國於黎陽津夜濟，壁于河南。釗聞而奔還，士衆疲渴，走歸滑臺，釗攜妻子率數百騎北趣白鹿山。農追擊，盡擒其衆，釗單騎奔長子。釗所統七郡戶三萬八千皆安堵如故。徙徐州流人七千餘戶于黎陽。

於是議征長子。諸將咸諫，以慕容永未有釁，連歲征役，士卒疲怠，請俟他年。垂將從之，及聞慕容德之策，笑曰：「吾計決矣。且吾投老，扣囊底智，足以克之，不復留逆賊以累子孫也。」乃發步騎七萬，遣其丹楊王慕容瓚、龍驤張崇攻永弟支于晉陽。〔二〕永遣其將刁雲、慕容鍾率衆五萬屯潞川。垂遣慕容楷出自滏口，慕容農入自壺關，垂頓于鄴之西南，月餘不進。永謂垂詭道伐之，乃攝諸軍還杜太行軹關。垂進師入自天井關，至于壺壁。〔三〕永率精卒五萬來距，阻河曲以自固，馳使請戰。垂列陣于壺壁之南，農、楷分爲二翼，慕容國伏千兵于深澗，與永大戰。垂引軍僞退，永追奔數里，國發伏兵馳斷其後，楷、農夾擊之，永師大敗，斬首八千餘級，永奔還長子。慕容瓚攻克晉陽。垂進圍長子，永將賈韜等潛爲内應。垂進軍入城，永奔北門，爲前驅所獲，於是數而戮之，幷其所署公卿刁雲等三十餘人。永所統新舊八郡戶七萬六千八百及乘輿、服御、伎樂、珍寶悉獲之，於是品物具矣。

使慕容農略地河南，〔一三〕攻廩丘、陽城，皆克之，太山、琅邪諸郡皆委城奔潰，農進師臨海，置守宰而還。垂告捷于龍城之廟。

遣其太子寶及農與慕容麟等率衆八萬伐魏，慕容德、慕容紹以步騎一萬八千爲寶後繼。魏聞寶將至，徙往河西。寶進師臨河，懼不敢濟。還次參合，忽有大風黑氣，狀若隄防，或高或下，臨覆軍上。沙門支曇猛言於寶曰：「風氣暴迅，魏軍將至之候，宜遣兵禦之。」寶笑而不納。曇猛固以爲言，乃遣麟率騎三萬爲後殿，以禦非常。麟以曇猛言爲虚，縱騎遊獵。俄而黄霧四塞，日月晦冥，是夜魏師大至，三軍奔潰，寶與德等數千騎奔免，士衆還者十一二，紹死之。初，寶至幽州，所乘車軸無故自折。術士靳安以爲大凶，固勸寶還，寶怒不從，故及於敗。

寶恨參合之敗，屢言魏有可乘之機。慕容德亦曰：「魏人狃於參合之役，有陵太子之心，宜及聖略，摧其鋭志。」垂從之，留德守中山，自率大衆出參合，鑿山開道，次于獵嶺。遣寶與農出天門，征北慕容隆、征西慕容盛踰青山，襲魏陳留公泥于平城，〔一四〕陷之，收其衆三萬餘人而還。

垂至參合，見往年戰處積骸如山，設弔祭之禮，死者父兄一時號哭，軍中皆慟。垂慚憤歐血，因而寢疾，乘馬輿而進，過平城北三十里疾篤，築燕昌城而還。寶等至雲中，聞垂疾，皆引歸。及垂至于平城，或有叛者奔告魏曰：「垂病已亡，輿屍在軍。」魏又聞參合大哭，以爲信然，乃進兵追之，知平城已陷而退，還館陰山。垂至上谷之沮陽，〔一五〕以太元二十一年死，時年七十一，凡在位十三年。遺令曰：「方今禍難尙殷，喪禮一從簡易，朝終夕殯，事訖成服，三日之後，釋服從政。强寇伺隙，祕勿發喪，至京然後舉哀行服。」寶等遵行之。僞謚成武皇帝，〔一六〕廟號世祖，墓曰宣平陵。

校勘記

〔一〕字道明　慕容德載記稱慕容鍾亦字道明，垂、鍾兄弟，不應同字。屠喬孫本十六國春秋垂傳作「字叔仁」，屠書雖僞，或別有所據。

〔二〕世子全　通鑑一〇二「全」作「令」。同書一〇〇已云垂妻段氏生子令、寶。下文及慕容寶載記敍「全」事，通鑑並作「令」。

〔三〕封賓都侯　通鑑一〇二「賓都」作「賓徒」。胡注：「賓徒，漢縣名，屬遼西郡。」本書地理志上賓徒屬平州昌黎縣。「都」「徒」音近，當時人地名多通用同音及音近字。但本名自當作「徒」。

〔四〕秦既蕩覆三京　各本「三」作「二」，獨宋本作「三」。通志一九一作「三」，慕容德載記亦有「三京社稷，鞠爲丘墟」語。三京指慕容廆都大棘城，與龍城及鄴。後人不數大棘，遂改作「二京」。今從宋本。

〔五〕列土千城未可以滿其志　宋本、元二十二字本、南北監本、殿本「千」作「干」，毛本、局本作「千」。御覽一二五引後燕錄「列土千城」作「列地百里」，指封縣侯。載記改「百里」爲「千城」，已不合原意，又字譌作「干城」。

〔六〕好存小仁　「仁」，各本並作「人」，獨殿本作「仁」，當是依通鑑一〇二改。今從殿本。

〔七〕以太元八年自稱大將軍大都督燕王　通鑑一〇五此事繫於太元九年正月。御覽一二五引後燕錄稱元年正月改秦建元爲燕元元年。按：苻堅淝水之敗在太元九年十月，則此「正月」必是九年，與通鑑合。此「八」字當爲「九」之譌。

〔八〕建節將軍徐巖叛于武邑　通鑑一〇六「徐」作「餘」。按：燕有餘姓，爲扶餘人。慕容暐載記有「徐蔚」，通鑑作「餘蔚」。參卷一一一校記。

〔九〕以其左長史庫辱官偉至封衡爲吏部尚書　李校：此處庫辱官偉、段崇、張崇三人姓名下皆有脫文。據下卷稱庫辱官偉爲太尉、段崇爲光祿大夫，則此處當作「庫辱官偉爲太尉，段崇爲左光祿大夫。」按：偉加太尉，據通鑑一〇八在太元十八年，李說未盡是，但三人下必有脫文，今於「張崇」下爲句。

〔一〇〕清河太守賀耕至南應翟遼　前數行云「遼肉袒謝罪」，忽云賀耕「南應翟遼」，令人不解。檢通鑑一〇七，遼降在太元十二年四月，十月稱「翟遼又叛燕」，載記失載。

〔一一〕永弟支　魏書慕容廆傳、通鑑一〇八「支」並作「友」。

〔一二〕壺壁　斠注：當從魏書慕容廆傳、地形志及水經濁漳水注作「臺壁」。按：通鑑一〇八亦作「臺壁」，斠注說是。下同。

〔一三〕略地河南　各本「河南」作「河內」，宋本作「河南」。下擧廩丘、陽城並在河南，今從宋本。

〔一四〕魏陳留公泥　北史魏宗室傳有「陳留王虔」，死於此役。「泥」「虔」當是鮮卑名之省譯。

〔一五〕垂至上谷之沮陽　「沮」，各本作「狙」。斠注：「狙陽」當從地理志作「沮陽」。按：御覽一二五引後燕錄、通志一九一並同載記，通鑑一〇八則作「沮陽」。「沮」「狙」音近，當時通用，但本名當作「沮」，今據改。

〔一六〕僞謚成武皇帝　册府二二四「成武」作「武成」。御覽一二五引後燕錄亦作「武成」，疑此誤倒。

晉書卷一百二十四

載記第二十四

慕容寶

慕容寶字道祐，垂之第四子也。少輕果無志操，好人佞己。苻堅時爲太子洗馬、萬年令。堅淮肥之役，以寶爲陵江將軍。及爲太子，砥礪自修，敦崇儒學，工談論，善屬文，曲事垂左右小臣，以求美譽。垂之朝士翕然稱之，垂亦以爲克保家業，甚賢之。

垂死，其年寶嗣僞位，大赦境內，改元爲永康。以其太尉庫辱官偉爲太師、左光祿大夫，段崇爲太保，其餘拜授各有差。遵垂遺令，校閱戶口，罷諸軍營分屬郡縣，定士族舊籍，明其官儀，而法峻政嚴，上下離德，百姓思亂者十室而九焉。

初，垂以寶冢嗣未建，每憂之。寶庶子淸河公會多材藝，有雄略，垂深奇之。及寶之北伐，使會代攝宮事，總錄、禮遇一同太子，所以見定旨也。垂之伐魏，以龍城舊都，宗廟所在，復使會鎮幽州，委以東北之重，高選僚屬以崇威望。臨死顧命，以會爲寶嗣。而寶寵愛少子濮陽公策，意不在會。寶庶長子長樂公盛自以同生年長，恥會先之，乃盛稱策宜爲儲貳，而非毀會焉。寶大悅，乃訪其趙王麟、高陽王隆，麟等咸希旨贊成之。寶遂與麟等定計，立策母段氏爲皇后，策爲皇太子，盛、會進爵爲王。策字道符，年十一，美姿貌，而惷弱不慧。

魏伐幷州，驃騎農逆戰，〔一〕敗績，還于晉陽，司馬慕輿嵩閉門距之。農率騎數千奔歸中山，行及潞川，爲魏追軍所及，餘騎盡沒，單馬遁還。寶引羣臣于東堂議之。中山尹苻謨曰：「魏軍强盛，千里轉鬬，乘勝而來，勇氣兼倍，若逸騎平原，形勢彌盛，殆難爲敵，宜度險距之。」中書令眭邃曰：〔二〕「魏軍多騎，師行剽銳，馬上齎糧，不過旬日。宜令郡縣聚千家爲一堡，深溝高壘，清野待之，至無所掠，資食無出，不過六旬，自然窮退。」尚書封懿曰：「今魏師十萬，天下之勍敵也。百姓雖欲營聚，不足自固，是則聚糧集兵以資强寇，且動衆心，示之以弱。阻關距戰，計之上也。」慕容麟曰：「魏今乘勝氣銳，其鋒不可當，宜自完守設備，待其弊而乘之。」於是修城積粟，爲持久之備。

魏攻中山不克，進據博陵魯口，諸將望風奔退，郡縣悉降于魏。寶聞魏有內難，乃盡衆出距，步卒十二萬，騎三萬七千，次于曲陽柏肆。〔三〕魏軍進至新梁。寶憚魏師之銳，乃遣征北隆夜襲魏軍，敗績而還。魏軍方軌而至，對營相持，上下兇懼，三軍奪氣。農、麟勸寶還中山，乃引歸。魏軍追擊之，寶、農等棄大軍，率騎二萬奔還。時大風雪，凍死者相枕于道。寶恐爲魏軍所及，命去袍杖戎器，寸刃無返。

魏軍進攻中山，屯于芳林園。其夜尙書慕容晧謀殺寶，立慕容麟。晧妻兄蘇泥告之，寶使慕容隆收晧，晧與同謀數十人斬關奔魏。麟懼不自安，以兵劫左衞將軍、北地王精，謀率禁旅弒寶。精以義距之，麟怒，殺精，出奔丁零。

初，寶聞魏之來伐也，使慕容會率幽幷之衆赴中山。麟既叛，寶恐其逆奪會軍，將遣兵迎之。麟侍郎段平子自丁零奔還，說麟招集丁零，軍衆甚盛，謀襲會軍，東據龍城。寶與其太子策及農、隆等萬餘騎迎會于薊，以開封公慕容詳守中山。會傾身誘納，繕甲厲兵，步騎二萬，列陣而進，迎寶薊南。寶分其兵給農、隆，遣西河公庫辱官驥率衆三千助守中山。會以策爲太子，有恨色。寶以告農、隆，俱曰：「會一年少，專任方事，習驕所致，豈有他也。臣當以禮責之。」幽平之士皆懷會威德，不樂去之，咸請曰：「淸河王天資神武，權略過人，臣等與之誓同生死，感王恩澤，皆勇氣自倍。願陛下與皇太子、諸王止駕薊宮，使王統臣等進解京師之圍，然後奉迎車駕。」寶左右皆害其勇略，譖而不許，衆咸有怨言。左右勸寶殺會，侍御史仇尼歸聞而告會曰：「左右密謀如是，主上將從之。大王所恃唯父母也，父已異圖；所杖者兵也，兵已去手，進退路窮，恐無自全之理。盍誅二王，廢太子，大王自處東宮，兼領將相，以匡社稷。」會不從。寶謂農、隆曰：「觀會爲變，事當必然，宜早殺之。不爾，恐成大禍。」農曰：「寇賊內侮，中州紛亂，會鎮撫舊都，安衆寧境，及京師有難，萬里星赴，威名之重，可以振服戎狄。又逆跡未彰，宜且隱忍。今社稷之危若綴旒然，復內相誅戮，有損威望。」寶曰：「會逆心已成，而王等仁慈，不欲去之，恐一旦釁發，必先害諸父，然後及吾。事敗之後，當思朕言。」農等固諫，乃止。會聞之彌懼，奔于廣都黃榆谷。會遣仇尼歸等率壯士二十餘人分襲農、隆，〔四〕隆是夜見殺，農中重創。既而會歸于寶，寶意在誅會，誘而安之，潛使左衞慕輿騰斬會，不能傷。會復奔其衆，於是勒兵攻寶。寶率數百騎馳如龍城，會率衆追之，遣使請誅左右佞臣，并求太子，寶弗許。會圍龍城，侍御郎高雲夜率敢死士百餘人襲會，敗之，衆悉逃散，單馬奔還中山，乃踰圍而入，爲慕容詳所殺。

詳僭稱尊號，置百官，改年號。荒酒奢淫，殺戮無度，誅其王公以下五百餘人，內外震局，莫敢忤視。城中大飢，公卿餓死者數十人。麟率丁零之衆入中山，斬詳及其親黨三百餘人，復僭稱尊號。中山飢甚，麟出據新市，與魏師戰於義臺，麟軍敗績。魏師遂入中山，麟乃奔鄴。

慕容德遣侍郎李延勸寶南伐，寶大悅。慕容盛切諫，以爲兵疲師老，魏新平中原，宜養兵觀釁，更俟他年。」寶將從之。撫軍慕輿騰進曰：「今衆旅已集，宜乘新定之機以成進取之功。人可使由之，而難與圖始，惟當獨決聖慮，不足廣採異同，以沮亂軍議也。」寶曰：「吾計決矣，敢諫者斬！」寶發龍城，以慕輿騰爲前軍大司馬，慕容農爲中軍，寶爲後軍，步騎三萬，次于乙連。長上段速骨、宋赤眉因衆軍之憚役也，殺司空、樂浪王宙，逼立高陽王崇。寶單騎奔農，仍引軍討速骨。衆咸憚征幸亂，投杖奔之。騰衆亦潰，寶、農馳還龍城。蘭汗潛與速骨通謀，速骨進師攻城，農爲蘭汗所譎，潛出赴賊，爲速骨所殺。衆皆奔散，寶與慕容盛、慕輿騰等南奔。蘭汗奉太子策承制，遣使迎寶，及于薊城。寶欲還北，盛等咸以汗之忠款虛實未明，今單馬而還，汗有貳志者，悔之無及。寶從之，乃自薊而南。至黎陽，聞慕容德稱制，懼而退。遣慕輿騰招集散兵于鉅鹿，慕容盛結豪桀于冀州，段儀、段溫收部曲于內黃，衆皆響會，剋期將集。會蘭汗遣左將軍蘇超迎寶，寶以汗垂之季舅，盛又汗之壻也，必謂忠款無貳，乃還至龍城。汗引寶入于外邸，弒之，時年四十四，在位三年，即隆安三年也。〔三〕汗又殺其太子策及王公卿士百餘人。汗自稱大都督、大將軍、大單于、昌黎王。盛僭位，僞謚寶惠愍皇帝，廟號烈宗。

皝之遷于龍城也，植松爲社主。及秦滅燕，大風吹拔之。後數年，社處忽有桑二根生焉。先是，遼川無桑，及廆通于晉，求種江南，平州桑悉由吳來。廆終而垂以吳王中興，寶之將敗，大風又拔其一。

慕容盛

盛字道運，寶之庶長子也。少沈敏，多謀略。苻堅誅慕容氏，盛潛奔于沖。及沖稱尊號，有自得之志，賞罰不均，政令不明。盛年十二，〔六〕謂叔父柔曰：「今中山王智不先衆，才不出下，恩未施人，先自驕大，以盛觀之，鮮不覆敗。」俄而沖爲段木延所殺，盛隨慕容永東如長子，謂柔曰：「今崎嶇於鋒刃之間，在疑忌之際，愚則爲人所猜，智則危甚巢幕，當如鴻鵠高飛，一舉萬里，不可坐待罟網也。」於是與柔及弟會間行東歸于慕容垂。遇盜陝中，盛曰：「我六尺之軀，入水不溺，在火不焦，汝欲當吾鋒乎！試豎爾手中箭百步，我若中之，宜愼爾命，如其不中，當束身相授。」盜乃豎箭，盛一發中之。盜曰：「郎貴人之子，故相試耳。」資而遣之。歲餘，永誅儁、垂之子孫，男女無遺。盛既至，垂問以西事，畫地成圖。垂笑曰：「昔魏武撫明帝之首，遂乃侯之，祖之愛孫，有自來矣。」於是封長樂公。驍勇剛毅，有伯父全之風烈。

寶卽僞位，進爵爲王。寶自龍城南伐，盛留統後事。及段速骨作亂，馳出迎衞。寶幾爲速骨所獲，賴盛以免。盛屢進奇策於寶，寶不能從，是以屢敗。寶既如龍城，盛留在後。

寶爲蘭汗所殺，盛馳進赴哀，將軍張眞固諫以爲不可。盛曰：「我今投命，告以哀窮。汗性愚近，必顧念婚姻，不忍害我。旬月之間，足展吾志。」遂入赴喪。汗妻乙氏泣涕請盛，汗亦哀之，遣其子穆迎盛，舍之宮內，親敬如舊。汗兄提、弟難勸汗殺盛，汗不從。慕容奇，汗之外孫也，汗亦宥之。奇入見盛，遂相與謀。盛遣奇起兵于外，衆至數千。汗遣蘭提討奇。提驕很淫荒，事汗無禮，盛因間之於汗曰：「奇，小兒也，未能辦此，必內有應之者。提素驕，不可委以大衆。」汗因發怒，收提誅之，遣其撫軍仇尼慕率衆討奇。汗兄弟見提之誅，莫不危懼，皆阻兵背汗，襲敗慕軍。汗大懼，遣其子穆率衆討之。穆謂汗曰：「慕容盛，我之仇也。奇今起逆，盛必應之。兼內有蕭牆之難，不宜養心腹之疾。」汗將誅盛，引見察之。盛妻以告，於是僞稱疾篤，不復出入，汗乃止。有李旱、〔七〕衞雙、劉志、張豪、張眞者，皆盛之舊昵，蘭穆引爲腹心。旱等屢入見盛，潛結大謀。會穆討蘭難等斬之，大饗將士，汗、穆皆醉。盛夜因如廁，袒而踰牆，入于東宮，與李旱等誅穆，衆皆踴呼，進攻汗，斬之。汗二子魯公和、陳公楊分屯令支、白狼，遣李旱、張眞襲誅之。於是內外怗然，士女咸悅。盛謙挹自卑，不稱尊號。其年，以長樂王稱制，赦其境內，改元曰建平。諸王降爵爲公，文武各復舊位。

初，慕容奇聚衆于建安，將討蘭汗，百姓翕然從之。汗遣兄子全討奇，奇擊滅之，進屯乙連。盛既誅汗，命奇罷兵，奇遂與丁零嚴生、烏丸王龍之阻兵叛盛，引軍至橫溝，去龍城十里。盛出兵擊敗之，執奇而還，斬龍、生等百餘人。盛於是僭卽尊位，大赦殊死已下，追尊伯考獻莊太子全爲獻莊皇帝，尊寶后段氏爲皇太后，全妃丁氏爲獻莊皇后，諡太子策爲獻哀太子。盛幽州刺史慕容豪、尚書左僕射張通、昌黎尹張順謀叛，盛皆誅之。改年爲長樂。有犯罪者，十日一自決之，無撾捶之罰，而獄情多實。

高句驪王安遣使貢方物。有雀素身綠首，集于端門，栖翔東園，二旬而去，改東園爲白雀園。

盛聽詩歌及周公之事，顧謂羣臣曰：「周公之輔成王，不能以至誠感上下，誅兄弟以杜流言，猶擅美於經傳，歌德於管絃。至如我之太宰桓王，承百王之季，主在可奪之年，二寇闚閫，難過往日，臨朝輔政，羣情緝穆，經略外敷，闢境千里，以禮讓維宗親，德刑制羣后，敦睦雍熙，時無二論。勳道之茂，豈可與周公同日而言乎！而燕詠闕而不論，盛德掩而不述，非所謂也。」乃命中書更爲燕頌以述恪之功焉。又引中書令常忠、尚書陽璆、祕書監郎敷于東堂，問曰：「古來君子皆謂周公忠聖，豈不謬哉！」璆曰：「周公居攝政之重，而能達君臣之名，及流言之謗，致烈風以悟主，道契神靈，義光萬代，故累葉稱其高，後王無以奪其美。」盛曰：「常令以爲何如？」忠曰：「昔武王疾篤，周公有請命之誠，流言之際，義感天地，楚撻伯禽以訓就王德。周公爲臣之忠，聖達之美，詩書已來未之有也。」盛曰：「異哉二君之言！朕見周公之詐，未見其忠聖也。昔武王得九齡之夢，白文王，文王曰：『我百，爾九十，吾與爾三焉。』及文王之終，已驗武王之壽矣。武王之算未盡而求代其死，是非詐乎！若惑于天命，是不聖也。據攝天位而丹誠不見，致兄弟之間有干戈之事。夫文王之化自近及遠，故曰刑于寡妻，至于兄弟。周公親違聖父之典而蹈嫌疑之蹤，戮罰同氣以逞私忿，何忠之有乎！但時無直筆之史，後儒承其謬談故也。」忠曰：「啓金縢而返風，亦足以明其不詐。遭二叔流言之變，而能大義滅親，終安宗國，復子明辟，輔成大業，以致太平，制禮作樂，流慶無窮，亦不可謂非至德也。」盛曰：「卿徒因成文而未原大理，朕今相爲論之。昔周自后稷積德累仁，至于文武。文武以大聖應期，遂有天下。生靈仰其德，四海歸其仁。成王雖幼統洪業，而卜世修長，加呂、召、毛、畢爲之師傅。若無周公攝政，王道足以成也。周公無故以安危爲己任，專臨朝之權，闕北面之禮。管蔡忠存王室，以爲周公代主非人臣之道，故言公將不利於孺子。周公當明大順之節，陳誠義以曉羣疑，而乃阻兵都邑，擅行誅戮。不臣之罪彰于海內，方貽王鴟鴞之詩，歸非於主，是何謂乎！又周公舉事，稱告二公，二公足明周公之無罪而坐觀成王之疑，此則二公之心亦有猜於周公也。但以疏不間親，故寄言於管蔡，可謂忠不見於當時，仁不及於兄弟。知羣望之有歸，天命之不在己，然後返政成王，以爲忠耳。大風拔木之徵，乃皇天祐存周道，不忘文武之德，是以赦周公之始愆，欲成周室之大美。考周公之心，原周公之行，乃天下之罪人，何至德之謂也！周公復位，二公所以杜口不言其本心者，以明管蔡之忠也。」

又謂常忠曰：「伊尹、周公孰賢？」忠曰：「伊尹非有周公之親而功濟一代，太甲亂德，放於桐宮，思愆改善，然後復之。使主無怨言，臣無流謗，道存社稷，美溢來今。臣謂伊尹之勳有高周旦。」盛曰：「伊尹以舊臣之重，顯阿衡之任，太甲嗣位，君道未洽，不能竭忠輔導，而放黜桐宮，事同夷羿，何周公之可擬乎！」郎敷曰：「伊尹處人臣之位，不能匡制其君，恐成湯之道墜而莫就，是以居之桐宮，與小人從事，使知稼穡之艱難，然後返之天位，此其忠也。」盛曰：「伊尹能廢而立之，何不能輔之以至於善乎？若太甲性同桀紂，則三載之間未應便成賢后。如其性本休明，義心易發，當務盡匡規之理以弼成君德，安有人臣幽主而據其位哉！且臣之事君，惟力是視，奈何挾智藏仁以成君惡！夫太甲之事，朕已鑒之矣。太甲，至賢之主也，以伊尹歷奉三朝，績無異稱，將失顯祖委授之功，故匿其日月之明，受伊尹之黜，所以濟其忠貞之美。夫非常之人，然後能立非常之事，非常人之所見也，亦猶太伯之三讓，人無德而稱焉。」敷曰：「太伯三以天下讓，至仲尼而後顯其至德。太甲受謗於天下，遭陛下乃申其美。」因而談讌賦詩，賜金帛各有差。

遼西太守李朗在郡十年，威制境內，盛疑之，累徵不赴。以母在龍城，未敢顯叛，乃陰引魏軍，將爲自安之計，因表請發兵以距寇。盛曰：「此必詐也。」召其使而詰之，果驗，盡滅其族，遣輔國將軍李旱率騎討之。師次建安，召旱旋師。朗聞其家被誅也，擁三千餘戶以自固。及聞旱中路而還，謂有內變，不復爲備，留其子養守令支，躬迎魏師于北平。旱候知之，襲克令支，遣廣威孟廣平率騎追朗，及于無終，斬之。初，盛之追旱還也，羣臣莫知其故。旱旣斬朗，盛謂羣臣曰：「前以追旱還者，正爲此耳。朗新爲叛逆，必忌官威，一則鳩合同類，劫掠良善，二則亡竄山澤，未可卒平，故非意而還，以盈怠其志，卒然掩之，必克之理也。」羣臣皆曰：「非所及也。」

李旱自遼西還，聞盛殺其將衞雙，懼，棄軍奔走。旣而歸罪，復其爵位。盛謂侍中孫勍曰：「旱總三軍之任，荷專征之重，不能杖節死綏，無故逃亡，考之軍正，不赦之罪也。然當先帝之避難，衆情離貳，骨肉忘其親，股肱失忠節，旱以刑餘之體，效力盡命，忠款之至，精貫白日。朕故錄其忘身之功，免其丘山之罪耳。」

盛去皇帝之號，稱庶人大王。〔八〕

魏襲幽州，執刺史盧溥而去。遣孟廣平援之，無及。

盛率衆三萬伐高句驪，襲其新城、南蘇，皆克之，散其積聚，徙其五千餘戶于遼西。

盛引見百僚于東堂，考詳器藝，超拔者十有二人。命百司舉文武之士才堪佐世者各一人。立其子遼西公定爲太子，大赦殊死已下。讌其羣臣于新昌殿，盛曰：「諸卿各言其志，朕將覽之。」七兵尚書丁信年十五，盛之舅子也，進曰：「在上不驕，高而不危，臣之願也。」盛笑曰：「丁尚書年少，安得長者之言乎！」盛以威嚴馭下，驕暴少親，多所猜忌，故信言及之。

盛討庫莫奚，大虜獲而還。左將軍慕容國與殿中將軍秦興、段讚等謀率禁兵襲盛，事覺，誅之，死者五百餘人。前將軍、思悔侯段璣、與子興、讚子泰等，因衆心動搖，夜於禁中鼓譟大呼。盛聞變，率左右出戰，衆皆披潰。俄而有一賊從闇中擊傷盛，遂輦升前殿，申約禁衞，召叔父河間公熙屬以後事。熙未至而盛死，時年二十九，在位三年。〔九〕僞謚昭武皇帝，墓號興平陵，廟號中宗。

盛幼而羇賤流漂，長則遭家多難，夷險安危，備嘗之矣。懲寶闇而不斷，遂峻極威刑，纖芥之嫌，莫不裁之於未萌，防之於未兆。於是上下振局，人不自安，雖忠誠親戚亦皆離貳，舊臣靡不夷滅，安忍無親，所以卒于不免。是歲隆安五年也。

慕容熙

熙字道文，垂之少子也。初封河間王。段速骨之難，諸王多被其害，熙素爲高陽王崇所親愛，故得免焉。蘭汗之篡也，以熙爲遼東公，備宗祀之義。盛初卽位，降爵爲公，拜都督中外諸軍事、驃騎大將軍、尙書左僕射，領中領軍。從征高句驪、契丹，皆勇冠諸將。盛曰：「叔父雄果英壯，有世祖之風，但弘略不如耳。」

及盛死，其太后丁氏以國多難，宜立長君。羣望皆在平原公元，而丁氏意在於熙，遂廢太子定，迎熙入宮。羣臣勸進，熙以讓元，元固以讓熙，熙遂僭卽尊位。誅其大臣段璣、秦興等，並夷三族。元以嫌疑賜死。元字道光，寶之第四子也。赦殊死已下，改元曰光始，改北燕臺爲大單于臺，置左右輔，位次尙書。

初，熙烝于丁氏，故爲所立。及寵幸苻貴人，丁氏怨恚呪詛，與兄子七兵尙書信謀廢熙。熙聞之，大怒，逼丁氏令自殺，葬以后禮，誅丁信。

熙狩于北原，石城令高和殺司隸校尉張顯，閉門距熙。熙率騎馳返，和衆皆投杖，熙入誅之。於是引見州郡及單于八部耆舊于東宮，問以疾苦。

大築龍騰苑，廣袤十餘里，役徒二萬人。起景雲山于苑內，基廣五百步，峯高十七丈。又起逍遙宮、甘露殿，連房數百，觀閣相交。鑿天河渠，引水入宮。又爲其昭儀苻氏鑿曲光海、清涼池。季夏盛暑，士卒不得休息，暍死者太半。熙游於城南，止大柳樹下，若有人呼曰：「大王且止。」熙惡之，伐其樹，乃有蛇長丈餘，從樹中而出。

立其貴嬪苻氏爲皇后，赦殊死已下。

熙北襲契丹，大破之。

昭儀苻氏死，僞謚愍皇后。贈苻謨太宰，謚文獻公。二苻並美而艷，好微行游讌，熙弗之禁也。請謁必從，刑賞大政無不由之。初，昭儀有疾，龍城人王溫稱能療之，〔一〇〕未幾而卒。熙忿其妄也，立於公車門支解溫而焚之。其后好游田，熙從之，北登白鹿山，東過青嶺，南臨滄海，百姓苦之，士卒爲豺狼所害及凍死者五千餘人矣。會高句驪寇燕郡，殺略百餘人。熙伐高句驪，以苻氏從，爲衝車地道以攻遼東。熙曰：「待剗平寇城，朕當與后乘輦而入，不聽將士先登。」於是城内嚴備，攻之不能下。會大雨雪，士卒多死，乃引歸。

擬鄴之鳳陽門，作弘光門，累級三層。

熙與苻氏襲契丹，憚其衆盛，將還，苻氏弗聽，遂棄輜重，輕襲高句驪，周行三千餘里，士馬疲凍，死者屬路。攻木底城，不克而還。

盡殺寶諸子。大城肥如及宿軍，以仇尼倪爲鎭東大將軍、營州刺史，鎭宿軍，上庸公懿爲鎭西將軍、幽州刺史，鎭令支；尙書劉木爲鎭南大將軍、冀州刺史，鎭肥如。

爲苻氏起承華殿，高承光一倍。負土於北門，土與穀同價。典軍杜靜載棺詣闕，上書極諫。熙大怒，斬之。苻氏嘗季夏思凍魚膾，仲冬須生地黄，皆下有司切責，不得，加以大辟，其虐也如此。苻氏死，熙悲號躃踊，若喪考妣，擁其尸而撫之曰：「體已就冷，命遂斷矣！」於是僵仆氣絕，久而乃蘇。大斂既訖，復啓其棺而與交接。服斬縗，食粥。制百僚於宮內哭臨，令沙門素服。使有司案檢哭者，有淚以爲忠孝，無則罪之，於是羣臣震懼，莫不含辛以爲淚焉。慕容隆妻張氏，熙之嫂也，美姿容，有巧思。熙將以爲苻氏之殉，欲以罪殺之，乃毁其襚韡，中有弊氈，遂賜死。三女叩頭求哀，熙不許。制公卿已下至于百姓，率戶營墓，費殫府藏。下錮三泉，周輪數里，內則圖畫尚書八坐之象。熙曰：「善爲之，朕將隨后入此陵。」識者以爲不祥。其右僕射韋璆等並懼爲殉，沐浴而待死焉。號苻氏墓曰徽平陵。熙被髮徒跣，步從苻氏喪。轜車高大，毁北門而出。長老竊相謂曰：「慕容氏自毁其門，將不久也。」

中衞將軍馮跋、〔一一〕左衞將軍張興，先皆坐事亡奔，以熙政之虐也，與跋從兄萬泥等二十二人結盟，推慕容雲爲主，發尚方徒五千餘人閉門距守。中黄門趙洛生奔告之，熙曰：「此鼠盜耳，朕還當誅之。」乃收髮貫甲，馳還赴難。夜至龍城，攻北門不克，遂敗，走入龍騰苑，微服隱于林中，爲人所執，雲得而弒之，及其諸子同殯城北。時年二十三，在位六年。〔一二〕雲葬之于苻氏墓，僞謚昭文皇帝。

垂以孝武帝太元八年僭立，〔一三〕至熙四世，凡二十四年，以安帝義熙三年滅。〔一四〕初，童謠曰：「一束藁，兩頭然，秃頭小兒來滅燕。」藁字上有艸，下有禾，兩頭然則禾艸俱盡而成高字。雲父名拔，小字禿頭，三子，而雲季也。熙竟爲雲所滅，如謠言焉。

慕容雲

慕容雲字子雨，寶之養子也。祖父和，高句驪之支庶，自云高陽氏之苗裔，故以高爲氏焉。雲沈深有局量，厚重希言，時人咸以爲愚，唯馮跋奇其志度而友之。寶之爲太子，雲以武藝給事侍東宮，〔一三〕拜侍御郎，襲敗慕容會軍。寶子之，賜姓慕容氏，封夕陽公。

熙之葬苻氏也，馮跋詣雲，告之以謀。雲懼曰：「吾嬰疾歷年，卿等所知，願更圖之。」跋逼曰：「慕容氏世衰，河間虐暴，惑妖淫之女而逆亂天常，百姓不堪其害，思亂者十室九焉，此天亡之時也。公自高氏名家，何能爲他養子！機運難邀，千歲一時，公焉得辭也！」扶之而出。雲曰：「吾疾苦日久，廢絕世務。卿今興建大事，謬見推逼。所以徘徊，非爲身也，實惟否德不足以濟元元故耳。」跋等强之，雲遂即天王位，復姓高氏，大赦境內殊死以下，改元曰正始，國號大燕。署馮跋侍中、都督中外諸軍事、征北大將軍、開府儀同三司、錄尙書事、武邑公，封伯、子、男，鄉、亭侯者五十餘人，士卒賜穀帛有差。熙之羣官，復其爵位。立妻李氏爲天王后，子彭爲太子。

越騎校尉慕輿良謀叛，雲誅之。

雲臨東堂，幸臣離班、桃仁懷劍執紙而入，稱有所啓，拔劍擊雲，雲以几距班，桃仁進而弑之。馮跋遷雲尸于東宮，僞謚惠懿皇帝。雲自以無功德而爲豪桀所推，常內懷懼，故寵養壯士以爲腹心。離班、桃仁等並專典禁衞，委之以爪牙之任，賞賜月至數千萬，衣食臥起皆與之同，終以此致敗云。

史臣曰：四星東聚，金陵之氣已分；五馬南浮，玉塞之雄方擾。市朝屢改，鄭虞靡息。慕容垂天資英傑，威震本朝，以雄略見猜而庇身寬政，永固受之而以禮，道明事之而畢力。然而隼質難羈，狼心自野。淮南失律，三甥之謀已構；河朔分麾，五木之祥云啓。斬飛龍而遐舉，踰石門而長邁，遂使翟氏景從，鄴師宵逸，收羅趙魏，驅駕英雄。叩囊餘奇，摧五萬於河曲；浮船祕策，招七郡於黎陽。返遼陰之舊物，創中山之新社，類帝禋宗，僭擬斯備。夫以重耳歸晉，賴五臣之功；句踐紿吳，資五千之卒。惡有業殊二霸，衆微一旅，掎拔而傾山嶽，騰嘯而御風雲！雖衞人忘亡復傳於東國，任好餘裕伊愧於西鄰，信苻氏之姦回，非晉室之鯨鯢矣。

寶以浮譽獲升，峻文御俗，蕭牆內憒，勍敵外陵，雖毒不被物而惡足自勸。盛則孝友冥符，文武不墜，韜光而夷讐賊，罪己而遜高危，翩翩然濁世之佳虜矣。熙乃地非奧主，舉因淫德。驪戎之態，取悅於匡牀；玄妻之姿，見奇於鬒髮。蕩輕舟於曲光之海，望朝涉於景雲之山，飾土木於驕心，窮怨嗟於蕞壤，宗祀夷滅，爲馮氏之驅除焉。

贊曰：戎狄憑陵，山川沸騰。天未悔禍，人非與能。疾走而捷，先鳴則興。道明烈烈，鞭笞豪傑。掃燕夷魏，剗屠永滅。大盜潛移，鴻名遂竊。寶心生亂，盛清家難。熙極驕淫，人懷憤惋。孽貽身咎，災無以逭。

校勘記

〔一〕驃騎農　各本「農」上有「李」字。斠注：魏書太祖紀作「遼西王農」乃慕容農，非李農也。按：通鑑一〇八同魏書。慕容農下文屢見，別無所謂「李農」。「李」字衍，今删。

〔二〕眭邃　各本「眭」譌「畦」，今據魏書、北史隱逸傳、慕容廆傳；通鑑一〇八改。參卷九六校記。

〔三〕曲陽柏肆　各本「柏肆」作「柏津」。斠注據十六國疆域志，以爲「津」爲「肆」之譌。按：魏書太祖紀、慕容寶傳並作「柏肆」。通鑑一〇九同魏書，胡注：「此趙國之下曲陽縣也。有柏肆塢，隋開皇十六年置柏肆縣。」今據魏書改。

〔四〕率壯士二十餘人分襲農隆　各本「二十」作「二千」，宋本作「二十」。通鑑一〇九、通志一九一並作「二十」，今從宋本。

〔五〕在位三年即隆安三年也　安紀及通鑑一一〇寶死在隆安二年，魏書太祖紀在天興元年，亦即隆安二年。寶於太元二十一年即位，至此三年。此處「隆安三年」當作「隆安二年」。

〔六〕盛年十二　通鑑一〇六「十二」作「十三」。盛死於隆安五年，年二十九，逆推生於寧康元年。上云「慕容沖稱尊號」，事在太元十年，是年盛應年十三。但御覽一二五引後燕錄，盛於苻秦建元十年生於長安。據御覽一二二引前秦錄，建元二十一年，即晉太元十年，慕容沖稱帝。自建元十年至二十一年，盛十二歲。然前秦錄仍以盛死年二十九，則此種紀載歧異，前秦錄已然。

〔七〕李旱　册府二二六、魏書慕容廆傳「旱」均作「早」。

〔八〕庶人大王　御覽一二五引後燕錄作「庶民天王」。李校：「大王」本書五行志及通鑑、十六國春秋俱作「天王」。按：魏書慕容廆傳又作「庶民大王」。「人」本是「民」字，唐人避諱改。「大」「天」不知孰是。

〔九〕在位三年　安紀，盛於隆安二年「稱長樂王，攝天子位」。御覽一二五引後燕錄，建平元年七月，盛以長樂王稱制，是年十月「即皇帝位」。建平元年亦即晉隆安二年。自二年至五年死，應云「在位四年」始合。

〔一〇〕王溫　通鑑一一三作「王榮」。

〔一一〕中衞將軍馮跋　各本「中衞」作「衞中」。周校：「衞中」，跋記作「中衞」爲是。斠注亦引馮跋載記及御覽一二五引後燕錄作「中衞」，云「衞中」誤倒。按：通鑑一一四亦作「中衞」。中衞將軍魏末司馬昭置，見本書職官志。今據乙。

〔一二〕在位六年　安紀，熙以隆安五年立，至義熙三年死，當云「在位七年」。

〔一三〕垂以孝武帝太元八年僭立　垂立於太元九年，此作「八年」誤。參卷一一三校記。

〔一四〕以安帝義熙三年滅　各本「三年」作「二年」，宋本作「三年」。安紀亦在三年。今從宋本。

〔一五〕雲以武藝給事侍東宮　御覽一二五引後燕錄作「給侍東宮」。按：疑「事」譌作「侍」，後人旁注「事」字，傳寫入正文。原文當作「給事東宮」。

晉書卷一百二十五

載記第二十五

乞伏國仁

乞伏國仁，隴西鮮卑人也。在昔有如弗斯、出連、叱盧三部，〔一〕自漠北南出大陰山，遇一巨蟲於路，狀若神龜，大如陵阜，乃殺馬而祭之，祝曰：「若善神也，便開路；惡神也，遂塞不通。」俄而不見，乃有一小兒在焉。時又有乞伏部有老父無子者，請養爲子，衆咸許之。老父欣然自以有所依憑，字之曰紇干。紇干者，夏言依倚也。年十歲，驍勇善騎射，彎弓五百斤。四部服其雄武，推爲統主，號之曰乞伏可汗託鐸莫何。託鐸者，言非神非人之稱也。其後有祐鄰者，卽國仁五世祖也。泰始初，率戶五千遷于夏緣，部衆稍盛。鮮卑鹿結七萬餘落，屯于高平川，與祐鄰迭相攻擊。鹿結敗，南奔略陽，祐鄰盡并其衆，因居高平川。祐鄰死，子結權立，徙于牽屯。結權死，子利那立，擊鮮卑吐賴于烏樹山，討尉遲渴權于大非川，收衆三萬餘落。利那死，弟祁埿立。祁埿死，利那子述延立，討鮮卑莫侯于苑川，大破之，降其衆二萬餘落，因居苑川。以叔父軻埿爲師傅，委以國政，斯引烏埿爲左輔將軍，鎭蔡園川，出連高胡爲右輔將軍，鎭至便川，叱盧那胡爲率義將軍，鎭牽屯山。述延死，子傉大寒立。會石勒滅劉曜，懼而遷于麥田无孤山。大寒死，子司繁立，始遷于度堅山。尋爲苻堅將王統所襲，部衆叛降于統。司繁歎謂左右曰：「智不距敵，德不撫衆，劍騎未交而本根已敗，見衆分散，勢亦難全。若奔諸部，必不我容，吾將爲呼韓邪之計矣。」乃詣統降于堅。堅大悅，署爲南單于，留之長安。以司繁叔父吐雷爲勇士護軍，撫其部衆。俄而鮮卑勃寒侵斥隴右，堅以司繁爲使持節、都督討西胡諸軍事、鎭西將軍以討之。勃寒懼而請降，司繁遂鎭勇士川，甚有威惠。

司繁卒，國仁代鎭。及堅興壽春之役，徵爲前將軍，領先鋒騎。會國仁叔父步頹叛於隴西，堅遣國仁還討之。步頹聞而大悅，迎國仁於路。國仁置酒高會，攘袂大言曰：「苻氏往因趙石之亂，遂妄竊名號，窮兵極武，跨僭八州。疆宇既寧，宜綏以德，方虛廣威聲，勤心遠略，騷動蒼生，疲弊中國，違天怒人，將何以濟！且物極則虧，禍盈而覆者，天之道也。以吾量之，是役也，難以免矣。當與諸君成一方之業。」及堅敗歸，乃招集諸部，有不附者，討而幷之，衆至十餘萬。及堅爲姚萇所殺，國仁謂其豪帥曰：「苻氏以高世之姿而困於烏合之衆，可謂天也。夫守常迷運，先達恥之；見機而作，英豪之舉。吾雖薄德，藉累世之資，豈可覩時來之運而不作乎！」以孝武太元十年自稱大都督、大將軍、大單于、領秦河二州牧，建元曰建義。以其將乙旃音渥爲左相，〔三〕屋引出支爲右相，獨孤匹蹄爲左輔，武羣勇士爲右輔，弟乾歸爲上將軍，自餘拜授各有差。置武城、武陽、安固、武始、漢陽、天水、略陽、漒川、甘松、匡朋、白馬、苑川十二郡，築勇士城以居之。

鮮卑匹蘭率衆五千降。明年，南安祕宜及諸羌虜來擊國仁，四面而至。國仁謂諸將曰：「先人有奪人之心，不可坐待其至。宜抑威餌敵，羸師以張之，軍法所謂怒我而怠寇也。」於是勒衆五千，襲其不意，大敗之。祕宜奔還南安，尋與其弟莫侯悌率衆三萬餘戶降於國仁，〔四〕各拜將軍、刺史。

苻登遣使者署國仁使持節、大都督、都督雜夷諸軍事、大將軍、大單于、苑川王。國仁率騎三萬襲鮮卑大人密貴、裕苟、提倫等三部於六泉。高平鮮卑沒奕于、東胡金熙連兵來襲，相遇于渴渾川，大戰敗之，斬級三千，獲馬五千匹。沒奕于及熙奔還，三部震懼，率衆迎降。署密貴建義將軍、六泉侯，裕苟建忠將軍、蘭泉侯，提倫建節將軍、鳴泉侯。

國仁建威將軍叱盧烏孤跋擁衆叛，保牽屯山。國仁率騎七千討之，斬其部將叱羅侯，降者千餘戶。跋大懼，遂降，復其官位。因討鮮卑越質叱黎于平襄，大破之，獲其子詰歸、弟子復半及部落五千餘人而還。

太元十三年，國仁死，在位四年，僞諡宣烈王，廟號烈祖。

乞伏乾歸

乾歸，國仁弟也。雄武英傑，沈雅有度量。國仁之死也，其羣臣咸以國仁子公府沖幼，宜立長君，乃推乾歸爲大都督、大將軍、大單于、河南王，赦其境內，改元曰太初。立其妻邊氏爲王后，以出連乞都爲丞相，鎭南將軍、南梁州刺史悌眷爲御史大夫，自餘封拜各有差。遂遷于金城。

太元十四年，苻登遣使署乾歸大將軍、大單于、金城王。南羌獨如率衆七千降之。休官阿敦、侯年二部各擁五千餘落，據牽屯山，爲其邊害。乾歸討破之，悉降其衆，於是聲振邊服。吐谷渾大人視連遣使貢方物。鮮卑豆留鞬、叱豆渾及南丘鹿結并休官曷呼奴、盧水尉地跋並率衆降于乾歸，皆署其官爵。隴西太守越質詰歸以平襄叛，自稱建國將軍、右賢王。乾歸擊敗之，詰歸東奔隴山。旣而擁衆來降，乾歸妻以宗女，署立義將軍。

苻登將沒奕于遣使結好，以二子爲質，請討鮮卑大兜國。乾歸乃與沒奕于攻大兜於安陽城，大兜退固鳴蟬堡，乾歸攻陷之，遂還金城。爲呂光弟寶所攻，敗於鳴雀峽，退屯青岸。

寶進追乾歸，乾歸使其將彭奚念斷其歸路，躬貫甲胄，連戰敗之，寶及將士投河死者萬餘人。

苻登遣使署乾歸假黃鉞、大都督隴右河西諸軍事、左丞相、大將軍、河南王，領秦梁益涼沙五州牧，加九錫之禮。時登爲姚興所逼，遣使請兵，進封乾歸梁王，命置官司，納其妹東平長公主爲梁王后。乾歸遣其前將軍乞伏益州、冠軍翟瑥率騎二萬救之。會登爲興所殺，乃還師。

氐王楊定率步騎四萬伐之。乾歸謂諸將曰：「楊定以勇虐聚衆，窮兵逞欲。兵猶火也，不戢，將自焚。定之此役，殆天以之資我也。」於是遣其涼州牧乞伏軻殫、秦州牧乞伏益州、立義將軍詰歸距之。定敗益州於平川，軻殫、詰歸引衆而退。翟瑥奮劍諫曰：「吾王以神武之姿，開基隴右，東征西討，靡不席卷，威震秦梁，聲光巴漢。將軍以維城之重，受閫外之寄，宜宣力致命，輔寧家國。秦州雖敗，二軍猶全，奈何不思赴救，便逆奔敗，何面目以見王乎！昔項羽斬慶子以寧楚，胡建戮監軍以成功，將軍之所聞也。瑥誠才非古人，敢忘項氏之義乎！」軻殫曰：「向所以未赴秦州者，未知衆心何如耳。敗不相救，軍罰所先，敢自寧乎！」乃率騎赴之。益州、詰歸亦勒衆而進，大敗定，斬定及首虜萬七千級。於是盡有隴西、巴西之地。

太元十七年，赦其境內殊死以下，署其長子熾磐領尚書令，左長史邊芮爲尚書左僕射，右長史祕宜爲右僕射，翟瑥爲吏部尚書，翟勍爲主客尚書，杜宣爲兵部尚書，王松壽爲民部尚書，樊謙爲三公尚書，方弘、麴景爲侍中，自餘拜授一如魏武、晉文故事。猶稱大單于、大將軍。

楊定之死也，天水姜乳襲據上邽。至是，遣乞伏益州討之。邊芮、王松壽言於乾歸曰：「益州以懿弟之親，屢有戰功，狃於累勝，常有驕色。若其遇寇，必將易之。且未宜專任，示有所先。」乾歸曰：「益州驍勇，善御衆，諸將莫有及之者，但恐其專擅耳。若以重佐輔之，當無慮也。」於是以平北韋虔爲長史、散騎常侍務和爲司馬。至大寒嶺，益州恃勝自矜，不爲部陣，命將士解甲游畋縱飮，令曰：「敢言軍事者斬！」虔等諫曰：「王以將軍親重，故委以專征之任，庶能摧彼凶醜，以副具瞻。賊已垂逼，奈何解甲自寬，宴安酖毒，竊爲將軍危之。」益州曰：「乳以烏合之衆，聞吾至，理應遠竄。今乃與吾決戰者，斯成擒也。吾自揣之有方，卿等不足慮也。」乳率衆距戰，益州果敗。乾歸曰：「孤違蹇叔，以至於此。將士何爲，孤之罪也。」皆赦之。

索虜禿髮如苟率戶二萬降之，乾歸妻以宗女。

呂光率衆十萬，將伐乾歸，左輔密貴周、左衞莫者羖羝言於乾歸曰：「光旦夕將至。陛下以命世雄姿，開業洮罕，克翦羣凶，威振遐邇，將鼓淳風於東夏，建八百之鴻慶。不忍小屈，與姦豎競於一時，若機事不捷，非國家利也。宜遣愛子以退之。」乾歸乃稱藩於光，遣子敕勃爲質。既而悔之，遂誅周等。

乞伏軻殫與乞伏益州不平，奔于呂光。光又伐之，咸勸其東奔成紀，乾歸不從，謂諸將曰：「昔曹孟德敗袁本初於官渡，陸伯言摧劉玄德於白帝，皆以權略取之，豈在衆乎！光雖舉全州之軍，而無經遠之算，不足憚也。且其精卒盡在呂延，延雖勇而愚，易以奇策制之。延軍若敗，光亦遁還，乘勝追奔，可以得志。」衆咸曰：「非所及也。」隆安元年，光遣其子纂伐乾歸，使呂延爲前鋒。乾歸泣謂衆曰：「今事勢窮蹙，逃命無所，死中求生，正在今日。涼軍雖四面而至，然相去遼遠，山河既阻，力不周接，敗其一軍而衆軍自退。」乃縱反間，稱秦王乾歸衆潰，東奔成紀。延信之，引師輕進，果爲乾歸所敗，遂斬之。

禿髮烏孤遣使來結和親。使乞伏益州攻克支陽、鸇武、允吾三城，俘獲萬餘人而還。又遣益州與武衞慕容允、〔四〕冠軍翟瑥率騎二萬伐吐谷渾視羆，至于度周川，大破之。視羆遁保白蘭山，遣使謝罪，貢其方物，以子宕豈爲質。鮮卑疊掘河內率戶五千，自魏降乾歸。

乾歸所居南景門崩，惡之，遂遷于苑川。姚興將姚碩德率衆五萬伐之，入自南安峽。乾歸次于隴西以距碩德。興潛師繼發。乾歸聞興將至，謂諸將曰：「吾自開建以來，屢摧勍敵，乘機藉算，舉無遺策。今姚興盡中國之師，軍勢甚盛。山川阻狹，無縱騎之地，宜引師平川，伺其怠而擊之。存亡之機，在斯一舉，卿等勠力勉之。若梟翦姚興，關中之地盡吾有也。」於是遣其衞軍慕容允率中軍二萬遷于柏陽，鎮軍羅敦將外軍四萬遷于侯辰谷，乾歸自率輕騎數千候興軍勢。俄而大風昏霧，遂與中軍相失，爲興追騎所逼，入于外軍。旦而交戰，爲興所敗。乾歸遁還苑川，遂走金城，謂諸豪帥曰：「吾才非命世，謬爲諸君所推，心存撥亂，而德非時雄，叨竊名器，年踰一紀，負乘致寇，傾喪若斯！今人衆已散，勢不得安，吾欲西保允吾，以避其鋒。若方軌西邁，理難俱濟，卿等宜安土降秦，保全妻子。」羣下咸曰：「昔古公杖策，豳人歸懷；玄德南奔，荆楚繈負。分岐之感，古人所悲，況臣等義深父子，而有心離背！請死生與陛下俱。」乾歸曰：「自古無不亡之國，廢興命也。苟天未亡我，冀興復有期。德之不建，何爲俱死！公等自愛，吾將寄食以終餘年。」於是大哭而別，乃率騎數百馳至允吾。禿髮利鹿孤遣弟傉檀迎乾歸，處之於晉興。

南羌梁弋等遣使招之。乾歸將叛，謀洩，利鹿孤遣弟吐雷屯于捫天嶺。乾歸懼爲利鹿孤所害，謂其子熾磐曰：「吾不能負荷大業，致茲顚覆。以利鹿孤義兼姻好，冀存脣齒之援，方乃忘義背親，謀人父子，忌吾威名，勢不全立。姚興方盛，吾將歸之。若其俱去，必爲追騎所及。今送汝兄弟及汝母爲質，彼必不疑。吾既在秦，終不害汝。」於是送熾磐兄弟於西平，乾歸遂奔長安。姚興見而大悅，署乾歸持節、都督河南諸軍事、鎭遠將軍、河州刺史、歸義侯，遣乾歸還鎭苑川，盡以部衆配之。乾歸旣至苑川，以邊芮爲長史，王松壽爲司馬，公卿大將已下悉降號爲偏裨。

元興元年，熾磐自西平奔長安，姚興以爲振忠將軍、興晉太守。尋遣使者加乾歸散騎常侍、左賢王。遣隨興將齊難迎呂隆于河西，討叛羌党龍頭于滋川，攻楊盛將苻帛于皮氏堡，並克之。又破吐谷渾將大孩，俘獲萬餘人而還。尋復率衆攻楊盛將楊玉于西陽堡，克之。旣而苑川地震裂生毛，狐雉入于寢內，乾歸甚惡之。姚興慮乾歸終爲西州之患，因其朝也，興留爲主客尚書，以熾磐爲建武將軍、行西夷校尉，監撫其衆。

熾磐以長安兵亂將始，乃招結諸部二萬七千，築城于嵻峎山以據之。熾磐攻克枹罕，遣使告之，乾歸奔還苑川。鮮卑悅大堅有衆五千，自龍馬苑降乾歸。乾歸遂如枹罕，留熾磐鎭之。乾歸收衆三萬，遷于度堅山。羣下勸乾歸稱王，乾歸以寡弱弗許。固請曰：「夫道應符曆，雖廢必興；圖籙所棄，雖成必敗。本初之衆，非不多也，魏武運籌，四州瓦解。尋、邑之兵，非不盛也，世祖龍申，亡新鳥散。固天命不可虛邀，符籙不可妄冀。姚數將終，否極斯泰，乘機撫運，實係聖人。今見衆三萬，足可以疆理秦隴，淸蕩洮河。陛下應運再興，四海鵠望，豈宜固守謙沖，不以社稷爲本！願時卽大位，允副羣心。」乾歸從之。義熙三年，〔五〕僭稱秦王，赦其境內，改元更始，置百官，公卿已下皆復本位。

遣熾磐討諭薄地延，師次煩于，地延率衆出降，署爲尚書，徙其部落于苑川。又遣隴西羌昌何攻克姚興金城郡，以其驍騎乞伏務和爲東金城太守。乾歸復都苑川，又攻克興略陽、南安、隴西諸郡，徙二萬五千戶於苑川、枹罕。姚興力未能西討，恐更爲邊害，遣使署乾歸使持節、散騎常侍、都督隴西嶺北匈奴雜胡諸軍事、征西大將軍、河州牧、大單于、河南王。乾歸方圖河右，權宜受之，遂稱藩于興。

遣熾磐與其次子中軍審虔率步騎一萬伐禿髮傉檀，師濟河，敗傉檀太子武臺于嶺南，〔六〕獲牛馬十餘萬而還。又攻克興別將姚龍于伯陽堡，王憬于永洛城，〔七〕徙四千餘戶於苑川，三千餘戶于譚郊。乾歸率步騎三萬征西羌彭利髮於枹罕，師次于奴葵谷，利髮棄其部衆南奔。乾歸遣其將公府追及于清水，斬之。乾歸入枹罕，收羌戶一萬三千。因率騎二萬討吐谷渾支統阿若干于赤水，大破降之。

乾歸畋于五谿，有梟集于其手，甚惡之。六年，〔八〕爲兄子公府所弑，并其諸子十餘人。公府奔固大夏，熾磐與乾歸弟廣武智達、揚武木奕于討之。〔九〕公府走，達等追擒于嵻峎南山，并其四子，轘之於譚郊。葬乾歸于枹罕，僞謚武元王，在位二十四年。〔一〇〕

乞伏熾磐

熾磐，乾歸長子也。性勇果英毅，臨機能斷，權略過人。初，乾歸爲姚興所敗，熾磐質於禿髮利鹿孤。後自西平逃而降興，〔二〕興以爲振忠將軍、興晉太守，又拜建武將軍、行西夷校尉，留其衆鎮苑川。及乾歸返政，復立熾磐爲太子，領冠軍大將軍、都督中外諸軍、錄尚書事。後乾歸稱藩于姚興，興遣使署熾磐假節、鎮西將軍、左賢王、平昌公，尋進號撫軍大將軍。

乾歸死，義熙六年，〔三〕熾磐襲僞位，大赦，改元曰永康。署翟勍爲相國，麴景爲御史大夫，段暉爲中尉，弟延祚爲禁中錄事，樊謙爲司直。罷尚書令、僕射、尚書、六卿、侍中、散騎常侍、黃門郎官，置中左右常侍、侍郎各三人。

義熙九年，遣其龍驤乞伏智達、平東王松壽討吐谷渾樹洛干於澆河，大破之，獲其將呼那烏提，虜三千餘戶而還。又遣其鎮東曇達與松壽率騎一萬，東討破休官權小郎、呂破胡于白石川，虜其男女萬餘口，進據白石城，休官降者萬餘人。後顯親休官權小成、呂奴迦等叛保白坑，曇達謂將士曰：「昔伯珪憑嶮，卒有滅宗之禍；韓約肆暴，終受覆族之誅。今小成等逆命白坑，宜在除滅。王者之師，有征無戰，粵爾輿人，勠力勉之！」衆咸拔劍大呼，於是進攻白坑，斬小成、奴迦及首級四千七百，隴右休官悉降。遣安北烏地延、冠軍翟紹討吐谷渾別統句旁于泣勤川，大破之，俘獲甚衆。熾磐率諸將討吐谷渾別統支旁于長柳川，掘達于渴渾川，〔一三〕皆破之，前後俘獲男女二萬八千。

僭立十年，〔一四〕有雲五色，起於南山。熾磐以爲己瑞，大悅，謂羣臣曰：「吾今年應有所定，王業成矣！」於是繕甲整兵，以待四方之隙。聞禿髮傉檀西征乙弗，投劍而起曰：「可以行矣！」率步騎二萬襲樂都。禿髮武臺憑城距守，熾磐攻之，一旬而克。遂入樂都，論功行賞各有差。遣平遠犍虔率騎五千追傉檀，徙武臺與其文武及百姓萬餘戶于枹罕。傉檀遂降，署爲驃騎大將軍、左南公。隨傉檀文武，依才銓擢之。熾磐既兼傉檀，兵強地廣，置百官，立其妻禿髮氏爲王后。

十一年，熾磐攻克沮渠蒙遜河湟太守沮渠漢平，〔一五〕以其左衞匹逵爲河湟太守，〔一六〕因討降乙弗窟乾而還。遣其將曇達、王松壽等討南羌彌姐康薄于赤水，降之。

熾磐攻溫川，師次沓中，沮渠蒙遜率衆攻石泉以救之。熾磐聞而引還，遣曇達與其將出連虔率騎五千赴之。蒙遜聞曇達至，引歸，遣使聘于熾磐，遂結和親。又遣曇達、王松壽等率騎一萬伐姚艾于上邽。曇達進據蒲水，艾距戰，大敗之，艾奔上邽。曇達進屯大利，破黃石、大羌二戍，徙五千餘戶于枹罕。

令其安東木奕于率騎七千討吐谷渾樹洛干于塞上，破其弟阿柴於堯扞川，俘獲五千餘口而還，洛干奔保白蘭山而死。熾磐聞而喜曰：「此虜矯矯，所謂有豕白蹢。往歲曇達東征，姚艾敗走；今木奕于西討，黠虜遠逃。境宇稍清，姦凶方殄，股肱惟良，吾無患矣。」於是以曇達爲左丞相，其子元基爲右丞相，麴景爲尚書令，翟紹爲左僕射。遣曇達、元基東討姚艾，降之。

至是，乙弗鮮卑烏地延率戶二萬降于熾磐，署爲建義將軍。地延尋死，弟他子立，以子軻蘭質于西平。他子從弟提孤等率戶五千以西遷，叛于熾磐。涼州刺史出連虔遣使喻之，提孤等歸降。熾磐以提孤姦猾，終爲邊患，稅其部中戎馬六萬匹。後二歲而提孤等扇動部落，西奔出塞。他子率戶五千入居西平。

先是，姚艾叛降蒙遜，蒙遜率衆迎之。艾叔父儁言于衆曰：「秦王寬仁有雅度，自可安士事之，何爲從涼主西遷？」衆咸以爲然，相率逐艾，推儁爲主，遣使請降。熾磐大悅，徵儁爲侍中、中書監、征南將軍，封隴西公，邑一千戶。

使征西孔子討吐谷渾覓地于弱水南，〔一七〕大破之。覓地率衆六千降于熾磐，署爲弱水護軍。遣其左衞匹逵、建威梯君等討彭利和于漒川，大破之，利和單騎奔仇池，獲其妻子。徙羌豪三千戶于枹罕，漒川羌三萬餘戶皆安堵如故。

元熙元年，立其第二子慕末爲太子，〔一八〕領撫軍大將軍、都督中外諸軍事，大赦境内，改元曰建弘，其臣佐等多所封授。熾磐在位七年而宋氏受禪，〔一九〕以宋元嘉四年死。〔二〇〕子慕末嗣僞位，在位四年，〔二一〕爲赫連定所殺。

始，國仁以孝武太元十年僭位，至慕末四世，凡四十有六載而滅。〔二二〕

史臣曰：夫天地閉，大祲生；雲雷屯，羣凶作。自晉室遘孽，胡兵肆禍，封域無紀，干戈是務。國仁陰山遺噍，難以義服，伺我阽危，長其陵暴。向使偶欽明之運，遭雄略之主，已當褫魄沙漠，請命藁街，豈暇竊據近郊，經綸王業者也。乾歸智不及遠而以力詐自矜。陷呂延之師，姦謀潛斷；俘覩羆之衆，威策遐舉。便欲誓汧隴之餘卒，窺崤函之奥區，秣疲馬而宵征，翦勍敵而朝食。既而控弦鳴鏑，厥志未逞，沮岸崩山，其功已喪。履重氛於外難，幸以計全；貽巨釁於蕭牆，終成凶禍，宜哉！熾磐叱咤風雲，見機而動，牢籠儁傑，決勝多奇，故能命將掩澆河之酋，臨戎襲樂都之地，不盈數載，遂隆僞業。覽其遺迹，盜亦有道乎！

馮跋 馮素弗

馮跋字文起，長樂信都人也，小字乞直伐，其先畢萬之後也。萬之子孫有食采馮鄉者，因以氏焉。永嘉之亂，跋祖父和避地上黨。父安，雄武有器量，慕容永時爲將軍。永滅，跋東徙和龍，家于長谷。幼而懿重少言，寬仁有大度，飮酒一石不亂。三弟皆任俠，不修行業，惟跋恭愼，勤於家產，父母器之。所居上每有雲氣若樓閣，時咸異之。嘗夜見天門開，神光赫然燭於庭內。及慕容寶僭號，署中衞將軍。

初，跋弟素弗與從兄萬泥及諸少年游于水濱，有一金龍浮水而下。素弗謂萬泥曰：「頗有見否？」萬泥等皆曰：「無所見也。」乃取龍而示之，咸以爲非常之瑞。慕容熙聞而求焉，素弗祕之，熙怒。及卽僞位，密欲誅跋兄弟。其後跋又犯熙禁，懼禍，乃與其諸弟逃于山澤。每夜獨行，猛獸常爲避路。時賦役繁數，人不堪命，跋兄弟謀曰：「熙今昏虐，兼忌吾兄弟，旣還首無路，不可坐受誅滅。當及時而起，立公侯之業。事若不成，死其晚乎！」遂與萬泥等二十二人結謀。跋與二弟乘車，使婦人御，潛入龍城，匿于北部司馬孫護之室。遂殺熙，立高雲爲主。雲署跋爲使持節、侍中、都督中外諸軍事、征北大將軍、開府儀同三司、錄尙書事、武邑公。

跋譏羣僚，忽有血流其左臂，跋惡之。從事中郎王垂因說符命之應，跋戒其勿言。雲爲其幸臣離班、桃仁所殺，跋升洪光門以觀變。〔三〕帳下督張泰、李桑謂跋曰：「此豎勢何所至！請爲公斬之。」於是奮劒而下，桑斬班于西門，泰殺仁于庭中。衆推跋爲主，跋曰：「范陽公素弗才略不恒，志於靖亂，掃清凶桀，皆公勳也。」素弗辭曰：「臣聞父兄之有天下，傳之於子弟，未聞子弟藉父兄之業而先之。今鴻基未建，危甚綴旒，天工無曠，業係大兄。願上順皇天之命，下副元元之心。」羣臣固請，乃許之，於是以太元二十年乃僭稱天王于昌黎，〔四〕而不從舊號，即國曰燕，赦其境內，建元曰太平。分遣使者巡行郡國，觀察風俗。追尊祖和爲元皇帝，父安爲宣皇帝，尊母張氏爲太后，立妻孫氏爲王后，子永爲太子。署弟素弗爲侍中、車騎大將軍、錄尚書事，弘爲侍中、征東大將軍、尚書右僕射、汲郡公，從兄萬泥爲驃騎大將軍、幽平二州牧，務銀提爲上大將軍、遼東太守，孫護爲侍中、尚書令、陽平公，張興爲衞將軍、尚書左僕射、永寧公，郭生爲鎮東大將軍、領右衞將軍、陳留公，從兄子乳陳爲征西大將軍、并青二州牧、上谷公，姚昭爲鎮南大將軍、司隸校尉、上黨公，馬弗勤爲吏部尚書、廣宗公，王難爲侍中、撫軍將軍、潁川公，自餘拜授，文武進位各有差。尋而萬泥抗表請代，跋曰：「猥以不德，謬爲羣賢所推，思與兄弟同茲休戚。今方難未寧，維城任重，非明德懿親，孰克居也！且折衝禦侮，爲國藩屏，雖有他人，不如我弟兄，豈得如所陳也。」於是加開府儀同三司。

義熙六年，跋下書曰：「昔高祖爲義帝舉哀，天下歸其仁。吾與高雲義則君臣，恩踰兄弟。其以禮葬雲及其妻子，立雲廟於韮町，置園邑二十家，四時供薦。」

初，跋之立也，萬泥、乳陳自以親而有大功，謂當入爲公輔，跋以二藩任重，因而弗徵，並有憾焉。乳陳性粗獷，勇氣過人，密遣告萬泥曰：「乳陳有至謀，願與叔父圖之。」萬泥遂奔白狼，阻兵以叛。跋遣馮弘與將軍張興將步騎二萬討之。弘遣使喻之曰：「昔者兄弟乘風雲之運，撫翼而起。羣公以天命所鍾，人望攸係，推逼主上光踐寶位。裂土疏爵，當與兄弟共之，奈何欲尋干戈於蕭牆，棄友于而爲閼伯！過貴能改，善莫大焉。宜舍茲嫌，同獎王室。」萬泥欲降，乳陳按劍怒曰：「大丈夫死生有命，決之于今，何謂降也！」遂剋期出戰。興謂弘曰：「賊明日出戰，今夜必來驚我營，宜命三軍以備不虞。」弘乃密嚴人課草十束，畜火伏兵以待之。是夜，乳陳果遣壯士千餘人來斫營。衆火俱起，伏兵邀擊，俘斬無遺。乳陳等懼而出降，弘皆斬之。

署素弗爲大司馬，改封遼西公，馮弘爲驃騎大將軍，改封中山公。

跋下書曰：「自頃多故，事難相尋，賦役繁苦，百姓困窮。宜加寬宥，務從簡易，前朝苛政，皆悉除之。守宰當垂仁惠，無得侵害百姓，蘭臺都官明加澄察。」初，慕容熙之敗也，工人李訓竊寶而逃，貲至巨萬，行貨于馬弗勤，弗勤以訓爲方略令。既而失志之士書之於闕下碑，馮素弗言之於跋，請免弗勤官，仍推罪之。跋曰：「大臣無忠清之節，貨財公行於朝，雖由吾不明所致，弗勤宜肆諸市朝，以正刑憲。但大業草創，彝倫未敍，弗勤拔自寒微，未有君子之志，其特原之。李訓小人，汙辱朝士，可東市考竟。」於是上下肅然，請賕路絕。

蝚蠕勇斛律遣使求跋女爲樂浪公主，〔三五〕獻馬三千匹，跋命其羣下議之。素弗等議曰：「前代舊事，皆以宗女妻六夷，宜許以妃嬪之女，樂浪公主不宜下降非類。」跋曰：「女生從夫，千里豈遠！朕方崇信殊俗，奈何欺之！」乃許焉。遣其游擊秦都率騎二千，送其女歸于蝚蠕。庫莫奚虞出庫眞率三千餘落請交市，獻馬千匹，許之，處之於營丘。

分遣使者巡行郡國，孤老久疾不能自存者，振穀帛有差，孝悌力田閨門和順者，皆褒顯之。昌黎郝越、營丘張買成、周刁、溫建德、何纂以賢良皆擢敍之。遣其太常丞劉軒徙北部人五百戶于長谷，爲祖父園邑。以其太子永領大單于，置四輔。跋勵意農桑，勤心政事，乃下書省徭薄賦，墮農者戮之，力田者褒賞，命尙書紀達爲之條制。每遣守宰，必親見東堂，問爲政事之要，令極言無隱，以觀其志。於是朝野競勸焉。

先是，河間人褚匡言於跋曰：「陛下至德應期，龍飛東夏，舊邦宗族，傾首朝陽，以日爲歲。若聽臣往迎，致之不遠。」跋曰：「隔絕殊域，阻迴數千，將何可致也？」匡曰：「章武郡臨海，船路甚通，出於遼西臨渝，不爲難也。」跋許之，署匡游擊將軍、中書侍郎，厚加資遣。匡尋與跋從兄買、從弟睹自長樂率五千餘戶來奔，署買爲衞尉，封城陽伯，睹爲太常、高城伯。

契丹庫莫奚降，署其大人爲歸善王。

跋又下書曰：「今疆宇無虞，百姓寧業，而田畝荒穢，有司不隨時督察，欲令家給人足，不亦難乎！桑柘之益，有生之本。此土少桑，人未見其利，可令百姓人殖桑一百根，柘二十根。」又下書曰：「聖人制禮，送終有度。重其衣衾，厚其棺槨，將何用乎？人之亡也，精魂上歸於天，骨肉下歸於地，朝終夕壞，無寒煖之期，衣以錦繡，服以羅紈，寧有知哉！厚於送終，貴而改葬，皆無益亡者，有損於生。是以祖考因舊立廟，皆不改營陵寢。申下境內，自今皆令奉之。」

魏使耿貳至其國，跋遣其黃門郎常陋迎之於道。跋爲不稱臣，怒而不見。及至，跋又遣陋勞之。貳忿而不謝。跋散騎常侍申秀言於跋曰：「陛下接貳以禮，而敢驕蹇若斯，不可容也。」中給事馮懿以傾佞有幸，又盛稱貳之陵慠以激跋。跋曰：「亦各其志也。匹夫尚不可屈，況一方之主乎！」請幽而降之，跋乃留貳不遣。

是時，井竭三日而復。其尚書令孫護里有犬與豕交，護見而惡之，召太史令閔尚筮之。尚曰：「犬豕異類而交，違性失本，其於洪範爲犬禍，將勃亂失衆，以至敗亡。明公位極冢宰，遐邇具瞻，諸弟並封列侯，貴傾王室，妖見里庭，不爲他也。願公戒滿盈之失，修尙恭儉，則妖怪可消，永享元吉。」護默然不悅。

昌黎尹孫伯仁、護弟叱支、叱支弟乙拔等俱有才力，以驍勇聞。跋之立也，並冀開府，而跋未之許，由是有怨言。每於朝饗之際，常拔劍擊柱曰：「興建大業，有功力焉，而滯於散將，豈是漢祖河山之義乎！」跋怒，誅之，進護左光祿大夫、開府儀同三司、錄尙書事以慰之。護自三弟誅後，常快快有不悅之色，跋怒，酖之。尋而遼東太守務銀提自以功在孫護、張興之右，而出爲邊郡，抗表有恨言，密謀外叛。跋怒，殺之。

跋下書曰：「武以平亂，文以經務，寧國濟俗，實所憑焉。自頃喪難，禮崩樂壞，閭閻絕諷誦之音，後生無庠序之教，子衿之歎復興于今，豈所以穆章風化，崇闡斯文！可營建太學，以長樂劉軒、營丘張熾、成周翟崇爲博士郎中，簡二千石已下子弟年十五已上教之。」

跋弟丕，先是，因亂投於高句麗，跋迎致之，至龍城，以爲左僕射、常山公。

蝚蠕斛律爲其弟大但所逐，盡室奔跋，乃館之于遼東郡，待之以客禮。跋納其女爲昭儀。時三月不雨，至于夏五月。斛律上書請還塞北，跋曰：「棄國萬里，又無內應。若以强兵相送，糧運難繼；少也，勢不能固。且千里襲國，古人爲難，況數千里乎！」斛律固請曰：「不煩大衆，願給騎三百足矣。得達敕勒國，〔二六〕人必欣而來迎。」乃許之，遣單于前輔萬陵率騎三百送之。陵憚遠役，至黑山，殺斛律而還。

晉青州刺史申永遣使浮海來聘，跋乃使其中書郎李扶報之。蠕蠕大但遣使獻馬三千匹，羊萬口。

有赤氣四塞，太史令張穆言於跋曰：「兵氣也。今大魏威制六合，而聘使斷絕。自古未有鄰國接境，不通和好。違義怒鄰，取亡之道。宜還前使，修和結盟。」跋曰：「吾當思之。」尋而魏軍大至，遣單于右輔古泥率騎候之。去城十五里，遇軍奔還。又遣其將姚昭、皇甫軌等距戰，軌中流矢死。魏以有備，引還。

跋境地震山崩，洪光門鸛雀折。又地震，右寢壞。跋問閔尚曰：「比年屢有地動之變，卿可明言其故。」尚曰：「地，陰也，主百姓。震有左右，比震皆向右，臣懼百姓將西移。」跋曰：「吾亦甚慮之。」分遣使者巡行郡國，問所疾苦，孤老不能自存者，賜以穀帛有差。

跋立十一年，至是，元熙元年也，此後事入于宋。至元嘉七年死。弟弘殺跋子翼自立，後爲魏所伐，東奔高句麗。居二年，高句麗殺之。

始，跋以孝武太元二十年僭號，至弘二世，凡二十有八載。〔二七〕

馮素弗，跋之長弟也。慷慨有大志，姿貌魁偉，雄傑不羣，任俠放蕩，不修小節，故時人末之奇，惟王齊異焉，曰：「撥亂才也。」惟交結時豪爲務，不以產業經懷。弱冠，自詣慕容熙尚書左丞韓業請婚，業怒而距之。復求尚書郎高邵女，邵亦弗許。南宮令成藻，豪俊有高名，素弗造焉，藻命門者勿納。素弗逕入，與藻對坐，旁若無人。談飲連日，藻始奇之，曰：「吾遠求騏驥，不知近在東鄰，何識子之晚也！」當世俠士莫不歸之。及熙僭號，爲侍御郎、小帳下督。

跋之僞業，素弗所建也。及爲宰輔，謙虛恭慎，非禮不動，雖廝養之賤，皆與之抗禮。車服屋宇，務於儉約，修己率下，百僚憚之。初爲京尹。及鎮營丘，百姓歌之。嘗謂韓業曰：「君前既不顧，今將自取，何如？」業拜而陳謝。素弗曰：「既往之事，豈復與君計之！」然待業彌厚。好存亡繼絕，申拔舊門，問侍中陽哲曰：「秦趙勳臣子弟今何在乎？」哲曰：「皆在中州，惟桃豹孫鮮在焉。」素弗召爲左常侍，論者歸其有宰衡之度。

跋之七年死，跋哭之哀慟。比葬，七臨之。

史臣曰：自五胡縱慝，九域淪胥，帝里神州，遂混之於荒裔；鴻名寶位，咸假之於雜種。嘗謂戎狄凶嚚，未窺道德，欺天擅命，抑乃其常。而馮跋出自中州，有殊醜類，因鮮卑之昏虐，亦盜名於海隅。然其遷徙之餘，少非雄傑，幸以寬厚爲衆所推。初雖砥礪，終罕成德，舊史稱其信惑妖祀，斥黜諫臣，無開馭之才，異經決之士，信矣。速禍致寇，良謂在兹。猶能撫育黎萌，保守疆宇，發號施令，二十餘年，豈天意乎，非人事也！

贊曰：國仁驍武，乾歸勇悍。矯矯熾磐，臨機能斷。孰謂獯虜，亦懷沈算。文起常才，憑時叛換。咸竊大寶，爲我多難。

校勘記

〔一〕在昔有如弗斯出連叱盧三部　古今姓氏書辯證三引西秦錄云：「有乞伏氏與斯引氏自漢北出陰山。」元和姓纂引西秦錄同，但「斯」作「期」。通志氏族略引西秦錄作「乞伏國仁之先如弗與出連、斯引、叱靈二（當作三）部自漢北出陰山。」按：魏書乞伏國仁傳但云「其先如弗」，無「斯」字，亦不舉三部名，知「斯」字不與上「如弗」連讀。據上引諸書，知西秦錄所記與如弗同出陰山者有「斯引」，據下文國仁初據苑川，即以「斯引烏埿」爲左輔將軍，與出連高胡、叱盧那胡並列，當即斯引、出連、叱盧三部之長。此處原文當作「在昔有如弗與斯引、出連、叱盧三部」，脫去「與」「引」二字。

〔二〕以其將乙旃音埿爲左相　通鑑一〇六「音埿」作「童埿」。

〔三〕莫侯悌　通鑑一〇六「悌」下有「眷」字。廣韵十九鐸亦作「莫侯悌眷」，下乾歸載記稱「南梁州刺史悌眷爲御史大夫」，即其人。「莫侯」當即「莫何」之異譯，乃官名。此處單作「悌」當是省稱。

〔四〕慕容允　斠注：通鑑一一〇作「慕兀」，胡注云：「慕兀，晉書載記作慕容兀。蓋亦乞伏氏，載記誤也。」按：如胡注所云，胡所見本晉書作「兀」，並不作「允」。

〔五〕義熙三年　周校：安帝紀作「義熙五年」。按：通鑑一一五事在五年，魏書太宗紀在永興元年，亦即晉義熙五年。此處「三年」當是「五年」之譌。

〔六〕武臺　「武臺」本名「虎臺」，避唐諱改，參卷一二六校記。

〔七〕永洛城　通鑑一一六「永洛」作「水洛」，胡注引水經渭水注及元豐九域志並作「水洛城」。「永」字乃「水」形近而譌。

〔八〕六年　周校：紀作「八年」。通鑑一一六事在八年，魏書太宗紀在永興四年，亦即晉義熙八年。此處「六年」乃「八年」之譌。

〔九〕揚武　各本「揚」作「陽」。「揚武」乃軍號，今據通鑑一一六改。

〔一〇〕在位二十四年　乾歸稱河南王在太元十三年，至義熙八年，共二十五年。

〔一一〕後自西平逃而降興　各本「西平」作「南平」。周校：當作「西平」。按：上乾歸載記明言「元興元年，熾磐自西平奔長安」，是時禿髮利鹿孤居西平。周說是，今據上文改。

〔一二〕義熙六年　「六年」乃「八年」之譌，見本卷校記。

〔一三〕掘達　册府二三一、通鑑一一六「掘達」並作「掘逵」。

〔一四〕僭立十年　安紀，熾磐立於義熙八年，其滅傉檀在十年。校文據此謂相拒僅三載，安得曰「僭立十年」，知「僭立」乃「義熙」二字之譌。按：校文說或是，但御覽一二七引西秦錄所謂「有雲五色」云云及滅傉檀在熾磐之永康三年，則其誤或不在「僭立」二字，而在「三年」譌「十年」。

〔一五〕河湟　周校：蒙遜載記作「湟河」，爲是。按：禿髮傉檀載記、通鑑一一七並作「湟河」，地理志上有湟河，無河湟，周說是。參卷八七校記。

〔一六〕四逵　斠注：元本作「四達」。按：南北監本、明周若年本以下簡稱周本作「四達」，通鑑一一七、一一八、通志一九一並作「四達」。

〔一七〕孔子　各本「孔子」作「他子」，張元濟校勘記云，所見另一宋本作「孔子」。按：册府二三一、通鑑一一八、通志一九一並作「孔子」，今從之。

〔一八〕元熙元年立其第二子慕末爲太子　通鑑一一九此事在宋永初元年，御覽一二七引西秦錄在熾磐之建弘元年，並即晉元熙二年，疑「元」字譌。

〔一九〕熾磐在位七年而宋氏受禪　熾磐於義熙八年即位，至元熙二年劉裕代晉，應作「在位九年」。

〔二〇〕以宋元嘉四年死　通志一九一「四年」作「五年」。通鑑一二一亦系於五年。御覽一二七引西秦錄云熾磐卒在建弘九年，魏書世祖紀在神𢊍元年，並當宋元嘉五年。此處「四年」當是「五年」之譌。

〔二一〕在位四年　各本「四」作「三」。斠注：慕末在位，自戊辰至辛未，實爲四年。按：通鑑一二二記夏殺慕末在元嘉八年六月，斠注說是。册府二一九、通志一九一並作「四年」。今據改。

〔二二〕凡四十有六載而滅　通志一九一「四十有六」作「四十有七」。國仁以太元十年立，慕末以元嘉八年滅，作「四十七載」是。但慕末降夏據魏書世祖紀實在正月，不計此年，則作「四十六載」未爲甚誤。

〔二三〕洪光門　慕容熙載記「洪」作「弘」。按：本當是「弘」字，避魏獻文帝拓跋弘諱改。

〔二四〕於是以太元二十年乃僭稱天王于昌黎　校文：帝紀，跋立在義熙五年，太元二十年乃慕容垂稱帝時，相拒十餘年矣。四字（指「太元二十」四字）顯誤。按：通志一九一「太元二十年」作「晉義熙五年」，魏書太宗紀在永興元年，即晉之義熙五年，通鑑一一五與安紀、通志、魏書同。册府二二一九此條無「於是以太元二十年」八字。覩下文稱「跋以孝武太元二十年僭號」，則非傳刻之誤，通志、册府當是知其謬誤，或改或删。

〔二五〕蝚蠕勇斛律　李校：「勇」字疑誤，魏書蠕蠕傳言：「斛律號靄苦蓋可汗，魏言姿質美好也。」並無「勇」字，此下亦止稱斛律。按：通志一九一、通鑑一一六並無「勇」字，當是衍文。

〔三六〕得達敕勒國　各本「勒」作「勤」。周校：「敕勒」誤「敕勤」。按：北史高車傳云：「初號爲狄歷，北方以爲敕勒，諸夏以爲高車、丁零。」字當作「勒」無疑，今據改。

〔三七〕始跋以孝武太元二十年僭號至弘二世凡二十有八載　校文：跋立於義熙五年，故云「至弘二世，凡二十八載」，若作太元二十年，則三十九年矣。按：册府二一九、通志一九一「孝武太元二十年」作「安帝義熙五年」，是。上文已誤馮跋稱天王在太元二十年，當是原文已誤，册府、通志並以意改正。

晉書卷一百二十六

載記第二十六

禿髮烏孤

禿髮烏孤，河西鮮卑人也。其先與後魏同出。八世祖匹孤率其部自塞北遷于河西，其地東至麥田、牽屯，西至濕羅，南至澆河，北接大漠。匹孤卒，子壽闐立。初，壽闐之在孕，母胡掖氏因寢而產於被中，鮮卑謂被爲「禿髮」，因而氏焉。壽闐卒，孫樹機能立，壯果多謀略。泰始中，殺秦州刺史胡烈於萬斛堆，敗涼州刺史蘇愉于金山，盡有涼州之地，武帝爲之旰食。後爲馬隆所敗，部下殺之以降。從弟務丸立。死，孫推斤立。死，子思復鞬立，部衆稍盛。烏孤卽思復鞬之子也。及嗣位，務農桑，修鄰好。呂光遣使署爲假節、冠軍大將軍、河西鮮卑大都統、廣武縣侯。烏孤謂諸將曰：「呂氏遠來假授，當可受不？」衆咸曰：「吾士衆不少，何故屬人！」烏孤將從之，其將石眞若留曰：「今本根未固，理宜隨時。光德刑修明，境內無虞，若致死于我者，大小不敵，後雖悔之，無所及也。不如受而遵養之，以待其釁耳。」烏孤乃受之。

烏孤討乙弗、折掘二部，大破之，遣其將石亦干築廉川堡以都之。烏孤登廉川大山，泣而不言。石亦干進曰：「臣聞主憂臣辱，主辱臣死，大王所爲不樂者，將非呂光乎？光年已衰老，師徒屢敗。今我以士馬之盛，保據大川，乃可以一擊百，光何足懼也。」烏孤曰：「光之衰老，亦吾所知。但我祖宗以德懷遠，殊俗憚威，盧陵、契汗萬里委順。及吾承業，諸部背叛，邇既乖違，遠何以附，所以泣耳。」其將苻渾曰：「大王何不振旅誓衆，以討其罪。」烏孤從之，大破諸部。呂光封烏孤廣武郡公。又討意云鮮卑，大破之。

光又遣使署烏孤征南大將軍、益州牧、左賢王。烏孤謂使者曰：「呂王昔以專征之威，遂有此州，不能以德柔遠，惠安黎庶。諸子貪淫，三甥肆暴，郡縣土崩，下無生賴。吾安可違天下之心，受不義之爵！帝王之起，豈有常哉！無道則滅，有德則昌。吾將順天人之望，爲天下主。」留其鼓吹羽儀，謝其使而遣之。

隆安元年，自稱大都督、大將軍、大單于、西平王，赦其境內，年號太初。曜兵廣武，攻克金城。光遣將軍竇苟來伐，戰于街亭，大敗之。降光樂都、湟河、澆河三郡，嶺南羌胡數萬落皆附之。光將楊軌、王乞基率戶數千來奔。烏孤更稱武威王。後三歲，〔一〕徙于樂都，署弟利鹿孤爲驃騎大將軍、西平公，鎭安夷，傉檀爲車騎大將軍、廣武公，鎭西平。以楊軌爲賓客。金石生、時連珍，四夷之豪雋；陰訓、郭倖，西州之德望；楊統、楊貞、衞殷、麴丞明、郭黃、郭奮、史暠、鹿嵩，文武之秀傑；梁昶、韓疋、張昶、郭韶，中州之才令；金樹、薛翹、〔三〕趙振、王忠、趙晁、蘇霸，秦雍之世門，皆內居顯位，外宰郡縣。官方授才，咸得其所。

烏孤從容謂其羣下曰：「隴右區區數郡地耳！因其兵亂，分裂遂至十餘。乾歸擅命河南，段業阻兵張掖，虐氏假息，偷據姑臧。吾藉父兄遺烈，思廓清西夏，兼弱攻昧，三者何先？」楊統進曰：「乾歸本我所部，終必歸服。段業儒生，才非經世，權臣擅命，制不由己，千里伐人，糧運懸絕，且與我鄰好，許以分災共患，乘其危弊，非義舉也。呂光衰老，嗣紹沖闇，二子纂、弘，雖頗有文武，而內相猜忌。若天威臨之，必應鋒瓦解。宜遣車騎鎭浩亹，鎭北據廉川，乘虛迭出，多方以誤之，救右則擊其左，救左則擊其右，使纂疲於奔命，人不得安其農業。兼弱攻昧，於是乎在，不出二年，可以坐定姑臧。姑臧既拔，二寇不待兵戈，自然服矣。」烏孤然之，遂陰有吞并之志。

段業爲呂纂所侵，遣利鹿孤救之。纂懼，燒氏池、張掖穀麥而還。以利鹿孤爲涼州牧，鎭西平，追傉檀入錄府國事。

是歲，烏孤因酒墜馬傷脅，笑曰：「幾使呂光父子大喜。」俄而患甚，顧謂羣下曰：「方難未靜，宜立長君。」言終而死。在王位三年，僞諡武王，廟號烈祖。弟利鹿孤立。

禿髮利鹿孤

利鹿孤以隆安三年卽僞位，赦其境內殊死已下，又徙居于西平。使記室監麴梁明聘于段業。業曰：「貴主先王創業啓運，功高先世，宜爲國之太祖，有子何以不立？」梁明曰：「有子羌奴，先王之命也。」業曰：「昔成王弱齡，周召作宰；漢昭八歲，金霍夾輔。雖嗣子沖幼，而二叔休明，左提右挈，不亦可乎？」明曰：「宋宣能以國讓，春秋美之；孫伯符委事仲謀，終開有吳之業。且兄終弟及，殷湯之制也，亦聖人之格言，萬代之通式，何必胤己爲是，紹兄爲非。」業曰：「美哉！使乎之義也。」

利鹿孤聞呂光死，遣其將金樹、蘇翹率騎五千屯于昌松漠口。

既逾年，赦其境內，改元曰建和。二千石長吏清高有惠化者，皆封亭侯、關內侯。

呂纂來伐，使傉檀距之。纂士卒精銳，進度三堆，三軍擾懼。傉檀下馬據胡牀而坐，士衆心乃始安。與纂戰，敗之，斬二千餘級。纂西擊段業，傉檀率騎一萬，乘虛襲姑臧。纂弟緯守南北城以自固。傉檀置酒于朱明門上，鳴鍾鼓以饗將士，耀兵于青陽門，虜八千餘戶而歸。

乞伏乾歸爲姚興所敗，率騎數百來奔，處之晉興，待以上賓之禮。乾歸遣子謙等質于西平。鎭北將軍俱延言於利鹿孤曰：「乾歸本我之屬國，妄自尊立，理窮歸命，非有款誠。若奔東秦，必引師西侵，非我利也。宜徙於乙弗之間，防其越逸之路。」利鹿孤曰：「吾方弘信義以收天下之心，乾歸投誠而徙之，四海將謂我不可以誠信託也。」俄而乾歸果奔于姚興。利鹿孤謂延曰：「不用卿言，乾歸果叛，卿爲吾行也。」延追乾歸至河，不及而還。

利鹿孤立二年，龍見于長寧，麒麟游于綏羌，於是羣臣勸進，以隆安五年僭稱河西王。其將鍮勿崙進曰：「昔我先君肇自幽朔，被髮左衽，無冠冕之儀，遷徙不常，無城邑之制，用能中分天下，威振殊境。今建大號，誠順天心。然寧居樂土，非貽厥之規；倉府粟帛，生敵人之志。且首兵始號，事必無成，陳勝、項籍，前鑒不遠。宜置晉人於諸城，勸課農桑，以供軍國之用，我則習戰法以誅未賓。若東西有變，長算以縻之；如其敵强於我，徙而以避其鋒，不亦善乎！」利鹿孤然其言。

於是率師伐呂隆，大敗之，獲其右僕射楊桓。傉檀謂之曰：「安寢危邦，不思擇木，老爲囚虜，豈曰智也！」桓曰：「受呂氏厚恩，位忝端貳，雖洪水滔天，猶欲濟彼俱溺，實恥爲叛臣以見明主。」傉檀曰：「卿忠臣也！」以爲左司馬。

利鹿孤謂其羣下曰：「吾無經濟之才，忝承業統，自負乘在位，三載于茲。雖夙夜惟寅，思弘道化，而刑政未能允中，風俗尚多凋弊；戎車屢駕，無闢境之功；務進賢彥，而下猶蓄滯。豈所任非才，將吾不明所致也？二三君子其極言無諱，吾將覽焉。」祠部郎中史暠對曰：「古之王者，行師以全軍爲上，破國次之，拯溺救焚，東征西怨。今不以綏寧爲先，惟以徙戶爲務，安土重遷，故有離叛，所以斬將克城，土不加廣。今取士拔才，必先弓馬，文章學藝爲無用之條，非所以來遠人，垂不朽也。孔子曰：『不學禮，無以立。』宜建學校，開庠序，選耆德碩儒以訓胄子。」利鹿孤善之，於是以田玄沖、趙誕爲博士祭酒，以教胄子。

時利鹿孤雖僭位，尚臣姚興。楊桓兄經佐命姚萇，早死，興聞桓有德望，徵之。利鹿孤餞桓于城東，謂之曰：「本期與卿共成大業，事乖本圖，分歧之感，實情深古人。但鯤非溟海，無以運其軀；鳳非修梧，無以晞其翼。卿有佐時之器，夜光之寶，當振纓雲閣，耀價連城，區區河右，未足以逞卿才力。善勖日新，以成大美。」桓泣曰：「臣往事呂氏，情節不建。陛下宥臣於俘虜之中，顯同賢舊，每希攀龍附鳳，立尺寸之功。龍門既開，而臣違離，公衡之戀，豈曰忘之！」利鹿孤爲之流涕。

遣傉檀又攻呂隆昌松太守孟禕于顯美，克之。傉檀執禕而數之曰：「見機而作，賞之所先；守迷不變，刑之所及。吾方耀威玉門，掃平秦隴，卿固守窮城，稽淹王憲，國有常刑，於分甘乎？」禕曰：「明公開翦河右，聲播宇內，文德以綏遠人，威武以懲不恪。況禕蕞爾，敢距天命！釁鼓之刑，禕之分也。但忠於彼者，亦忠於此。荷呂氏厚恩，受藩屏之任，明公至而歸命，恐獲罪於執事，惟公圖之。」傉檀大悅，釋其縛，待之客禮。徙顯美、麗軒二千餘戶而歸。嘉禕忠烈，拜左司馬。禕請曰：「呂氏將亡，聖朝之并河右，昭然已定。但爲人守而不全，復忝顯任，竊所未安。明公之恩，聽禕就戮於姑臧，死且不朽。」傉檀義而許之。

呂隆爲沮渠蒙遜所伐，遣使乞師，利鹿孤引羣下議之。尙書左丞婆衍崘曰：「今姑臧饑荒殘弊，穀石萬錢，野無青草，資食無取。蒙遜千里行師，糧運不屬，使二寇相殘，以乘其釁。若蒙遜拔姑臧，亦不能守，適可爲吾取之，不宜救也。」傉檀曰：「崘知其一，未知其二。姑臧今雖虛弊，地居形勝，河西一都之會，不可使蒙遜據之，宜在速救。」利鹿孤曰：「車騎之言，吾之心也。」遂遣傉檀率騎一萬救之。至昌松而蒙遜已退，傉檀徙涼澤、段冢五百餘家而歸。

利鹿孤寢疾，令曰：「內外多虞，國機務廣，其令車騎嗣業，以成先王之志。」在位三年而死，〔三〕葬于西平之東南，僞諡曰康王。弟傉檀嗣。

禿髮傉檀

傉檀少機警，有才略。其父奇之，謂諸子曰：「傉檀明識榦藝，非汝等輩也。」是以諸兄不以授子，欲傳之於傉檀。及利鹿孤卽位，垂拱而已，軍國大事皆以委之。以元興元年僭號涼王，遷于樂都，改元曰弘昌。

初，乞伏乾歸之在晉興也，以世子熾磐爲質。後熾磐逃歸，爲追騎所執，利鹿孤命殺之。傉檀曰：「臣子逃歸君父，振古通義，故魏武善關羽之奔，秦昭恕頃襄之逝。熾磐雖逃叛，孝心可嘉，宜垂全宥以弘海岳之量。」乃赦之。至是，熾磐又奔允街，傉檀歸其妻子。

姚興遣使拜傉檀車騎將軍、廣武公。傉檀大城樂都。姚興遣將齊難率衆迎呂隆于姑臧，傉檀攝昌松、魏安二戍以避之。

興涼州刺史王尚遣主簿宗敞來聘。敞父燮，呂光時自湟河太守入爲尚書郎，見傉檀于廣武，執其手曰：「君神爽宏拔，逸氣陵雲，命世之傑也，必當克清世難。恨吾年老不及見耳，以敞兄弟託君。」至是，傉檀謂敞曰：「孤以常才，謬爲尊先君所見稱，每自恐有累大人水鏡之明。及忝家業，竊有懷君子。詩云：『中心藏之，何日忘之。』不圖今日得見卿也。」敞曰：「大王仁侔魏祖，存念先人，雖朱暉眄張堪之孤，叔向撫汝齊之子，無以加也。」酒酣，語及平生。傉檀曰：「卿魯子敬之儔，恨不與卿共成大業耳。」

傉檀以姚興之盛，又密圖姑臧，乃去其年號，罷尚書丞郎官，遣參軍關尚聘于興。興謂尚曰：「車騎投誠獻款，爲國藩屏，擅興兵衆，輒造大城，爲臣之道固若是乎？」尚曰：「王侯設險以自固，先王之制也，所以安人衞衆，預備不虞。車騎僻在遐藩，密邇勍寇，南則逆羌未賓，西則蒙遜跋扈，蓋爲國家重門之防，不圖陛下忽以爲嫌。」興笑曰：「卿言是也。」

傉檀遣其將文支討南羌、西虜，大破之。上表姚興，求涼州，不許，加傉檀散騎常侍，增邑二千戶。傉檀於是率師伐沮渠蒙遜，次于氐池。蒙遜嬰城固守，芟其禾苗，至于赤泉而還。獻興馬三千匹，羊三萬頭。興乃署傉檀爲使持節、都督河右諸軍事、車騎大將軍、領護匈奴中郎將、涼州刺史，常侍、公如故，鎭姑臧。傉檀率步騎三萬次于五澗，興涼州刺史王尚遣辛晁、孟禕、彭敏出迎。尚出自淸陽門，鎭南文支入自涼風門。宗敞以別駕送尚還長安，傉檀曰：「吾得涼州三千餘家，情之所寄，唯卿一人，奈何捨我去乎？」敞曰：「今送舊君，所以忠於殿下。」傉檀曰：「吾今新牧貴州，懷遠安邇之略，爲之若何？」敞曰：「涼土雖弊，形勝之地，道由人弘，實在殿下。段懿、孟禕，武威之宿望；辛晁、彭敏，秦隴之冠冕；裴敏、馬輔，中州之令族；張昶，涼國之舊胤；張穆、邊憲、文齊、楊班、梁崧、趙昌，武同飛羽。以大王之神略，撫之以威信，農戰並修，文敎兼設，可以從橫於天下，河右豈足定乎！」傉檀大悅，賜敞馬二十匹。於是大饗文武於謙光殿，班賜金馬各有差。

遣西曹從事史暠聘于姚興。興謂暠曰：「車騎坐定涼州，衣錦本國，其德我乎？」暠曰：「車騎積德河西，少播英問，王威未接，投誠萬里。陛下官方任才，量功授職，彝倫之常，何德之有！」興曰：「朕不以州授車騎者，車騎何從得之！」蒿曰：「使河西雲擾、呂氏顛狽者，實由車騎兄弟傾其根本。陛下雖鴻羅遐被，涼州猶在天網之外。故征西以周召之重，力屈姑臧；齊難以王旅之盛，勢挫張掖。王尚孤城獨守，外逼羣狄，陛下不連兵十年，殫竭中國，涼州未易取也。今以虛名假人，內收大利，乃知妙算自天，聖與道合，雖云遷授，蓋亦時宜。」興悅其言，拜騎都尉。

傉檀讌羣僚于宣德堂，仰視而歎曰：「古人言作者不居，居者不作，信矣。」孟禕進曰：「張文王築城苑，繕宗廟，爲貽厥之資，萬世之業，秦師濟河，漼然瓦解。梁熙據全州之地，擁十萬之衆，軍敗於酒泉，身死于彭濟。呂氏以排山之勢，王有西夏，率土崩離，銜璧秦雍。寬饒有言：『富貴無常，忽輒易人。』此堂之建，年垂百載，十有二主，唯信順可以久安，仁義可以永固，願大王勉之。」傉檀曰：「非君無以聞讜言也。」傉檀雖受制于姚興，然車服禮章一如王者。以宗敞爲太府主簿、錄記室事。

傉檀僞游澆河，襲徙西平、湟河諸羌三萬餘戶于武興、番禾、武威、昌松四郡。徵集戎夏之兵五萬餘人，大閱于方亭，遂伐沮渠蒙遜，入西陝。蒙遜率衆來距，戰于均石，爲蒙遜所敗。傉檀率騎二萬，運穀四萬石以給西郡。蒙遜攻西郡，陷之。其後傉檀又與赫連勃勃戰于陽武，爲勃勃所敗，將佐死者十餘人，傉檀與數騎奔南山，幾爲追騎所得。傉檀懼東西寇至，徙三百里內百姓入于姑臧，國中駭怨。屠各成七兒因百姓之擾也，率其屬三百人叛傉檀於北城。推梁貴爲盟主，貴閉門不應。一夜衆至數千。殿中都尉張猛大言於衆曰：「主上陽武之敗，蓋恃衆故也。責躬悔過，明君之義，諸君何故從此小人作不義之事！殿內武旅正爾相尋，目前之危，悔將無及。」衆聞之，咸散。七兒奔晏然，殿中騎將白路等追斬之。軍諮祭酒梁裒、輔國司馬邊憲等七人謀反，傉檀悉誅之。

姚興以傉檀外有陽武之敗，內有邊、梁之亂，遣其尚書郎韋宗來觀釁。傉檀與宗論六國從橫之規，三家戰爭之略，遠言天命廢興，近陳人事成敗，機變無窮，辭致清辯。宗出而歎曰：「命世大才、經綸名敎者，不必華宗夏士；撥煩理亂、澄氣濟世者，亦未必八索、九丘。五經之外，冠冕之表，復自有人。車騎神機秀發，信一代之偉人，由余、日磾豈足爲多也！」宗還長安，言於興曰：「涼州雖殘弊之後，風化未積；傉檀權詐多方，憑山河之固，未可圖也。」興曰：「勃勃以烏合之衆尚能破之，吾以天下之兵，何足克也！」宗曰：「形移勢變，終始殊途，陵人者易敗，自守者難攻。陽武之役，傉檀以輕勃勃致敗。今以大軍臨之，必自固求全，臣竊料羣臣無傉檀匹也。雖以天威臨之，未見其利。」興不從，乃遣其將姚弼及斂成等率步騎三萬來伐，又使其將姚顯爲弼等後繼，遺傉檀書云：「遣尚書左僕射齊難討勃勃，懼其西逸，故令弼等於河西邀之。」傉檀以爲然，遂不設備。弼衆至漠口，昌松太守蘇霸嬰城固守，弼喻霸令降，霸曰：「汝違負盟誓，伐委順之藩，天地有靈，將不祐汝！吾寧爲涼鬼，何降之有！」城陷，斬霸。弼至姑臧，屯于西苑。州人王鍾、宋鍾、王娥等密爲內應，候人執其使送之。傉檀欲誅其元首，前軍伊力延侯曰：「今强敵在外，內有姦豎，兵交勢蹙，禍難不輕，宜悉坑之以安內外。」傉檀從之，殺五千餘人，以婦女爲軍賞。命諸郡縣悉驅牛羊於野，斂成縱兵虜掠。傉檀遣其鎭北俱延、鎭軍敬歸等十將率騎分擊，大敗之，斬首七千餘級。姚弼固壘不出，傉檀攻之未克，乃斷水上流，欲以持久斃之。會雨甚，堰壞，弼軍乃振。姚顯聞弼敗，兼道赴之，軍勢甚盛。遣射將孟欽等五人挑戰於涼風門，弦未及發，材官將軍宋益等馳擊斬之。顯乃委罪斂成，遣使謝傉檀，引師而歸。

傉檀於是僭卽涼王位，赦其境內，改年爲嘉平，置百官。立夫人折掘氏爲王后，世子武臺爲太子、〔四〕錄尚書事，左長史趙晁、右長史郭倖爲尚書左右僕射，鎭北俱延爲太尉，鎭軍敬歸爲司隸校尉，自餘封署各有差。

遣其左將軍枯木、駙馬都尉胡康伐沮渠蒙遜，掠臨松人千餘戶而還。蒙遜大怒，率騎五千至于顯美方亭，破車蓋鮮卑而還。俱延又伐蒙遜，大敗而歸。傉檀將親率衆伐蒙遜，趙晁及太史令景保諫曰：「今太白未出，歲星在西，宜以自守，難以伐人。比年天文錯亂，風霧不時，唯修德責躬可以寧吉。」傉檀曰：「蒙遜往年無狀，入我封畿，掠我邊疆，殘我禾稼。

吾蓄力待時，將報東門之恥。今大軍已集，卿欲沮衆邪？」保曰：「陛下不以臣不肖，使臣主察乾象，若見事不言，非爲臣之體。天文顯然，動必無利。」傉檀曰：「吾以輕騎五萬伐之，蒙遜若以騎兵距我，則衆寡不敵；兼步而來，則舒疾不同；救右則擊其左，赴前則攻其後，終不與之交兵接戰，卿何懼乎？」保曰：「天文不虛，必將有變。」傉檀怒，鎖保而行，曰：「有功當殺汝以徇，無功封汝百戶侯。」既而蒙遜率衆來距，戰于窮泉，傉檀大敗，單馬奔還。景保爲蒙遜所擒，讓之曰：「卿明於天文，爲彼國所任，違天犯順，智安在乎？」保曰：「臣匪爲無智，但言而不從。」蒙遜曰：「昔漢祖困于平城，以婁敬爲功；袁紹敗于官渡，而田豐爲戮。卿策同二子，貴主未可量也。卿必有婁敬之賞者，吾今放卿，但恐有田豐之禍耳。」保曰：「寡君雖才非漢祖，猶不同本初，正可不得封侯，豈慮禍也。」蒙遜乃免之。至姑臧，傉檀謝之曰：「卿，孤之蓍龜也，而不能從之，孤之深罪。」封保安亭侯。

蒙遜進圍姑臧，百姓懲東苑之戮，悉皆驚散。疊掘、麥田、車蓋諸部盡降于蒙遜。傉檀遣使請和，蒙遜許之，乃遣司隸校尉敬歸及子他爲質，歸至胡坑，逃還，他爲追兵所執。蒙遜徙其衆八千餘戶而歸。右衛折掘奇鎮據石驢山以叛。傉檀懼爲蒙遜所滅，又慮奇鎮克嶺南，乃遷于樂都，留大司農成公緒守姑臧。傉檀始出城，焦諶、王侯等閉門作難，〔五〕收合三千餘家，保據南城。諶推焦朗爲大都督、龍驤大將軍，諶爲涼州刺史，降于蒙遜。鎮軍敬歸討奇鎭於石驢山，戰敗，死之。

蒙遜因克姑臧之威來伐，傉檀遣其安北段苟、左將軍雲連乘虛出番禾以襲其後，徙三千餘家於西平。蒙遜圍樂都，三旬不克，遣使謂傉檀曰：「若以寵子爲質，我當還師。」傉檀曰：「去否任卿兵勢。卿違盟無信，何質以供！」蒙遜怒，築室返耕，爲持久之計。羣臣固請，乃以子安周爲質，蒙遜引歸。

吐谷渾樹洛干率衆來伐，傉檀遣其太子武臺距之，爲洛干所敗。

傉檀又將伐蒙遜，邯川護軍孟愷諫曰：「蒙遜初幷姑臧，凶勢甚盛，宜固守伺隙，不可妄動。」不從。五道俱進，至番禾、茗䕡，掠五千餘戶。其將屈右進曰：「陛下轉戰千里，前無完陣，徙戶資財，盈溢衢路，宜倍道旋師，早度峻險。蒙遜善於用兵，士衆習戰，若輕軍卒至，出吾慮表，大敵外逼，徙戶內攻，危之道也。」衞尉伊力延曰：「我軍勢方盛，將士勇氣自倍，彼徒我騎，勢不相及，若倍道旋師，必捐棄資財，示人以弱，非計也。」屈右出而告其諸弟曰：「吾言不用，天命也。此吾兄弟死地。」俄而昏霧風雨，蒙遜軍大至，傉檀敗績而還。蒙遜進圍樂都，傉檀嬰城固守，以子染干爲質，蒙遜乃歸。久之，遣安西紇勃耀兵西境。蒙遜侵西平，徙戶掠牛馬而還。

邯川護軍孟愷表鎭南、湟河太守文支荒酒愎諫，不卹政事。傉檀謂伊力延曰：「今州土傾覆，所杖者文支而已，將若之何？」延曰：「宜召而訓之，使改往修來。」傉檀乃召文支，既到，讓之曰：「二兄英姿早世，吾以不才嗣統，不能負荷大業，顚狽如是，胡顏視世，雖存若隕。庶憑子鮮存衞，藉文種復吳，卿之謂也。聞卿唯酒是耽，荒廢庶事。吾年已老，卿復若斯，祖宗之業將誰寄也？」文支頓首陳謝。

邯川人衞章等謀殺孟愷，南啓乞伏熾磐。郭越止之曰：「孟君寬以惠下，何罪而殺之！吾寧違衆而死，不負君以生。」乃密告之愷，誘章等飲酒，殺四十餘人。愷懼熾磐軍之至，馳告文支，文支遣將軍匹珍赴之。熾磐軍到城，聞珍將至，引歸。

蒙遜又攻樂都，二旬不克而還。鎭南文支以湟河降蒙遜，徙五千餘戶于姑臧。蒙遜又來伐，傉檀以太尉俱延爲質，蒙遜乃引還。

傉檀議欲西征乙弗，孟愷諫曰：「連年不收，上下飢弊，南逼熾磐，北迫蒙遜，百姓騷動，下不安業。今遠征雖克，後患必深，不如結盟熾磐，通糴濟難，慰喩雜部，以廣軍資，畜力繕兵，相時而動。易曰：『其亡其亡，繫於苞桑。』惟陛下圖之。」傉檀曰：「孤將略地，卿無沮衆。」謂其太子武臺曰：「今不種多年，內外俱窘，事宜西行，以拯此弊。蒙遜近去，不能卒來，旦夕所慮，唯在熾磐。彼名微衆寡，易以討禦，吾不過一月，自足周旋。汝謹守樂都，無使失墜。」傉檀乃率騎七千襲乙弗，大破之，獲牛馬羊四十餘萬。

熾磐乘虛來襲，撫軍從事中郎尉肅言於武臺曰：「今外城廣大，難以固守，宜聚國人於內城，肅等率諸晉人距戰於外，如或不捷，猶有萬全。」武臺曰：「小賊蕞爾，旦夕當走，卿何慮之過也。」武臺懼晉人有二心也，乃召豪望有勇謀者閉之於內。孟愷泣曰：「熾磐不道，人神同憤。愷等進則荷恩重遷，退顧妻子之累，豈有二乎！今事已急矣，人思自效，有何猜邪？」武臺曰：「吾豈不知子忠，實懼餘人脫生慮表，以君等安之耳。」一旬而城潰。

安西樊尼自西平奔告傉檀，傉檀謂衆曰：「今樂都爲熾磐所陷，男夫盡殺，婦女賞軍，雖欲歸還，無所赴也。卿等能與吾藉乙弗之資，取契汗以贖妻子者，是所望也。不爾，歸熾磐便爲奴僕矣，豈忍見妻子在他懷抱中！」〔六〕遂引師而西，衆多逃返，遣鎮北段苟追之，苟亦不還。於是將士皆散，惟中軍紇勃、後軍洛肱、安西樊尼、散騎侍郎陰利鹿在焉。傉檀曰：「蒙遜、熾磐昔皆委質於吾，今而歸之，不亦鄙哉！四海之廣，匹夫無所容其身，何其痛也！蒙遜與吾名齊年比，熾磐姻好少年，俱其所忌，勢皆不濟。與其聚而同死，不如分而或全。樊尼長兄之子，宗部所寄，吾衆在北者戶垂一萬，〔七〕蒙遜方招懷遐邇，存亡繼絕，汝其西也。紇勃、洛肱亦與尼俱。吾年老矣，所適不容，寧見妻子而死！」遂歸熾磐，唯陰利鹿隨之。傉檀謂利鹿曰：「去危就安，人之常也。吾親屬皆散，卿何獨留？」利鹿曰：「臣老母在家，方寸實亂。但忠孝之義，勢不俱全。雖不能西哭沮渠，申包胥之誠；東感秦援，展毛遂之操，負羈靮而待陛下者，臣之分也。惟願開弘遠猷，審進止之算。」傉檀歎曰：「知人固未易，人亦未易知。大臣親戚皆棄我去，終始不虧者，唯卿一人。歲寒不凋，見之於卿。」傉檀至西平，熾磐遣使郊迎，待以上賓之禮。

初，樂都之潰也，諸城皆降于熾磐，傉檀將尉賢政固守浩亹不下。熾磐呼之曰：「樂都已潰，卿妻子皆在吾間，孤城獨守，何所爲也！」賢政曰：「受涼王厚恩，爲國家藩屛，雖知樂都已陷，妻子爲擒，先歸獲賞，後順受誅，然不知主上存亡，未敢歸命。妻子小事，豈足動懷！昔羅憲待命，晉文亮之；文聘後來，魏武不責。邀一時之榮，忘委付之重，竊用恥焉，大王亦安用之哉！」熾磐乃遣武臺手書喻政，政曰：「汝爲國儲，不能盡節，面縛於人，棄父負君，虧萬世之業，賢政義士，豈如汝乎！」既而聞傉檀至左南，乃降。

熾磐以傉檀爲驃騎大將軍，封左南公。歲餘，爲熾磐所鴆。左右勸傉檀解藥，傉檀曰：「吾病豈宜療邪！」遂死，時年五十一，在位十三年，僞謚景王。武臺後亦爲熾磐所殺。傉檀少子保周、臘于破羌、〔八〕俱延子覆龍、鹿孤孫副周、烏孤孫承鉢皆奔沮渠蒙遜。久之，歸魏，魏以保周爲張掖王，覆龍酒泉公，破羌西平公，副周永平公，承鉢昌松公。

烏孤以安帝隆安元年僭立，至傉檀三世，凡十九年，〔九〕以安帝義熙十年滅。

史臣曰：禿髮累葉酋豪，擅强邊服，控弦玉塞，躍馬金山，候滿月而窺兵，乘折膠而縱鏑，禮容弗被，聲敎斯阻。烏孤納苻渾之策，治兵以討不賓；鹿孤從史暠之言，建學而延胄子。遂能開疆河右，抗衡强國。道由人弘，抑此之謂！傉檀承累捷之銳，藉二昆之資，摧呂氏算無遺策，取姑臧兵不血刃，武略雄圖，比蹤前烈。既而叨竊重位，盈滿易期，窮兵以逞其心，縱慝自貽其弊，地奪於蒙遜，勢屻於赫連，覆國喪身，猶爲幸也。昔宋殤好戰，致災於華督；楚靈黷武，取殺於乾谿。異代同亡，其於傉檀見之矣。

贊曰：禿髮弟兄，擅雄羣虜。開疆河外，淸氛西土。傉檀傑出，騰鴐時英。窮兵黷武，喪國穨聲。

校勘記

〔一〕後三歲 「後三歲」承上烏孤稱武威王。據安紀及通鑑一一〇稱武威王在隆安二年；而徙樂都，據御覽一二六引南涼錄在太初三年，即隆安三年，則二事相距僅一歲，此云「後三歲」，疑誤。

〔二〕薛翹　斠注：下文利鹿孤載記作「蘇翹」，「蘇」與「薛」必有一誤。按：下云「秦雍之世門」。蘇氏爲武功大族。而薛氏則河東大族，不在秦雍範圍內，疑作「蘇」是。

〔三〕在位三年而死　校文：安帝紀，利鹿孤於隆安三年八月即位，元興元年三月卒，凡四年，非三年。

〔四〕世子武臺爲太子　斠注：通鑑晉紀屢作「虎臺」，蓋亦唐人避諱改作「武」。按：御覽一二六引南涼錄、魏書烏孤傳並作「虎臺」，斠注說是。

〔五〕焦諾王侯等閉門作難　通鑑一一五「焦諾王侯」作「侯諾」。

〔六〕在他懷抱中　殿本作「在他人抱中」。

〔七〕戶垂一萬　各本「一萬」作「二萬」，宋本作「一萬」。通鑑一一六亦作「一萬」，今從宋本。

〔八〕傉檀少子保周臘于破羌　通志一九二「臘」作「獵」。通鑑一一六「臘于破羌」四字作「賀」。按：魏書源賀傳，賀，傉檀子，初名「破羌」。則「破羌」人名。下稱魏封「破羌西平公」，亦可證。「臘于破羌」不可解，通志改「臘」作「獵」，則以爲地名，實誤。疑「保周」下文有譌脫，「于」乃「子」字之譌。

〔九〕凡十九年　御覽一二六引南涼錄云：「自烏孤太初九年歲在丁酉至檀薨之歲甲寅十有八載。」斠注：隆安元年丁酉至義熙十年甲寅實十八年也，崔氏不誤，載記誤多一年。按：通志一九二亦作「十八年」，此處「九」字當是「八」之譌。

晉書卷一百二十七

載記第二十七

慕容德

慕容德字玄明，皝之少子也。母公孫氏夢日入臍中，晝寢而生德。年未弱冠，身長八尺二寸，姿貌雄偉，額有日角偃月重文。博觀羣書，性清愼，多才藝。慕容儁之僭立也，封爲梁公，歷幽州刺史、左衞將軍。及暐嗣位，改封范陽王，稍遷魏尹，加散騎常侍。俄而苻堅將苻雙據陜以叛，堅將苻柳起兵枹罕，將應之。德勸暐乘釁討堅，辭旨慷慨，識者言其有遠略。暐竟不能用。德兄垂甚壯之，因共論軍國大謀，言必切至。垂謂之曰：「汝器識長進，非復吳下阿蒙也。」枋頭之役，德以征南將軍與垂擊敗晉師。及垂奔苻堅，德坐免職。後遇暐敗，徙于長安，苻堅以爲張掖太守，數歲免歸。

及堅以兵臨江，拜德爲奮威將軍。堅之敗也，堅與張夫人相失，慕容暐將護致之，德正色謂暐曰：「昔楚莊滅陳，納巫臣之諫而棄夏姬。此不祥之人，惑亂人主，戎事不邇女器，秦之敗師當由於此。宜掩目而過，奈何將衞之也！」暐不從，德馳馬而去之。還次滎陽，言於暐曰：「昔句踐棲於會稽，終獲吳國。聖人相時而動，百舉百全。天將悔禍，故使秦師喪敗，宜乘其弊以復社稷。」暐不納。乃從垂如鄴。

及垂稱燕王，以德爲車騎大將軍，復封范陽王，居中鎮衞，參斷政事。久之，遷司徒。于時慕容永據長子，有衆十萬，垂議討之。羣臣咸以爲疑，德進曰：「昔三祖積德，遺訥在耳，〔一〕故陛下龍飛，不謀而會，雖由聖武，亦緣舊愛，燕趙之士樂爲燕臣也。今永既建僞號，扇動華戎，致令羣豎從横，逐鹿不息，宜先除之，以一衆聽。昔光武馳蘇茂之難，不顧百官之疲，夫豈不仁？機急故也。兵法有不得已而用之，陛下容得已乎！」垂笑謂其黨曰：「司徒議與吾同。二人同心，其利斷金，吾計決矣。」遂從之。垂臨終，敕其子寶以鄴城委德。寶既嗣位，以德爲使持節、都督冀兗青徐荆豫六州諸軍事、特進、車騎大將軍、冀州牧，領南蠻校尉，鎮鄴，罷留臺，以都督專總南夏。

魏將拓拔章攻鄴，〔二〕德遣南安王慕容青等夜擊，敗之。魏師退次新城，青等請擊之。別駕韓諄進曰：「古人先決勝廟堂，然後攻戰。今魏不可擊者四，燕不宜動者三。魏懸軍遠入，利在野戰，一不可擊也。深入近畿，頓兵死地，二不可擊也。前鋒既敗，後陣方固，三不可擊也。彼衆我寡，四不可擊也。官軍自戰其地，一不宜動。動而不勝，衆心難固，二不宜動。城郭未修，敵來無備，三不宜動。此皆兵家所忌，不如深溝高壘，以逸待勞。彼千里餽糧，野無所掠，久則三軍靡資，攻則衆旅多斃，師老釁生，詳而圖之，可以捷矣。」德曰：「韓𧾷駕之言，良、平之策也。」於是召靑還師。魏又遣遼西公賀賴盧率騎與章圍鄴，德遣其參軍劉藻請救於姚興，且參母兄之問，而興師不至，衆大懼。德於是親饗戰士，厚加撫接，人感其恩，皆樂爲致死。會章、盧內相乖爭，各引軍潛遁。章司馬丁建率衆來降，言章師老，可以敗之。德遣將追破章軍，人心始固。

時魏師入中山，慕容寶出奔于薊，慕容詳又僭號。會劉藻自姚興而至，與太史令高魯遣其甥王景暉隨藻送玉璽一紐，幷圖讖祕文，曰「有德者昌，無德者亡。德受天命，柔而復剛」。又有謠曰：「大風蓬勃揚塵埃，八井三刀卒起來。四海鼎沸中山潰，惟有德人據三臺。」於是德之羣臣議以慕容詳僭號中山，魏師盛于冀州，未審寶之存亡，因勸德即尊號。德不從。會慕容達自龍城奔鄴，稱寶猶存，羣議乃止。尋而寶以德爲丞相，領冀州牧，承制南夏。

德兄子麟自義臺奔鄴，因說德曰：「中山旣沒，魏必乘勝攻鄴，雖糧儲素積，而城大難固，且人情沮動，不可以戰。及魏軍未至，擁衆南渡，就魯陽王和，據滑臺而聚兵積穀，伺隙而動，計之上也。魏雖拔中山，勢不久留，不過驅掠而返。人不樂從，理自生變，然後振威以援之，魏則內外受敵，使戀舊之士有所依憑，廣開恩信，招集遺黎，可一舉而取之。」先是，慕容和亦勸德南徙，於是許之。隆安二年，乃率戶四萬、車二萬七千乘，自鄴將徙于滑臺。遇風，船沒，魏軍垂至，衆懼，議欲退保黎陽。其夕流澌凍合，是夜濟師，旦，魏師至而冰泮，若有神焉。遂改黎陽津爲天橋津。及至滑臺，景星見于尾箕。漳水得白玉，狀若璽。於是德依燕元故事，稱元年，大赦境內殊死已下，置百官。以慕容麟爲司空、領尚書令，慕容法爲中軍將軍，慕輿拔爲尚書左僕射，丁通爲尚書右僕射，自餘封授各有差。初，河間有麟見，慕容麟以爲己瑞。及此，潛謀爲亂，事覺，賜死。其夏，魏將賀賴盧率衆附之。

至是，慕容寶自龍城南奔至黎陽，遣其中黄門令趙思召慕容鍾來迎。鍾本首議勸德稱尊號，聞而惡之，執思付獄，馳使白狀。德謂其下曰：「卿等前以社稷大計，勸吾攝政。吾亦以嗣帝奔亡，人神曠主，故權順羣議，以繫衆望。今天方悔禍，嗣帝得還，吾將具駕奉迎，謝罪行闕，然後角巾私第，卿等以爲何如？」其黄門侍郎張華進曰：「夫爭奪之世，非雄才不振；從橫之時，豈懦夫能濟！陛下若蹈匹婦之仁，捨天授之業，威權一去，則身首不保，何退讓之有乎！」德曰：「吾以古人逆取順守，其道未足，所以中路徘徊，悵然未決耳。」慕輿護請馳問寶虛實，德流涕而遣之。乃率壯士數百，隨思而北，因謀殺寶。初，寶遣思之後，知德攝位，懼而北奔。護至無所見，執思而還。德以思閑習典故，將任之。思曰：「昔關羽見重曹公，猶不忘先主之恩。思雖刑餘賤隸，荷國寵靈，犬馬有心，而況人乎！乞還就上，以明微節。」德固留之，思怒曰：「周室衰微，晉鄭夾輔；漢有七國之難，實賴梁王。殿下親則叔父，位則上台，不能率先羣后以匡王室，而幸根本之傾爲趙倫之事。思雖無申胥哭秦之效，猶慕君賓不生莽世。」德怒，斬之。

晉南陽太守閭丘羨、寧朔將軍鄧啓方率衆二萬來伐，師次管城。德遣其中軍慕容法、撫軍慕容和等距之，王師敗績。德怒法不窮追晉師，斬其撫軍司馬靳瓌。

初，苻登既爲姚興所滅，登弟廣率部落降於德，拜冠軍將軍，處之乞活堡。會熒惑守東井，或言秦當復興者，廣乃自稱秦王，敗德將慕容鍾。時德始都滑臺，介于晉魏之間，地無十城，衆不過數萬。及鍾喪師，反側之徒多歸于廣。德乃留慕容和守滑臺，親率衆討廣，斬之。

初，寶之至黎陽也，和長史李辯勸和納之，和不從。辯懼謀洩，乃引晉軍至管城，冀德親率師，於後作亂。會德不出，愈不自安。及德此行也，辯又勸和反，和不從。辯怒，殺和，以滑臺降于魏。時將士家悉在城內，德將攻之，韓範言於德曰：「魏師已入城，據國成資，客主之勢，翻然復異，人情既危，不可以戰。宜先據一方，爲關中之基，然後畜力而圖之，計之上也。」德乃止。德右衞將軍慕容雲斬李辯，率將士家累二萬餘人而出，三軍慶悅。德謀於衆曰：「苻廣雖平，而撫軍失據，進有强敵，退無所託，計將安出？」張華進曰：「彭城阻帶山川，楚之舊都，地嶮人殷，可攻而據之，以爲基本。」慕容鍾、慕輿護、封逞、韓諄等固勸攻滑臺，潘聰曰：「滑臺四通八達，非帝王之居。且北通大魏，西接强秦，此二國者，未可以高枕而待之。彭城土曠人稀，地平無嶮，晉之舊鎮，必距王師。又密邇江淮，水路通浚，秋夏霖潦，千里爲湖。且水戰國之所短，吳之所長，今雖克之，非久安之計也。青齊沃壤，號曰『東秦』，土方二千，戶餘十萬，四塞之固，負海之饒，可謂用武之國。三齊英傑，蓄志以待，孰不思得明主以立尺寸之功！廣固者，曹嶷之所營，山川阻峻，足爲帝王之都。宜遣辯士馳說于前，大兵繼進于後。辟閭渾昔負國恩，必翻然向化。如其守迷不順，大軍臨之，自然瓦解。既據之後，閉關養銳，伺隙而動，此亦二漢之有關中、河內也。」德猶豫未決。沙門朗公素知占候，德因訪其所適。朗曰：「敬覽三策，潘尚書之議可謂興邦之術矣。今歲初，長星起於奎婁，遂掃虛危，而虛危，齊之分野，除舊布新之象。宜先定舊魯，巡撫琅邪，待秋風戒節，然後北轉臨齊，天之道也。」德大悅，引師而南，兗州北鄙諸縣悉降，置守宰以撫之。存問高年，軍無私掠，百姓安之，牛酒屬路。

德遣使喻齊郡太守辟閭渾，渾不從，遣慕容鍾率步騎二萬擊之。德進據琅邪，徐兗之士附者十餘萬，自琅邪而北，迎者四萬餘人。德進寇莒城，守將任安委城而遁，以潘聰鎮莒城。鍾傳檄青州諸郡曰：「隆替有時，義列昔經；困難啓聖，事彰中籙。是以宣王龍飛於危周，光武鳳起於絕漢，斯蓋曆數大期，帝王之興廢也。自我永康多難，長鯨逸網，華夏四分，黎元五裂。逆賊辟閭渾父蔚，昔同段龕阻亂淄川，太宰東征，勦絕凶命。渾於覆巢之下，蒙全卵之施，曾微犬馬識養之心，復襲凶父樂禍之志，盜據東秦，遠附吳越，割剝黎元，委輸南海。皇上應期，大命再集，矜彼營丘，暫阻王略，故以七州之衆二十餘萬，巡省岱宗，問罪齊魯。昔韓信以裨將伐齊，有征無戰；耿弇以偏軍討步，克不移朔。況以萬乘之師，掃一隅之寇，傾山碎卵，方之非易。孤以不才，忝荷先驅，都督元戎一十二萬，皆烏丸突騎，三河猛士，奮劍與夕火爭光，揮戈與秋月競色。以此攻城，何城不克；以此衆戰，何敵不平！昔竇融以河西歸漢，榮被於後裔；彭寵盜逆漁陽，身死於奴僕。近則曹嶷跋扈，見擒於後趙；段龕干紀，取滅於前朝。此非古今之吉凶，已然之成敗乎？渾若先迷後悟，榮寵有加。如其敢抗王師，敗滅必無遺燼。稷下之雄，岱北之士，有能斬送渾者，賞同佐命。脫履機不發，必玉石俱摧。」渾聞德軍將至，徙八千餘家入廣固。諸郡皆承檄降于德。渾懼，將妻子奔于魏。德遣射聲校尉劉綱追斬於莒城。渾參軍張瑛常與渾作檄，辭多不遜。及此，德擒而讓之。瑛神色自若，徐對曰：「渾之有臣，猶韓信之有蒯通。通遇漢祖而蒙恕，臣遭陛下而嬰戮，比之古人，竊爲不幸。防風之誅，臣實甘之，但恐堯舜之化未弘於四海耳。」德初善其言，後竟殺之。德遂入廣固。

四年，僭卽皇帝位于南郊，〔三〕大赦，改元爲建平。設行廟於宮南，遣使奉策告成焉。進慕容鍾爲司徒，慕輿拔爲司空，封孚爲左僕射，慕輿護爲右僕射。遣其度支尚書封愷、中書侍郎封逞觀省風俗，所在大饗將士。以其妻段氏爲皇后。建立學官，簡公卿已下子弟及二品士門二百人爲太學生。

後因讌其羣臣，酒酣，笑而言曰：「朕雖寡薄，恭己南面而朝諸侯，在上不驕，夕惕於位，可方自古何等主也？」其青州刺史鞠仲曰：「陛下中興之聖后，少康、光武之儔也。」德顧命左右賜仲帛千匹。仲以賜多爲讓，德曰：「卿知調朕，朕不知調卿乎！卿飾對非實，故亦以虛言相賞。賞不謬加，何足謝也！」韓範進曰：「臣聞天子無戲言，忠臣無妄對。今日之論，上下相欺，可謂君臣俱失。」德大悅，賜範絹五十匹。自是昌言競進，朝多直士矣。

德母兄先在長安，遣平原人杜弘如長安問存否。弘曰：「臣至長安，若不奉太后動止，便卽西如張掖，以死爲效。臣父雄年踰六十，未沾榮貴，乞本縣之祿，以申烏鳥之情。」張華進曰：「杜弘未行而求祿，要利情深，不可使也。」德曰：「吾方散所輕之財，招所重之死，況爲親尊而可吝乎！且弘爲君迎親，爲父求祿，雖外如要利，內實忠孝。」乃以雄爲平原令。弘至張掖，爲盜所殺，德聞而悲之，厚撫其妻子。

明年，德如齊城，登營丘，望晏嬰冢，顧謂左右曰：「禮，大夫不逼城葬。平仲古之賢人，達禮者也，而生居近市，死葬近城，豈有意乎？」青州秀才晏謨對曰：「孔子稱臣先人平仲賢，則賢矣。豈不知高其梁，豐其禮？蓋政在家門，故儉以矯世。存居湫隘，卒豈擇地而葬乎！所以不遠門者，猶冀悟平生意也。」遂以謨從至漢城陽景王廟，讌庶老于申池，北登社首山，東望鼎足，因目牛山而歎曰：「古無不死！」愴然有終焉之志。遂問謨以齊之山川丘陵，賢哲舊事。謨歷對詳辯，畫地成圖。德深嘉之，拜尚書郎。立冶於商山，置鹽官于烏常澤，以廣軍國之用。

德故吏趙融自長安來，始具母兄凶問。德號慟吐血，因而寢疾。其司隸校尉慕容達因此謀反，遣牙門皇璆率衆攻端門，殿中師侯赤眉開門應之。〔四〕中黃門孫進扶德踰城，隱於進舍。段宏等聞宮中有變，勒兵屯四門。德入宮，誅赤眉等，達懼而奔魏。慕容法及魏師戰于濟北之摽榆谷，魏師敗績。

其尚書韓諄上疏曰：「二寇逋誅，國恥未雪，關西爲豺狼之藪，揚越爲鴟鴞之林，三京社稷，鞠爲丘墟，四祖園陵，蕪而不守，豈非義夫憤歎之日，烈士忘身之秋。而皇室多難，威略未振，是使長蛇弗翦，封豕假息。人懷憤慨，常謂一日之安不可以永久，終朝之逸無卒歲之憂。陛下中興大業，務在遵養，矜遷萌之失土，假長復而不役，愍黎庶之息肩，貴因循而不擾。斯可以保寧于營丘，難以經措于秦越。今羣凶僭逆，實繁有徒，據我三方，伺國瑕釁。深宜審量虛實，大校成敗，養兵厲甲，廣農積糧，進爲雪恥討寇之資，退爲山河萬全之固。而百姓因秦晉之弊，迭相蔭冒，或百室合戶，或千丁共籍，依託城社，不懼燻燒，公避課役，擅爲姦宄，損風毀憲，法所不容。但檢令未宣，弗可加戮。今宜隱實黎萌，正其編貫，庶上增皇朝理物之明，下益軍國兵資之用。若蒙採納，冀裨山海，雖遇商鞅之刑，悅綰之害，所不辭也。」德納之，遣其車騎將軍慕容鎮率騎三千，緣邊嚴防，備百姓逃竄。以韙爲使持節、散騎常侍、行臺尚書，巡郡縣隱實，得蔭戶五萬八千。韙公廉正直，所在野次，人不擾焉。

德大集諸生，親臨策試。既而饗宴，乘高遠矚，顧謂其尚書魯邃曰：「齊魯固多君子，當昔全盛之時，接、慎、巴生、〔五〕淳于、鄒、田之徒，蔭修檐，臨清沼，馳朱輪，佩長劍，恣非馬之雄辭，〔六〕奮談天之逸辯，指麾則紅紫成章，俛仰則丘陵生韵。至於今日，荒草穢墳，氣消煙滅，永言千載，能不依然！」邃答曰：「武王封比干之墓，漢祖祭信陵之墳，皆留心賢哲，每懷往事。陛下慈深二主，澤被九泉，若使彼而有知，寧不銜荷矣。」

先是，妖賊王始聚衆于太山，自稱太平皇帝，號其父爲太上皇，兄爲征東將軍，弟征西將軍。慕容鎮討擒之，斬於都市。臨刑，或問其父及兄弟所在，始答曰：「太上皇帝蒙塵於外，征東、征西亂兵所害。惟朕一身，獨無聊賴。」其妻怒之曰：「止坐此口，以至於此，奈何復爾！」始曰：「皇后！自古豈有不破之家，不亡之國邪」行刑者以刀鐶築之，仰視曰：「崩即崩矣，終不改帝號。」德聞而哂之。

時桓玄將行篡逆，誅不附己者。冀州刺史劉軌、襄城太守司馬休之、征虜將軍劉敬宣、廣陵相高雅之、江都長張誕並內不自安，皆奔於德。於是德中書侍郎韓範上疏曰：「夫帝王之道，必崇經略。有其時無其人，則弘濟之功闕；有其人無其時，則英武之志不申。至於能成王業者，惟人時合也。自晉國內難，七載于茲。桓玄逆篡，虐踰董卓，神怒人怨，其殃積矣。可乘之機，莫過此也。以陛下之神武，經而緯之，驅樂奮之卒，接厭亂之機，譬猶聲發響應，形動影隨，未足比其易也。且江淮南北戶口未幾，公私戎馬不過數百，守備之事蓋亦微矣。若以步騎一萬，建雷霆之舉，卷甲長驅，指臨江會，必望旗草偃，壺漿屬路。跨地數千，衆踰十萬，可以西幷强秦，北抗大魏。夫欲拓境開疆，保寧社稷，無過今也。如使後機失會，豪桀復起，梟除桓玄，布惟新之化，遐邇既寧，物無異望，非但建鄴難屠，江北亦不可冀。機過患生，憂必至矣。天與不取，悔將及焉。惟陛下覽之。」德曰：「自頃數纏百六，宏綱暫弛，遂令姦逆亂華，舊京墟穢，每尋否運，憤慨兼懷。昔少康以一旅之衆，復夏配天，況朕據三齊之地，藉五州之衆，敎之以軍旅，訓之以禮讓，上下知義，人思自奮，繕甲待釁，爲日久矣。但欲先定中原，掃除逋孽，然後宣布淳風，經理九服，飲馬長江，懸旌隴坂。此志未遂，且韜戈耳。今者之事，王公其詳議之。」咸以桓玄新得志，未可圖，乃止。於是講武於城西，步兵三十七萬，車一萬七千乘，鐵騎五萬三千，周亘山澤，旌旗彌漫，鉦鼓之聲，振動天地。德登高望之，顧謂劉軌、高雅之曰：「昔郤克忿齊，子胥怨楚，終能暢其剛烈，名流千載。卿等旣知投身有道，當使無慚昔人也。」雅之等頓首答曰：「幸蒙陛下天覆之恩，大造之澤，存亡繼絕，實在聖時，雖則萬隕，何以上報！」俄聞桓玄敗，德以慕容鎭爲前鋒，慕容鍾爲大都督，配以步卒二萬，騎五千，剋期將發，而德寢疾，於是罷兵。

初，德迎其兄子超于長安，及是而至。德夜夢其父曰：「汝旣無子，何不早立超爲太子。不爾，惡人生心。」寤而告其妻曰：「先帝神明所敕，觀此夢意，吾將死矣。」乃下書以超爲皇太子，大赦境內，子爲父後者人爵二級。其月死，卽義熙元年也，時年七十。乃夜爲十餘棺，分出四門，潛葬山谷，竟不知其尸之所在。在位五年，〔七〕僞諡獻武皇帝。

校勘記

〔一〕遺詠在耳　各本「詠」作「訓」，宋本作「詠」。「遺詠」與下「舊愛」「樂爲燕臣」相應，今從宋本。

〔二〕魏將拓拔章攻鄴　魏書太祖紀、昭成子孫傳攻鄴主將爲東平公儀，通鑑一〇八從魏書。

〔三〕四年僭卽皇帝位于南郊　校文：安帝紀，德卽帝位在隆安三年，御覽一二六引南燕錄言德建平元年歲在己亥，蓋即隆安三年也。下超傳云「二世，凡十一年，以義熙六年滅」，上推至隆安三年，正合十一年之數。此「四年」蓋「三年」之誤。

〔四〕殿中師　周校：「師」當作「帥」。按：通鑑一一三正作「帥」。周說是。

〔五〕巴生　史記魯仲連傳正義引魯仲連子有齊辯士田巴，疑「巴生」指田巴，故此以名冠生。

〔六〕恣非馬之雄辭　各本「非」作「飛」，殿本作「非」，通志一九二亦作「非」，今從殿本。

〔七〕在位五年　德即帝位在隆安三年，至義熙元年死，凡七年，即如上文以德即位在隆安四年，亦應作「六年」。

晉書卷一百二十八

載記第二十八

慕容超 慕容鍾 封孚

慕容超字祖明，德兄北海王納之子。苻堅破鄴，以納爲廣武太守，數歲去官，家于張掖。德之南征，留金刀而去。及垂起兵山東，苻昌收納及德諸子，皆誅之，納母公孫氏以耄獲免，納妻段氏方娠，未決，囚之于郡獄。獄掾呼延平，德之故吏也，嘗有死罪，德免之。至是，將公孫及段氏逃于羌中，而生超焉。年十歲而公孫氏卒，臨終授超以金刀，曰：「若天下太平，汝得東歸，可以此刀還汝叔也。」平又將超母子奔于呂光。及呂隆降于姚興，超又隨涼州人徙于長安。超母謂超曰：「吾母子全濟，呼延氏之力。平今雖死，吾欲爲汝納其女以答厚惠。」於是娶之。超自以諸父在東，恐爲姚氏所錄，乃陽狂行乞。秦人賤之，惟姚紹見而異焉，勸興拘以爵位。召見與語，超深自晦匿，興大鄙之，謂紹曰：「諺云『妍皮不裹癡骨』，妄語耳。」由是得去來無禁。德遣使迎之，超不告母妻乃歸。及至廣固，呈以金刀，具宣祖母臨終之言，德撫之號慟。

超身長八尺，腰帶九圍，精彩秀發，容止可觀。德甚加禮遇，始名之曰超，封北海王，拜侍中、驃騎大將軍、司隸校尉，開府，置佐吏。德無子，欲以超爲嗣，故爲超起第於萬春門內，朝夕觀之。超亦深達德旨，入則盡歡承奉，出則傾身下士，於是內外稱美焉。頃之，立爲太子。

及德死，以義熙元年僭嗣僞位，大赦境內，改元曰太上。尊德妻段氏爲皇太后。以慕容鍾都督中外諸軍、錄尚書事，慕容法爲征南、都督徐兗揚南兗四州諸軍事，慕容鎮加開府儀同三司、尚書令，封孚爲太尉，鞠仲爲司空，〔一〕潘聰爲左光祿大夫，封嵩爲尚書左僕射，自餘封拜各有差。後又以鍾爲青州牧，段宏爲徐州刺史，公孫五樓爲武衞將軍、領屯騎校尉，內參政事。封孚言於超曰：「臣聞五大不在邊，五細不在庭。鍾，國之宗臣，社稷所賴；宏，外戚懿望，親賢具瞻。正應參翼百揆，不宜遠鎮方外。今鍾等出藩，五樓內輔，臣竊未安。」超新即位，害鍾等權逼，以問五樓。五樓欲專斷朝政，不欲鍾等在內，屢有間言，孚說竟不行。鍾、宏俱有不平之色，相謂曰：「黃犬之皮恐當終補狐裘也。」五樓聞之，嫌隙漸遘。

初，超自長安行至梁父，慕容法時爲兗州，鎮南長史悅壽還謂法曰：「向見北海王子，天資弘雅，神爽高邁，始知天族多奇，玉林皆寶。」法曰：「昔成方遂詐稱衞太子，人莫辯之，此復天族乎？」超聞而恚恨，形于言色。法亦怒，處之外館，由是結憾。及德死，法又不奔喪，超遣使讓焉。法常懼禍至，因此遂與慕容鍾、段宏等謀反。超知而徵之，鍾稱疾不赴，於是收其黨侍中慕容統、右衞慕容根、散騎常侍段封誅之，車裂僕射封嵩於東門之外。西中郎將封融奔于魏。

超尋遣慕容鎮等攻青州，慕容昱等攻徐州，慕容凝、韓範攻梁父。昱等攻莒城，拔之，徐州刺史段宏奔于魏。封融又集羣盜襲石塞城，殺鎮西大將軍餘鬱，青土振恐，人懷異議。慕容凝謀殺韓範，將襲廣固。範知而攻之，凝奔梁父。範幷其衆，攻梁父克之，凝奔姚興，慕容法出奔于魏。慕容鎮克青州，鍾殺其妻子，爲地道而出，單馬奔姚興。

于時超不恤政事，畋游是好，百姓苦之。其僕射韓諱切諫，不納。超議復肉刑、九等之選，乃下書於境內曰：「陽九數纏，永康多難。自北都傾陷，典章淪滅，律令法憲，靡有存者。綱理天下，此焉爲本，既不能導之以德，必須齊之以刑。且虞舜大聖，猶命咎繇作士，刑之不可已已也如是！先帝季興，大業草創，兵革尚繁，未遑修制。朕猥以不德，嗣承大統，撫御寡方，致蕭牆釁發，遂戎馬生郊，典儀寢廢。今四境無虞，所宜修定，尚書可召集公卿。至如不忠不孝若封嵩之輩，梟斬不足以痛之，宜致烹轘之法，亦可附之律條，納以大辟之科。

肉刑者，乃先聖之經，不刊之典，漢文易之，輕重乖度。今犯罪彌多，死者稍衆。肉刑之于化也，濟育既廣，懲慘尤深，光壽、建興中二祖已議復之，未及而晏駕。其令博士已上參考舊事，依呂刑及漢、魏、晉律令，消息增損，議成燕律。五刑之屬三千，而罪莫大于不孝。孔子曰：『非聖人者無法，非孝者無親，此大亂之道也。』轘裂之刑，烹煮之戮，雖不在五品之例，然亦行之自古。渠彌之轘，著之春秋；哀公之亨，爰自中代。世宗都齊，亦愍刑罰失中，咨嗟寢食。王者之有刑糾，猶人之左右手焉。故孔子曰：『刑罰不中，則人無所措手足。』是以蕭何定法令而受封，叔孫通以制儀爲奉常。立功立事，古之所重。其明議損益，以成一代準式。周漢有貢士之條，魏立九品之選，二者孰愈，亦可詳聞。」羣下議多不同，乃止。

超母妻既先在長安，爲姚興所拘，責超稱藩，求太樂諸伎，若不可，使送吳口千人。超下書遣羣臣詳議。左僕射段暉議曰：「太上囚楚，高祖不迴。今陛下嗣守社稷，不宜以私親之故而降統天之尊。又太樂諸伎皆是前世伶人，不可與彼，使移風易俗，宜掠吳口與之。」尚書張華曰：「若侵掠吳邊，必成鄰怨。此既能往，彼亦能來，兵連禍結，非國之福也。昔孫權重黎庶之命，屈己以臣魏；惠施惜愛子之頭，捨志以尊齊。況陛下慈德在秦，方寸崩亂，宜暫降大號，以申至孝之情。權變之道，典謨所許。韓範智能迴物，辯足傾人，昔與姚興俱爲秦太子中舍人，可遣將命，降號修和。所謂屈于一人之下，申于萬人之上也。」超大悅，曰：「張尙書得吾心矣。」使範聘于興。及至長安，興謂範曰：「封愷前來，燕王與朕抗禮。及卿至也，款然而附。爲依春秋以小事大之義？爲當專以孝敬爲母屈也？」範曰：「周爵五等，公侯異品，小大之禮，因而生焉。今陛下命世龍興，光宅西秦，本朝主上承祖宗遺烈，定鼎東齊，中分天曜，南面並帝。通聘結好，義尙謙沖，便至矜誕，苟折行人，殊似吳晉爭盟，滕薛競長，恐傷大秦堂堂之盛，有損皇燕巍巍之美，彼我俱失，竊未安之。」興怒曰：「若如卿言，便是非爲大小而來。」範曰：「雖由大小之義，亦緣寡君純孝過于重華，願陛下體敬親之道，霈然垂愍。」興曰：「吾久不見賈生，自謂過之，今不及矣。」於是爲範設舊交之禮，申敍平生，謂範曰：「燕王在此，朕亦見之，風表乃可，於機辯未也。」範曰：「大辯若訥，聖人美之，況爾日龍潛鳳戢，和光同塵，若使負日月而行，則無繼天之業矣。」興笑曰：「可謂使乎延譽者也。」範承間逞說，姚興大悅，賜範千金，許以超母妻還之。慕容凝自梁父奔于姚興，言于興曰：「燕王稱藩，本非推德，權爲母屈耳。古之帝王尙興師徵質，豈可虛還其母乎！母若一還，必不復臣也。宜先制其送伎，然後歸之。」興意乃變，遣使聘于超。超遣其僕射張華、給事中宗正元入長安，送太樂伎一百二十人于姚興。興大悅，延華入讌。酒酣，樂作，興黃門侍郎尹雅謂華曰：「昔殷之將亡，樂師歸周；今皇秦道盛，燕樂來庭。廢興之兆，見于此矣。」華曰：「自古帝王，爲道不同，權譎之理，會于功成。故老子曰：『將欲取之，必先與之。』

今總章西入，必由余東歸，禍福之驗，此其兆乎！」興怒曰：「昔齊楚競辯，二國連師。卿小國之臣，何敢抗衡朝士！」華遜辭曰：「奉使之始，實願交歡上國，上國旣遺小國之臣，辱及寡君社稷，臣亦何心，而不仰酬！」興善之，于是還超母妻。

義熙三年，〔三〕追尊其父爲穆皇帝，立其母段氏爲皇太后，妻呼延氏爲皇后。祀南郊，將登壇，有獸大如馬，狀類鼠而色赤，集于圓丘之側，俄而不知所在。須臾大風暴起，天地晝昏，其行宮羽儀皆振裂。超懼，密問其太史令成公綏，對曰：「陛下信用姦臣，誅戮賢良，賦斂繁多，事役殷苦所致也。」超懼而大赦，譴責公孫五樓等。俄而復之。是歲廣固地震，天齊水湧，井水溢，女水竭，河濟凍合，而澠水不冰。

超正旦朝羣臣于東陽殿，聞樂作，歎音佾不備，悔送伎于姚興，遂議入寇。其領軍韓諱諫曰：「先帝以舊京傾沒，戢翼三齊，苟時運未可，上智輟謀。今陛下嗣守成規，宜閉關養士，以待賦釁，不可結怨南鄰，廣樹仇隙。」超曰：「我計已定，不與卿言。」于是遣其將斛穀提、公孫歸等率騎寇宿豫，陷之，執陽平太守劉千載、濟陰太守徐阮，大掠而去。簡男女二千五百，付太樂教之。

時公孫五樓爲侍中、尙書，領左衞將軍，專總朝政，兄歸爲冠軍、常山公，叔父穨爲武衞、興樂公。五樓宗親皆夾輔左右，王公內外無不憚之。

超論宿豫之功，封斛穀提等並爲郡、縣公。慕容鎭諫曰：「臣聞懸賞待勳，非功不侯。今公孫歸結禍延兵，殘賊百姓，陛下封之，得無不可乎！夫忠言逆耳，非親不發。臣雖庸朽，忝國戚藩，輒盡愚款，惟陛下圖之。」超怒，不答，自是百僚杜口，莫敢開言。尚書都令史王儼諂事五樓，遷尚書郎，出爲濟南太守，入爲尚書左丞，時人爲之語曰：「欲得侯，事五樓。」

又遣公孫歸等率騎三千入寇濟南，執太守趙元，略男女千餘人而去。劉裕率師將討之，超引見羣臣于東陽殿，議距王師。公孫五樓曰：「吳兵輕果，所利在戰，初鋒勇銳，不可爭也。宜據大峴，使不得入，曠日延時，沮其銳氣。可徐簡精騎二千，循海而南，絕其糧運，別敕段暉率兗州之軍，緣山東下。腹背擊之，上策也。各命守宰，依險自固，校其資儲之外，餘悉焚蕩，芟除粟苗，使敵無所資。堅壁淸野，以待其釁，中策也。縱賊入峴，出城逆戰，下策也。」超曰：「京都殷盛，戶口衆多，非可一時入守。青苗布野，非可卒芟。設使芟苗城守，以全性命，朕所不能。今據五州之强，帶山河之固，戰車萬乘，鐵馬萬羣，縱令過峴，至于平地，徐以精騎踐之，此成擒也。」賀賴盧苦諫，不從，退謂五樓曰：「上不用吾計，亡無日矣。」慕容鎭曰：「若如聖旨，必須平原用馬爲便，宜出峴逆戰，戰而不勝，猶可退守。不宜縱敵入峴，自貽窘逼。昔成安君不守井陘之關，終屈于韓信；諸葛瞻不據束馬之嶮，卒擒于鄧艾。臣以爲天時不如地利，阻守大峴，策之上也。」超不從。鎭出，謂韓諱曰：「主上既不能芟苗守嶮，又不肯徙人逃寇，酷似劉璋矣。今年國滅，吾必死之，卿等中華之士，復爲文身矣。」超聞而大怒，收鎭下獄。乃攝莒、梁父二戍，修城隍，簡士馬，畜銳以待之。

其夏，王師次東莞，超遣其左軍段暉、輔國賀賴盧等六將步騎五萬，進據臨朐。俄而王師度峴，超懼，率卒四萬就暉等于臨朐，謂公孫五樓曰：「宜進據川源，晉軍至而失水，亦不能戰矣。」五樓馳騎據之。劉裕前驅將軍孟龍符已至川源，五樓戰敗而返。裕遣諮議參軍檀韶率銳卒攻破臨朐，超大懼，單騎奔段暉于城南。暉衆又戰敗，裕軍人斬暉。超又奔還廣固，徙郭內人入保小城，使其尚書郎張綱乞師于姚興。赦慕容鎭，進錄尚書、都督中外諸軍事。引見羣臣，謝之曰：「朕嗣奉成業，不能委賢任善，而專固自由，覆水不收，悔將何及！智士逞謀，必在事危，忠臣立節，亦在臨難，諸君其勉思六奇，共濟艱運。」鎭進曰：「百姓之心，係于一人。陛下既躬率六軍，身先奔敗，羣臣解心，士庶喪氣，內外之情，不可復恃。如聞西秦自有內難，恐不暇分兵救人，正當更決一戰，以爭天命。今散卒還者，猶有數萬，可悉出金帛、宮女，餌令一戰。天若相我，足以破賊。如其不濟，死尚爲美，不可閉門坐受圍擊。」司徒慕容惠曰：「不然。今晉軍乘勝，有陵人之氣，敗軍之將，何以禦之！秦雖與勃勃相持，不足爲患。且二國連横，勢成脣齒，今有寇難，秦必救我。但自古乞援，不遣大臣則不致重兵，是以趙隸三請，楚師不出；平原一使，援至從成。尙書令韓範德望具瞻，燕秦所重，宜遣乞援，以濟時艱。」于是遣範與王蒲乞師于姚興。〔三〕

未幾，裕師圍城，四面皆合。人有竊告裕軍曰：「若得張綱爲攻具者，城乃可得耳。」是月，綱自長安歸，遂奔于裕。裕令綱周城大呼曰：「勃勃大破秦軍，無兵相救。」超怒，伏弩射之，乃退。右僕射張華、中丞封愷並爲裕軍所獲。裕令華、愷與超書，勸令早降。超乃遣裕書，請爲藩臣，以大峴爲界，幷獻馬千匹，以通和好，裕弗許。江南繼兵相尋而至。尙書張俊自長安還，又降于裕，說裕曰：「今燕人所以固守者，外杖韓範，冀得秦援。範旣時望，又與姚興舊昵，若勃勃敗後，秦必救燕，宜密信誘範，啗以重利，範來則燕人絕望，自然降矣。」裕從之，表範爲散騎常侍，遺範書以招之。時姚興乃遣其將姚强率步騎一萬，隨範就其將姚紹于洛陽，幷兵來援。會赫連勃勃大破秦軍，興追强還長安。範歎曰：「天其滅燕乎！」會得裕書，遂降于裕。裕謂範曰：「卿欲立申包胥之功，何以虛還也？」範曰：「自亡祖司空世荷燕寵，故泣血秦庭，冀匡禍難。屬西朝多故，丹誠無效，可謂天喪弊邑而賛明公。智者見機而作，敢不至乎！」翌日，裕將範循城，由是人情離駭，無復固志。裕謂範曰：「卿宜至城下，告以禍福。」範曰：「雖蒙殊寵，猶未忍謀燕。」裕嘉而不强。左右勸超誅範家，以止後叛。超知敗在旦夕，又弟諱盡忠無貳，故不罪焉。是歲東萊雨血，廣固城門鬼夜哭。

明年朔旦，超登天門，朝羣臣于城上，殺馬以饗將士，文武皆有遷授。超幸姬魏夫人從超登城，見王師之盛，握超手而相對泣。韓諄諫曰：「陛下遭百六之會，正是勉强之秋，而反對女子悲泣，何其鄙也！」超拭目謝之。其尚書令董鋭勸超出降，〔四〕超大怒，繫之于獄。于是賀賴盧、公孫五樓爲地道出戰王師，不利。河間人玄文說裕曰：「昔趙攻曹嶷，望氣者以爲澠水帶城，非可攻拔，若塞五龍口，城必自陷。石季龍從之，而嶷請降。後慕容恪之圍段龕，亦如之，而龕降。降後無幾，又震開之。今舊基猶在，可塞之。」裕從其言。至是，城中男女患脚弱病者太半。超輦而升城，尚書悅壽言于超曰：「天地不仁，助寇爲虐，戰士尫病，日就凋隕，守困窮城，息望外援，天時人事，亦可知矣。苟曆運有終，堯舜降位，轉禍爲福，聖達以先。宜追許鄭之蹤，以全宗廟之重。」超歎曰：「廢興，命也。吾寧奮劍決死，不能銜璧求生。」於是張綱爲裕造衝車，覆以版屋，蒙之以皮，并設諸奇巧，城上火石弓矢無所施用；又爲飛樓、懸梯、木幔之屬，遙臨城上。超大怒，懸其母而支解之。城中出降者相繼。裕四面進攻，殺傷甚衆，悅壽遂開門以納王師。超與左右數十騎出亡，爲裕軍所執。裕數之以不降之狀，超神色自若，一無所言，惟以母託劉敬宣而已。送建康市斬之，時年二十六，在位六年。

德以安帝隆安四年僭位，至超二世，凡十一年，以義熙六年滅。

慕容鍾字道明，德從弟也。少有識量，喜怒不形于色，機神秀發，言論淸辯。至于臨難對敵，智勇兼濟，累進奇策，德用之頗中。由是政無大小，皆以委之，遂爲佐命元勳。後公孫五樓規挾威權，慮鍾抑己，因勸超誅之，鍾遂謀反。事敗，奔于姚興，興拜始平太守、歸義侯。

封孚字處道，渤海蓨人也。祖悛，振威將軍。父放，慕容暐之世吏部尙書。孚幼而聰敏和裕，有士君子之稱。寶僭位，累遷吏部尙書。及蘭汗之篡，南奔辟閭渾，渾表爲渤海太守。德至莒城，孚出降。德曰：「朕平靑州，不以爲慶，喜于得卿也。」常外總機事，內參密謀，雖位任崇重，謙虛博納，甚有大臣之體。及超嗣位，政出權嬖，多違舊章，軌憲日頹，殘虐滋甚，孚屢盡匡救，超不能納也。後臨軒謂孚曰：「朕于百王可方誰？」孚對曰：「桀紂之主。」超大慚怒。孚徐步而出，不爲改容。司空鞠仲失色，謂孚曰：「與天子言，何其亢厲，宜應還謝。」孚曰：「行年七十，墓木已拱，惟求死所耳。」竟不謝。以超三年死于家，時年七十一。文筆多傳于世。

史臣曰：慕容德以季父之親，居鄴中之重，朝危未聞其節，君存遽踐其位，豈人理哉！然稟傲儻之雄姿，韞從横之遠略，屬分崩之運，成角逐之資，跨有全齊，竊弄神器，撫劍而爭衡秦魏，練甲而志靜荆吳，崇儒術以弘風，延讜言而勵己，觀其爲國，有足稱焉。超繼已成之基，居霸者之業，政刑莫恤，畋游是好，杜忠良而讒佞進，暗聽受而勳戚離，先緒俄積，家聲莫振，陷宿豫而貽禍，啓大峴而延敵，君臣就虜，宗廟爲墟。迹其人謀，非不幸也。

贊曰：德實姦雄，轉敗爲功。奄有青土，淫名域中。超承僞祚，撓其國步。廟失良籌，庭悲霑露。

校勘記

〔一〕鞠仲爲司空　各本「鞠」作「麴」。斠注：元和姓纂南燕有司空鞠仲，則此不當作「麴」。按：慕容德載記正見青州刺史鞠仲，下文封孚傳又見「司空鞠仲」，並作「鞠」，今據改。

〔二〕義熙三年　御覽一二六引南燕錄系追封事在太上四年。超以義熙元年改元太上，則此當在義熙四年。通鑑一一四系於四年，是。

〔三〕王蒲　各本「蒲」作「薄」，宋本作「蒲」，通鑑一一五亦作「蒲」，今從宋本。

〔四〕董銳　通鑑一一五「銳」作「詵」。

晉書卷一百二十九

載記第二十九

沮渠蒙遜

沮渠蒙遜，臨松盧水胡人也。其先世爲匈奴左沮渠，遂以官爲氏焉。蒙遜博涉羣史，頗曉天文，雄傑有英略，滑稽善權變，梁熙、呂光皆奇而憚之，故常游飲自晦。

會伯父羅仇、麴粥從呂光征河南，光前軍大敗，麴粥言于兄羅仇曰：「主上荒耄驕縱，諸子朋黨相傾，讒人側目。今軍敗將死，正是智勇見猜之日，可不懼乎！吾兄弟素爲所憚，與其經死溝瀆，豈若勒衆向西平，出苕藋，奮臂大呼，涼州不足定也。」羅仇曰：「理如汝言，但吾家累世忠孝，爲一方所歸，寧人負我，無我負人。」俄而皆爲光所殺。宗姻諸部會葬者萬餘人，蒙遜哭謂衆曰：「昔漢祚中微，吾之乃祖翼獎竇融，保寧河右。呂王昏耄，荒虐無道，豈可不上繼先祖安時之志，使二父有恨黃泉！」衆咸稱萬歲。遂斬光中田護軍馬遼、臨松令并祥以盟，一旬之間，衆至萬餘。屯據金山，與從兄男成推光建康太守段業爲使持節、大都督、龍驤大將軍、涼州牧、建康公，改呂光龍飛二年爲神璽元年。業以蒙遜爲張掖太守，男成爲輔國將軍，委以軍國之任。

業將使蒙遜攻西郡，衆咸疑之。蒙遜曰：「此郡據嶺之要，不可不取。」業曰：「卿言是也。」遂遣之。蒙遜引水灌城，城潰，執太守呂純以歸。于是王德以晉昌，孟敏以敦煌降業。業封蒙遜臨池侯。呂弘去張掖，將東走，業議欲擊之。蒙遜諫曰：「歸師勿遏，窮寇弗追，此兵家之戒也。不如縱之，以爲後圖。」業曰：「一日縱敵，悔將無及。」遂率衆追之，爲弘所敗。業賴蒙遜而免，歎曰：「孤不能用子房之言，以至于此！」業築西安城，以其將臧莫孩爲太守。蒙遜曰：「莫孩勇而無謀，知進忘退，所謂爲之築冢，非築城也。」業不從。俄而爲呂纂所敗。蒙遜懼業不能容己，每匿智以避之。

業僭稱涼王，以蒙遜爲尙書左丞，梁中庸爲右丞。

呂光遣其二子紹、纂伐業，業請救于禿髮烏孤，烏孤遣其弟鹿孤及楊軌救業。紹以業等軍盛，欲從三門關挾山而東。纂曰：「挾山示弱，取敗之道，不如結陣衝之，彼必憚我而不戰也。」紹乃引軍而南。業將擊之，蒙遜諫曰：「楊軌恃虜騎之强，有窺覦之志。紹、纂兵在死地，必決戰求生。不戰則有太山之安，戰則有累卵之危。」業曰：「卿言是也。」乃按兵不戰。紹亦難之，各引兵歸。

業憚蒙遜雄武，微欲遠之，乃以蒙遜從叔益生爲酒泉太守，蒙遜爲臨池太守。業門下侍郎馬權儁爽有逸氣，武略過人。業以權代蒙遜爲張掖太守，甚見親重，每輕陵蒙遜。蒙遜亦憚而怨之，乃譖之于業曰：「天下不足慮，惟當憂馬權耳。」業遂殺之。蒙遜謂男成曰：「段業愚闇，非濟亂之才，信讒愛佞，無鑒斷之明。所憚惟索嗣、馬權，今皆死矣，蒙遜欲除業以奉兄何如？」男成曰：「業羇旅孤飄，我所建立，有吾兄弟，猶魚之有水。人既親我，背之不祥。」乃止。蒙遜既爲業所憚，內不自安，請爲西安太守。業亦以蒙遜有大志，懼爲朝夕之變，乃許焉。

蒙遜期與男成同祭蘭門山，密遣司馬許咸告業曰：「男成欲謀叛，許以取假日作逆。若求祭蘭門山，臣言驗矣。」至期日，果然。業收男成，令自殺。男成曰：「蒙遜欲謀叛，先已告臣，臣以兄弟之故，隱忍不言。以臣今在，恐部人不從，與臣剋期祭山，返相誣告。臣若朝死，蒙遜必夕發。乞詐言臣死，說臣罪惡，蒙遜必作逆，臣投袂討之，事無不捷。」業不從。蒙遜聞男成死，泣告衆曰：「男成忠于段公，枉見屠害，諸君能爲報仇乎？且州土兵亂，似非業所能濟。吾所以初奉之者，以之爲陳、吳耳，而信讒多忌，枉害忠良，豈可安枕臥觀，使百姓離于塗炭。」男成素有恩信，衆皆憤泣而從之。比至氐池，衆逾一萬。鎮軍臧莫孩率部衆附之，羌胡多起兵響應。蒙遜壁于侯塢。

業先疑其右將軍田昂，幽之于內，至是，謝而赦之，使與武衞梁中庸等攻蒙遜。業將王豐孫言于業曰：「西平諸田，世有反者，昂貌恭而心很，志大而情險，不可信也。」業曰：「吾疑之久矣，但非昂無可以討蒙遜。」豐孫言既不從，昂至侯塢，率騎五百歸于蒙遜。蒙遜至張掖，昂兄子承愛斬關內之，業左右皆散。蒙遜大呼曰：「鎭西何在？」軍人曰：「在此。」業曰：「孤單飄一己，爲貴門所推，可見匃餘命，投身嶺南，庶得東還，與妻子相見。」蒙遜遂斬之。

業，京兆人也。博涉史傳，有尺牘之才，爲杜進記室，從征塞表。儒素長者，無他權略，威禁不行，羣下擅命，尤信卜筮、讖記、巫覡、徵祥，故爲姦佞所誤。

隆安五年，梁中庸、房晷、田昂等推蒙遜爲使持節、大都督、大將軍、涼州牧、張掖公，赦其境內，改元永安。署從兄伏奴爲鎭軍將軍、張掖太守、和平侯，弟挐爲建忠將軍、都谷侯，田昂爲鎭南將軍、西郡太守，臧莫孩爲輔國將軍，房晷、梁中庸爲左右長史，張隲、謝正禮爲左右司馬。擢任賢才，文武咸悅。

時姚興遣將姚碩德攻呂隆于姑臧，蒙遜遣從事中郎李典聘于興，以通和好。蒙遜以呂隆既降于興，酒泉、涼寧二郡叛降李玄盛，乃遣建忠挐、牧府長史張潛見碩德于姑臧，請軍迎接，率郡人東遷。碩德大悅，拜潛張掖太守，挐建康太守。潛勸蒙遜東遷。挐私于蒙遜曰：「呂氏猶存，姑臧未拔，碩德糧竭將還，不能久也。何故違離桑梓，受制于人！」輔國莫孩曰：「建忠之言是也。」蒙遜乃斬張潛，因下書曰：「孤以虛薄，猥忝時運，未能弘闡大猷，戡蕩羣孽，使桃蟲鼓翼東京，封豕烝涉西裔，戎車屢動，干戈未戢，農失三時之業，百姓戶不粒食。可蠲省百徭，專功南畝，明設科條，務盡地利。」

時梁中庸爲西郡太守，西奔李玄盛。蒙遜聞之，笑曰：「吾與中庸義深一體，而不信我，但自負耳，孤豈怪之！」乃盡歸其妻孥。

蒙遜下令曰：「養老乞言，晉文納輿人之誦，所以能招禮英奇，致時邕之美。況孤寡德，智不經遠，而可不思聞讜言以自鏡哉！內外羣僚，其各搜揚賢雋，廣進芻蕘，以匡孤不逮。」遣輔國臧莫孩襲山北虜，大破之。姚興遣將齊難率衆四萬迎呂隆，隆勸難伐蒙遜，難從之。莫孩敗其前軍，難乃結盟而還。

蒙遜伯父中田護軍親信、臨松太守孔篤並驕奢侵害，百姓苦之。蒙遜曰：「亂吾國者，二伯父也，何以綱紀百姓乎！」皆令自殺。

蒙遜襲狄洛磐于番禾，不克，遷其五百餘戶而還。

姚興遣使人梁斐、張構等拜蒙遜鎮西大將軍、沙州刺史、西海侯。時興亦拜禿髮傉檀爲車騎將軍，封廣武公。蒙遜聞之，不悅，謂斐等曰：「傉檀上公之位，而身爲侯者何也？」構對曰：「傉檀輕狡不仁，款誠未著，聖朝所以加其重爵者，褒其歸善卽敍之義耳。將軍忠貫白日，勳高一時，當入諧鼎味，匡贊帝室，安可以不信待也。聖朝爵必稱功，官不越德，如尹緯、姚晃佐命初基，齊難、徐洛元勳驍將，並位纔二品，爵止侯伯。將軍何以先之乎？竇融殷勤固讓，不欲居舊臣之右，未解將軍忽有此問！」蒙遜曰：「朝廷何不卽以張掖見封，乃更遠封西海邪？」構曰：「張掖，規畫之內，將軍已自有之。所以遠授西海者，蓋欲廣大將軍之國耳。」蒙遜大悅，乃受拜。

時地震，山崩折木。太史令劉梁言于蒙遜曰：「辛酉，金也。地動于金，金動刻木，大軍東行無前之徵。」時張掖城每有光色，蒙遜曰：「王氣將成，百戰百勝之象也。」遂攻禿髮西郡太守楊統於日勒。統降，拜爲右長史，寵踰功舊。

張掖太守句呼勒出奔西涼。以從弟成都爲金山太守，鄯爲西郡太守，麴粥羅仇子也；句呼勒自西涼奔還，待之如初。

蒙遜率騎二萬東征，次于丹嶺，北虜大人思盤率部落三千降之。

時木連理，生于永安，〔一〕永安令張披上書曰：「異枝同榦，遐方有齊化之應；殊本共心，上下有莫二之固。蓋至道之嘉祥，大同之美徵。」蒙遜曰：「此皆二千石令長匪躬濟時所致，豈吾薄德所能感之！」

蒙遜率步騎三萬伐禿髮傉檀，次于西郡。大風從西北來，氣有五色，俄而晝昏。至顯美，徙數千戶而還。傉檀追及蒙遜于窮泉，蒙遜將擊之。諸將皆曰：「賊已安營，弗可犯也。」蒙遜曰：「傉檀謂吾遠來疲弊，必輕而無備，及其壘壁未成，可以一鼓而滅。」進擊，敗之，乘勝至于姑臧，夷夏降者萬數千戶。傉檀懼，請和，許之而歸。及傉檀南奔樂都，魏安人焦朗據姑臧自立，蒙遜率步騎三萬攻朗，克而宥之。饗文武將士于謙光殿，班賜金馬有差。以敦煌張穆博通經史，才藻清贍，擢拜中書侍郎，委以機密之任。以其弟挐爲護羌校尉、秦州刺史，封安平侯，鎭姑臧。旬餘而挐死，又以從祖益子爲鎭京將軍、護羌校尉、秦州刺史，鎭姑臧。

俄而蒙遜遷于姑臧，以義熙八年僭卽河西王位，大赦境內，改元玄始。置官僚，如呂光爲三河王故事。繕宮殿，起城門諸觀。立其子政德爲世子，加鎭衞大將軍、錄尚書事。

傉檀來伐，蒙遜敗之于若厚塢。傉檀湟河太守文支據湟川，護軍成宜侯率衆降之。署文支鎭東大將軍、廣武太守、振武侯，成宜侯爲振威將軍、湟川太守，以殿中將軍王建爲湟河太守。蒙遜下書曰：「古先哲王應期撥亂者，莫不經略八表，然後光闡純風。孤雖智非靖難，職在濟時，而狡虜傉檀鴟峙舊京，毒加夷夏。東苑之戮，酷甚長平，邊城之禍，害深獫狁。每念蒼生之無辜，是以不遑啓處，身疲甲胄，體倦風塵。雖傾其巢穴，傉檀猶未授首。

傉檀弟文支追項伯歸漢之義，據彼重藩，請爲臣妾。自西平已南，連城繼順。惟傉檀窮獸，守死樂都。四支既落，命豈久全！五緯之會已應，淸一之期無賒，方散馬金山，黎元永逸。可露布遠近，咸使聞知。」

蒙遜西如苕藋，遣冠軍伏恩率騎一萬襲卑和、烏啼二虜，大破之，俘二千餘落而還。

蒙遜寢于新臺，閹人王懷祖擊蒙遜，傷足，其妻孟氏擒斬之，夷其三族。

蒙遜母車氏疾篤，蒙遜升南景門，散錢以賜百姓。下書曰：「孤庶憑宗廟之靈，乾坤之祐，濟否剝之運會，拯遺黎之荼蓼，上望掃淸氛穢，下冀保寧家福。而太后不豫，涉歲彌增，將刑獄枉濫，衆有怨乎？賦役繁重，時不堪乎？羣望不絜，神所譴乎？內省諸身，未知罪之攸在。可大赦殊死已下。」俄而車氏死。

蒙遜遣其將運糧于湟河，自率衆攻克乞伏熾磐廣武郡。以運糧不繼，自廣武如湟河，度浩亹。熾磐遣將乞伏魋尼寅距蒙遜，蒙遜擊斬之。熾磐又遣將王衡、折斐、麴景等率騎一萬據勒姐嶺，蒙遜且戰且前，大破之，擒折斐等七百餘人，麴景奔還。蒙遜以弟漢平爲折衝將軍、湟河太守，乃引還。

晉益州刺史朱齡石遣使來聘。蒙遜遣舍人黃迅報聘益州，因表曰：「上天降禍，四海分崩，靈耀擁于南裔，蒼生沒于醜虜。陛下累聖重光，道邁周漢，純風所被，八表宅心。臣雖被髮邊徼，才非時雋，謬爲河右遺黎推爲盟主。臣之先人，世荷恩寵，雖歷夷嶮，執義不回，傾首朝陽，乃心王室。去冬益州刺史朱齡石遣使詣臣，始具朝廷休問。承車騎將軍劉裕秣馬揮戈，以中原爲事，可謂天贊大晉，篤生英輔。臣聞少康之興大夏，光武之復漢業，皆奮劍而起，衆無一旅，猶能成配天之功，著車攻之詠。陛下據全楚之地，擁荆揚之銳，而可垂拱晏然，棄二京以資戎虜！若六軍北軫，克復有期，臣請率河西戎爲晉右翼前驅。」〔三〕

熾磐率衆三萬襲湟河，漢平力戰固守，遣司馬隗仁夜出擊熾磐，斬級數百。熾磐將引退，先遣老弱。漢平長史焦昶、將軍段景密信招熾磐，熾磐復進攻漢平。漢平納昶、景之說，面縛出降。仁勒壯士百餘據南門樓上，三日不下，衆寡不敵，爲熾磐所擒。熾磐怒，命斬之。段暉諫曰：「仁臨難履危，奮不顧命，忠也。宜宥之，以厲事君。」熾磐乃執之而歸。在熾磐所五年，暉又爲之固請，乃得還姑臧。及至，蒙遜執其手曰：「卿，孤之蘇武也！」以爲高昌太守。爲政有威惠之稱，然頗以愛財爲失。

蒙遜西祀金山，遣沮渠廣宗率騎一萬襲烏啼虜，大捷而還。蒙遜西至苕藋，遣前將軍沮渠成都將騎五千襲卑和虜，蒙遜率中軍三萬繼之，卑和虜率衆迎降。遂循海而西，至鹽池，祀西王母寺。寺中有玄石神圖，命其中書侍郎張穆賦焉，銘之于寺前，遂如金山而歸。

蒙遜下書曰：「頃自春炎旱，害及時苗，碧原青野，倏爲枯壤。將刑政失中，下有冤獄乎？役繁賦重，上天所譴乎？內省多缺，孤之罪也。書不云乎：『百姓有過，罪予一人。』可大赦殊死已下。」翌日而澍雨大降。

蒙遜聞劉裕滅姚泓，怒甚。門下校郎劉祥言事于蒙遜，〔三〕蒙遜曰：「汝聞劉裕入關，敢研研然也！」遂殺之。其峻暴如是。顧謂左右曰：「古之行師，不犯歲鎮所在。姚氏舜後，軒轅之苗裔也。今鎮星在軒轅，而裕滅之，亦不能久守關中。」

蒙遜爲李士業敗于鮮支澗，〔四〕復收散卒欲戰。前將軍成都諫曰：「臣聞高祖有彭城之敗，終成大漢，宜旋師以爲後圖。」蒙遜從之，城建康而歸。

其羣下上書曰：「設官分職，所以經國濟時；恪勤官次，所以緝熙庶政。當官者以匪躬爲務，受任者以忘身爲效。自皇綱初震，戎馬生郊，公私草創，未遑舊式。而朝士多違憲制，不遵典章；或公文御案，在家臥署；或事無可否，望空而過。至令黜陟絕于皇朝，駁議寢于聖世，清濁共流，能否相雜，人無勸競之心，苟爲度日之事。豈憂公忘私，奉上之道也！今皇化日隆，遐邇寧泰，宜肅振綱維，申修舊則。」蒙遜納之，命征南姚艾、尚書左丞房晷撰朝堂制。行之旬日，百僚振肅。

太史令張衍言于蒙遜曰：「今歲臨澤城西當有破兵。」蒙遜乃遣其世子政德屯兵若厚塢。蒙遜西至白岸，謂張衍曰：「吾今年當有所定，但太歲在申，月又建申，未可西行。且當南巡，要其歸會，主而勿客，以順天心。計在臨機，愼勿露也。」遂攻浩亹，而蛇盤于帳前。蒙遜笑曰：「前一爲騰蛇，今盤在吾帳，天意欲吾迴師先定酒泉。」燒攻具而還，次于川巖。聞李士業徵兵欲攻張掖，蒙遜曰：「入吾計矣。但恐聞吾迴軍，不敢前也。兵事尚權。」乃露布西境，稱得浩亹，將進軍黃谷。士業聞而大悅，進入都瀆澗。蒙遜潛軍逆之，敗士業于壞城，〔五〕遂進克酒泉。百姓安堵如故，軍無私焉。以子茂虔爲酒泉太守，士業舊臣皆隨才擢敍。

蒙遜以安帝隆安五年自稱州牧，〔六〕義熙八年僭立，後八年而宋氏受禪，以元嘉十年死，時年六十六，在僞位三十三年。子茂虔立，六年，爲魏所擒，〔七〕合三十九載而滅。

史臣曰：蒙遜出自夷陬，擅雄邊塞。屬呂光之悖德，深懷仇隙之冤；推段業以濟時，假以陳吳之事。稱兵白澗，南涼請和；出師丹嶺，北寇賓服。然而見利忘義，苞禍滅親，雖能制命一隅，抑亦備諸凶德者矣。

贊曰：光猜人傑，業忌時賢。游飲自晦，匿智圖全。兇心既逞，僞績攸宣。挺茲姦數，馳競當年。

校勘記

〔一〕永安　斠注：十六國疆域志曰：考平陽郡有永安縣，相去較遠，或疑即「永平」之誤。

〔二〕臣請率河西戎爲晉右翼前驅　李校：「河西戎」下當脫一「夏」字或「旅」字。

〔三〕門下校郎劉祥　魏書沮渠蒙遜傳「門下校郎」作「校書郎」。通鑑一一八胡注云：「蒙遜置諸曹校郎，如門下校郎、中興校郎是也。」不知所據。

〔四〕鮮支澗　各本「鮮」作「解」。安紀作「鮮」。宋書氐胡傳作「西支間」，「澗」譌「間」。「西支」與「鮮支」音近，知此「解」乃「鮮」形近而譌，今據改。

〔五〕壞城　斠注：士業傳作「懷城」。按：御覽二八六引十六國春秋、通鑑一一九並作「懷城」。疑作「懷」是。

〔六〕蒙遜以安帝隆安五年自稱州牧　各本「五」作「元」。周校：隆安五年誤作「元年」。按：上文本云隆安五年梁中庸等推蒙遜爲涼州牧，與安紀合。自隆安五年至元嘉十年死，亦正合下文在位三十三年之數。「元」字顯爲傳刻之譌，今據上文改。

〔七〕六年爲魏所擒　魏書世祖紀、沮渠蒙遜傳，此事在太延五年，即宋元嘉十六年，與宋書氐胡傳合。茂虔以元嘉十年即位，至十六年，應是七年。御覽一二四引北涼錄，茂虔即位，改元永和，永和七年九月「面縛出降」，與諸書同。此處作「六年」誤。

晉書卷一百三十

載記第三十

赫連勃勃

赫連勃勃字屈孑，〔一〕匈奴右賢王去卑之後，劉元海之族也。曾祖武，〔二〕劉聰世以宗室封樓煩公，拜安北將軍、監鮮卑諸軍事、丁零中郎將，雄據肆盧川。爲代王猗盧所敗，遂出塞表。祖豹子招集種落，復爲諸部之雄，石季龍遣使就拜平北將軍、左賢王、丁零單于。父衞辰入居塞內，苻堅以爲西單于，督攝河西諸虜，屯于代來城。及堅國亂，遂有朔方之地，控弦之士三萬八千。後魏師伐之，辰令其子力俟提距戰，〔三〕爲魏所敗。魏人乘勝濟河，克代來，執辰殺之。勃勃乃奔于叱干部。叱干他斗伏送勃勃于魏。他斗伏兄子阿利先戍大洛川，聞將送勃勃，馳諫曰：「鳥雀投人，尚宜濟免，况勃勃國破家亡，歸命于我？縱不能容，猶宜任其所奔。今執而送之，深非仁者之舉。」他斗伏懼爲魏所責，弗從。阿利潛遣勁勇篡勃勃于路，送于姚興高平公沒奕于，奕于以女妻之。

勃勃身長八尺五寸，腰帶十圍，性辯慧，美風儀。興見而奇之，深加禮敬，拜驍騎將軍，加奉車都尉，常參軍國大議，寵遇踰于勳舊。興弟邕言于興曰：「勃勃天性不仁，難以親近。陛下寵遇太甚，臣竊惑之。」興曰：「勃勃有濟世之才，吾方收其藝用，與之共平天下，有何不可！」乃以勃勃爲安遠將軍，封陽川侯，使助沒奕于鎮高平，以三城、朔方雜夷及衞辰部衆三萬配之，使爲伐魏偵候。姚邕固諫以爲不可。興曰：「卿何以知其性氣？」邕曰：「勃勃奉上慢，御衆殘，貪暴無親，輕爲去就，寵之踰分，終爲邊害。」興乃止。頃之，以勃勃爲持節、安北將軍、五原公，配以三交五部鮮卑及雜虜二萬餘落，鎮朔方。時河西鮮卑杜崘獻馬八千匹于姚興，〔四〕濟河，至大城，勃勃留之，召其衆三萬餘人僞獵高平川，襲殺沒奕于而幷其衆，衆至數萬。

義熙三年，〔五〕僭稱天王、大單于，赦其境內，建元曰龍昇，署置百官。自以匈奴夏后氏之苗裔也，國稱大夏。以其長兄右地代爲丞相、代公，次兄力俟提爲大將軍、魏公，叱干阿利爲御史大夫、梁公，弟阿利羅引爲征南將軍、司隸校尉，若門爲尙書令，叱以鞬爲征西將軍、尙書左僕射，乙斗爲征北將軍、尙書右僕射，自餘以次授任。

其年，討鮮卑薛干等三部，〔六〕破之，降衆萬數千。進討姚興三城已北諸戍，斬其將楊丕、姚石生等。諸將諫固險，不從，又復言于勃勃曰：「陛下將欲經營宇內，南取長安，宜先固根本，使人心有所憑係，然後大業可成。高平險固，山川沃饒，可以都也。」勃勃曰：「卿徒知其一，未知其二。吾大業草創，衆旅未多，姚興亦一時之雄，關中未可圖也。且其諸鎭用命，我若專固一城，彼必并力于我，衆非其敵，亡可立待。吾以雲騎風馳，出其不意，救前則擊其後，救後則擊其前，使彼疲于奔命，我則游食自若，不及十年，嶺北、河東盡我有也。待姚興死後，徐取長安。姚泓凡弱小兒，擒之方略，已在吾計中矣。昔軒轅氏亦遷居無常二十餘年，豈獨我乎！」于是侵掠嶺北，嶺北諸城門不晝啓。興歎曰：「吾不用黃兒之言，以至于此！」黃兒，姚邕小字也。

勃勃初僭號，求婚于禿髮傉檀，傉檀弗許。勃勃怒，率騎二萬伐之，自楊非至于支陽三百餘里，〔七〕殺傷萬餘人，驅掠二萬七千口、牛馬羊數十萬而還。傉檀率衆追之，其將焦朗謂傉檀曰：「勃勃天姿雄驁，御軍齊肅，未可輕也。今因抄掠之資，率思歸之士，人自爲戰，難與爭鋒。不如從溫圍北渡，趣萬斛堆，阻水結營，制其咽喉，百戰百勝之術也。」傉檀將賀連怒曰：「勃勃以死亡之餘，率烏合之衆，犯順結禍，幸有大功。今牛羊塞路，財寶若山，窘弊之餘，人懷貪競，不能督厲士衆以抗我也。我以大軍臨之，必土崩魚潰。今引軍避之，示敵以弱。我衆氣銳，宜在速追。」傉檀曰：「吾追計決矣，敢諫者斬！」勃勃聞而大喜，乃于陽武下陜鑿凌埋車以塞路。傉檀遣善射者射之，中勃勃左臂。勃勃乃勒衆逆擊，大敗之，追奔八十餘里，殺傷萬計，斬其大將十餘人，以爲京觀，號「髑髏臺」，還于嶺北。

勃勃與姚興將張佛生戰于青石原，又敗之，俘斬五千七百人。興遣將齊難率衆二萬來伐，勃勃退如河曲。難以去勃勃既遠，縱兵掠野，勃勃潛軍覆之，俘獲七千餘人，收其戎馬兵杖。難引軍而退，勃勃復追擊于木城，拔之，擒難，俘其將士萬有三千，戎馬萬匹。嶺北夷夏降附者數萬計，勃勃于是拜置守宰以撫之。勃勃又率騎二萬入高岡，及于五井，掠平涼雜胡七千餘戶以配後軍，進屯依力川。

姚興來伐，至三城，〔八〕勃勃候興諸軍未集，率騎擊之。興大懼，遣其將姚文宗距戰，勃勃僞退，設伏以待之。興遣其將姚榆生等追之，伏兵夾擊，皆擒之。興將王奚聚羌胡三千餘戶于敕奇堡，勃勃進攻之。奚驍悍有膂力，短兵接戰，勃勃之衆多爲所傷。于是堰斷其水，堡人窘迫，執奚出降。勃勃謂奚曰：「卿忠臣也！朕方與卿共平天下。」奚曰：「若蒙大恩，速死爲惠。」乃與所親數十人自刎而死。勃勃又攻興將金洛生于黃石固，彌姐豪地于我羅城，皆拔之，徙七千餘家于大城，以其丞相右地代領幽州牧以鎮之。

遣其尚書金纂率騎一萬攻平涼，姚興來救，纂爲興所敗，死之。勃勃兄子左將軍羅提率步騎一萬攻興將姚廣都于定陽，克之，坑將士四千餘人，以女弱爲軍賞。拜廣都爲太常。

勃勃又攻興將姚壽都于清水城，壽都奔上邽，徙其人萬六千家于大城。是歲，齊難、姚廣都謀叛，皆誅之。

姚興將姚詳棄三城，南奔大蘇。勃勃遣其將平東鹿奕于要擊之，執詳，盡俘其衆。詳至，勃勃數而斬之。

其年，勃勃率騎三萬攻安定，與姚興將楊佛嵩戰于青石北原，敗之，降其衆四萬五千，獲戎馬二萬匹。進攻姚興將党智隆于東鄉，降之，署智隆光祿勳，徙其三千餘戶于貳城。姚興鎭北參軍王買德來奔。勃勃謂買德曰：「朕大禹之後，世居幽朔。祖宗重暉，常與漢魏爲敵國。中世不競，受制于人。逮朕不肖，不能紹隆先構，國破家亡，流離漂虜。今將應運而興，復大禹之業，卿以爲何如？」買德曰：「自皇晉失統，神器南移，羣雄岳峙，人懷問鼎，況陛下奕葉載德，重光朔野，神武超于漢皇，聖略邁于魏祖，而不于天啓之機建成大業乎！今秦政雖衰，藩鎭猶固，深願蓄力待時，詳而後舉。」勃勃善之，拜軍師中郎將。

乃赦其境內，改元爲鳳翔。以叱干阿利領將作大匠，發嶺北夷夏十萬人，于朔方水北、黑水之南營起都城。勃勃自言：「朕方統一天下，君臨萬邦，可以統萬爲名。」阿利性尤工巧，然殘忍刻暴，乃蒸土築城，錐入一寸，卽殺作者而并築之。勃勃以爲忠，故委以營繕之任。又造五兵之器，精銳尤甚。旣成呈之，工匠必有死者：射甲不入卽斬弓人；如其入也，便斬鎧匠。又造百鍊剛刀，爲龍雀大環，號曰「大夏龍雀」，銘其背曰：「古之利器，吳楚湛盧。大夏龍雀，名冠神都。可以懷遠，可以柔逋。如風靡草，威服九區。」世甚珍之。復鑄銅爲大鼓，飛廉、翁仲、銅駝、龍獸之屬，皆以黃金飾之，列于宮殿之前。凡殺工匠數千，以是器物莫不精麗。

于是議討乞伏熾磐。王買德諫曰：「明王之行師也，軌物以德，不以暴。且熾磐我之與國，新遭大喪，今若伐之，豈所謂乘理而動，上感靈和之義乎！苟恃衆力，因人喪難，匹夫猶恥爲之，而況萬乘哉！」勃勃曰：「甚善。微卿，朕安聞此言！」

其年，下書曰：「朕之皇祖，自北遷幽朔，姓改姒氏，音殊中國，故從母氏爲劉。子而從母之姓，非禮也。古人氏族無常，或以因生爲氏，或以王父之名。朕將以義易之。帝王者，係天爲子，是爲徽赫實與天連，今改姓曰赫連氏，庶協皇天之意，永享無疆大慶。係天之尊，不可令支庶同之，其非正統，皆以鐵伐爲氏，庶朕宗族子孫剛銳如鐵，皆堪伐人。」立其妻梁氏爲王后，子璝爲太子，封子延陽平公，昌太原公，倫酒泉公，定平原公，滿河南公，安中山公。

又攻姚興將姚逵于杏城，二旬，克之，執逵及其將姚大用、姚安和、姚利僕、尹敵等，坑戰士二萬人。

遣其御史中丞烏洛孤盟于沮渠蒙遜曰：「自金晉數終，禍纏九服，趙魏爲長蛇之墟，秦隴爲豺狼之穴，二都神京，鞠爲茂草，蠢爾羣生，罔知憑賴。上天悔禍，運屬二家，封疆密邇，道會義親，宜敦和好，弘康世難。爰自終古，有國有家，非盟誓無以昭神祇之心，非斷金無以定終始之好。然晉楚之成，吳蜀之約，咸口血未乾，而尋背之。今我二家，契殊曩日，言未發而有篤愛之心，音一交而懷傾蓋之顧，息風塵之警，同克濟之誠，勠力一心，共濟六合。若天下有事，則雙振義旗；區域既清，則並敦魯衞。夷險相赴，交易有無，爰及子孫，永崇斯好。」蒙遜遣其將沮渠漢平來盟。

勃勃聞姚泓將姚嵩與氐王楊盛相持，率騎四萬襲上邽，未至而嵩爲盛所殺。勃勃攻上邽，二旬克之，殺泓秦州刺史姚平都及將士五千人，〔九〕毁城而去。進攻陰密，又殺興將姚良子及將士萬餘人。以其子昌爲使持節、前將軍、雍州刺史，鎭陰密。泓將姚恢棄安定，奔于長安，安定人胡儼、華韜率戶五萬據安定，降于勃勃。以儼爲侍中，韜爲尚書，留鎭東羊苟兒鎭之，配以鮮卑五千。進攻泓將姚諶于雍城，諶奔長安。勃勃進師次郿城，泓遣其將姚紹來距，勃勃退如安定。胡儼等襲殺苟兒，以城降泓。勃勃引歸杏城，笑謂羣臣曰：「劉裕伐秦，水陸兼進，且裕有高世之略，姚泓豈能自固！吾驗以天時人事，必當克之。又其兄弟內叛，安可以距人！裕既克長安，利在速返，正可留子弟及諸將守關中。待裕發軫，吾取之若拾芥耳，不足復勞吾士馬。」于是秣馬厲兵，休養士卒。尋進據安定，姚泓嶺北鎮戍郡縣悉降，勃勃于是盡有嶺北之地。

俄而劉裕滅泓，入于長安，遣使遺勃勃書，請通和好，約爲兄弟。勃勃命其中書侍郎皇甫徽爲文而陰誦之，召裕使前，口授舍人爲書，封以答裕。裕覽其文而奇之，使者又言勃勃容儀瓌偉，英武絕人。裕歎曰：「吾所不如也！」既而勃勃還統萬，裕留子義眞鎮長安而還。勃勃聞之，大悅，謂王買德曰：「朕將進圖長安，卿試言取之方略。」買德曰：「劉裕滅秦，所謂以亂平亂，未有德政以濟蒼生。關中形勝之地，而以弱才小兒守之，非經遠之規也。狼狽而返者，欲速成篡事耳，無暇有意于中原。陛下以順伐逆，義貫幽顯，百姓以君命望陛下義旗之至，〔一〇〕以日爲歲矣。青泥、上洛，南師之衝要，宜置遊兵斷其去來之路。然後杜潼關，塞崤陝，絕其水陸之道。陛下聲檄長安，申布恩澤，三輔父老皆壺漿以迎王師矣。義眞獨坐空城，逃竄無所，一旬之間必面縛麾下，所謂兵不血刃，不戰而自定也。」勃勃善之，以子璝都督前鋒諸軍事，領撫軍大將軍，率騎二萬南伐長安，前將軍赫連昌屯兵潼關，以買德爲撫軍右長史，南斷青泥，勃勃率大軍繼發。璝至渭陽，降者屬路。義眞遣龍驤將軍沈田子率衆逆戰，不利而退，屯劉迴堡。田子與義眞司馬王鎮惡不平，因鎮惡出城，遂殺之。義眞又殺田子。于是悉召外軍入于城中，閉門距守。關中郡縣悉降。璝夜襲長安，不克。勃勃進據咸陽，長安樵採路絕。劉裕聞之，大懼，乃召義眞東鎭洛陽，以朱齡石爲雍州刺史，守長安。義眞大掠而東，至于灞上，百姓遂逐齡石，而迎勃勃入于長安。璝率衆三萬追擊義眞，王師敗績，義眞單馬而遁。買德獲晉寧朔將軍傅弘之、輔國將軍蒯恩、義眞司馬毛脩之于青泥，積人頭以爲京觀。于是勃勃大饗將士于長安，舉觴謂王買德曰：「卿往日之言，一周而果效，可謂算無遺策矣。雖宗廟社稷之靈，亦卿謀猷之力也。此觴所集，非卿而誰！」于是拜買德都官尚書，加冠軍將軍，封河陽侯。

赫連昌攻齡石及龍驤將軍王敬于潼關之曹公故壘，克之，執齡石及敬送于長安。羣臣乃勸進，勃勃曰：「朕無撥亂之才，不能弘濟兆庶，自枕戈寢甲，十有二年，而四海未同，遺寇尚熾，不知何以謝責當年，垂之來葉！將明揚仄陋，以王位讓之，然後歸老朔方，琴書卒歲。皇帝之號，豈薄德所膺！」羣臣固請，乃許之。于是爲壇于灞上，僭卽皇帝位，赦其境內，改元爲昌武。遣其將叱奴侯提率步騎二萬攻晉并州刺史毛德祖于蒲坂，德祖奔于洛陽。以侯提爲并州刺史，鎭蒲坂。

勃勃歸于長安，徵隱士京兆韋祖思。既至而恭懼過禮，勃勃怒曰：「吾以國士徵汝，柰何以非類處吾！汝昔不拜姚興，何獨拜我？我今未死，汝猶不以我爲帝王，吾死之後，汝輩弄筆，當置吾何地！」遂殺之。

羣臣勸都長安，勃勃曰：「朕豈不知長安累帝舊都，有山河四塞之固！但荆吳僻遠，勢不能爲人之患。東魏與我同壤境，去北京裁數百餘里，若都長安，北京恐有不守之憂。朕在統萬，彼終不敢濟河，諸卿適未見此耳！」其下咸曰：「非所及也！」乃于長安置南臺，以璝領大將軍、雍州牧、錄南臺尚書事。

勃勃還統萬，以宮殿大成，于是赦其境內，又改元曰眞興。刻石都南，頌其功德，曰：

夫庸大德盛者，必建不刊之業；道積慶隆者，必享無窮之祚。昔在陶唐，數鍾厄運，我皇祖大禹以至聖之姿，當經綸之會，鑿龍門而闢伊闕，疏三江而決九河，夷一元之窮災，拯六合之沈溺，鴻績侔于天地，神功邁于造化，故二儀降祉，三靈叶贊，揖讓受終，光啓有夏。傳世二十，歷載四百，賢辟相承，哲王繼軌，徽猷冠于玄古，高範煥乎疇昔。而道無常夷，數或屯險，王桀不綱，網漏殷氏，用使金暉絕于中天，神轡輟于促路。然純曜未渝，慶緜萬祀，龍飛漠南，鳳峙朔北。長轡遠馭，則西罩崐山之外；密網遐張，則東絙滄海之表。爰始逮今，二千餘載，雖三統迭制于崤函，五德革運于伊洛，秦雍成篡弒之墟，周豫爲爭奪之藪，而幽朔謐爾，主有常尊于上；海代晏然，物無異望于下。故能控弦之衆百有餘萬，躍馬長驅，鼓行秦趙，使中原疲于奔命，諸夏不得高枕，爲日久矣。是以偏師暫擬，涇陽摧隆周之鋒；赫斯一奮，平陽挫漢祖之銳。雖霸王繼蹤，猶朝日之升扶桑；英豪接踵，若夕月之登濛汜。自開闢已來，未始聞也。非夫卜世與乾坤比長，鴻基與山嶽齊固，孰能本枝于千葉，重光于萬祀，履寒霜而踰榮，蒙重氛而彌耀者哉！

于是玄符告徵，大猷有會，我皇誕命世之期，應天縱之運，仰協時來，俯順時望。龍升北京，則義風蓋于九區；鳳翔天域，則威聲格于八表。屬姦雄鼎峙之秋，羣凶嶽立之際，昧旦臨朝，日旰忘膳，運籌命將，舉無遺策。親御六戎，則有征無戰。故僞秦以三世之資，喪魂于關隴；河源望旗而委質，北虜欽風而納款。德音著于柔服，威刑彰于伐叛，文教與武功並宣，俎豆與干戈俱運。五稔之間，道風弘著，暨乎七載而王猷允洽。乃遠惟周文，啓經始之基；近詳山川，究形勝之地，遂營起都城，開建京邑。背名山而面洪流，左河津而右重塞。高隅隱日，崇墉際雲，石郭天池，周繇千里。其爲獨守之形，險絕之狀，固以遠邁於咸陽，超美於周洛。若迺廣五郊之義，尊七廟之制，崇左社之規，建右稷之禮，御太一以繕明堂，模帝坐而營路寢，閶闔披霄而山亭，象魏排虛而嶽峙，華林靈沼，崇臺祕室，通房連閣，馳道苑園，可以蔭映萬邦，光覆四海，莫不鬱然並建，森然畢備，若紫微之帶皇穹，閬風之跨后土。然宰司鼎臣，羣黎士庶，僉以爲重威之式，有闕前王。于是延王爾之奇工，命班輸之妙匠，搜文梓于鄧林，採繡石于恒嶽，九域貢以金銀，八方獻其瓌寶，親運神奇，參制規矩，營離宮于露寢之南，起別殿于永安之北。高構千尋，崇基萬仞。玄棟鏤榥，若騰虹之揚眉；飛簷舒咢，似翔鵬之矯翼。二序啓矣，而五時之坐開；四隅陳設，而一御之位建。溫宮膠葛，涼殿峥嶸，絡以隨珠，綷以金鏡。雖曦望互升于表，而中無晝夜之殊；陰陽迭更于外，而內無寒暑之別。故善目者不能爲其名，博辯者不能究其稱，斯蓋神明之所規模，非人工之所經制。若乃尋名以求類，跡狀以效真，據質以究名，形疑妙出，雖如來須彌之寶塔，帝釋忉利之神宮，尚未足以喻其麗，方其飾矣。

昔周宣考室而詠于詩人，閟宮有侐而頌聲是作。況乃太微肇制，清都啓建，軌一文昌，舊章唯始，咸秩百神，賓享萬國，羣生開其耳目，天下詠其來蘇，亦何得不播之管弦，刊之金石哉！乃樹銘都邑，敷讚碩美，俾皇風振于來葉，聖庸垂乎不朽。其辭曰：

於赫靈祚，配乾比隆。巍巍大禹，堂堂聖功。仁被蒼生，德格玄穹。帝錫玄珪，揖讓受終。哲王繼軌，光闡徽風。道無常夷，數或不競。金精南邁，天輝北映。靈祉踰昌，世葉彌盛。惟祖惟父，克廣休命。如彼日月，連光接鏡。玄符瑞德，乾運有歸。誕鍾我后，應圖龍飛。落落神武，恢恢聖姿。名教內敷，羣妖外夷。化光四表，威截九圍。封畿之制，王者常經。乃延輸爾，肇建帝京。土苞上壤，地跨勝形。庶人子來，不日而成。崇臺霄峙，秀闕雲亭。千榭連隅，萬閣接屏。晃若晨曦，昭若列星。離宮既作，别宇云施。爰構崇明，仰準乾儀。懸甍風閱，飛軒雲垂。温室嵯峨，層城參差。楹彫虬獸，節鏤龍螭。瑩以寶璞，飾以珍奇。稱因褒著，名由實揚。偉哉皇室，盛矣厥章！義高靈臺，美隆未央。邁軌三五，貽則霸王。永世垂範，億載彌光。

其祕書監胡義周之辭也。名其南門曰朝宋門，東門曰招魏門，西門曰服涼門，北門曰平朔門。追尊其高祖訓兒曰元皇帝，〔一一〕曾祖武曰景皇帝，祖豹子曰宣皇帝，父衞辰曰桓皇帝，廟號太祖，母苻氏曰桓文皇后。

勃勃性凶暴好殺，無順守之規。常居城上，置弓劍于側，有所嫌忿，便手自殺之，羣臣忤視者毁其目，笑者決其脣，諫者謂之誹謗，先截其舌而後斬之。夷夏囂然，人無生賴。在位十三年而宋受禪，〔一二〕以宋元嘉二年死。子昌嗣僞位，尋爲魏所擒。弟定僭號于平涼，遂爲魏所滅。自勃勃至定凡二十有六載而亡。〔一三〕

史臣曰：赫連勃勃獯醜種類，入居邊宇，屬中壤分崩，緣間肆慝，控弦鳴鏑，據有朔方。遂乃法玄象以開宫，擬神京而建社，竊先王之徽號，備中國之禮容，驅駕英賢，闚闖天下。然其器識高爽，風骨魁奇，姚興覩之而醉心，宋祖聞之而動色。豈陰山之韞異氣，不然何以致斯乎！雖雄略過人，而凶殘未革，飾非距諫，酷害朝臣，部內囂然，忠良卷舌，滅亡之禍，宜在厥身，猶及其嗣，非不幸也。

贊曰：淳維遠裔，名王之餘。嘯羣龍漠，乘釁侵漁。爰創宮宇，易彼氊廬。雖弄神器，猶曰凶渠。

校勘記

〔一〕赫連勃勃字屈孑　各本「孑」作「子」。魏書劉虎傳作「孑」。斠注：「屈子」爲「屈孑」之譌，以形近也。按：音義亦作「孑」。「子」字譌，今據改。

〔二〕曾祖武　魏書有劉虎傳，御覽一二七引夏錄亦作「劉虎」。此作「武」，避唐諱改。

〔三〕力俟提　魏書劉虎傳、通鑑一〇七作「直力鞮」。按：「直」「俟」音近，「直力」「力俟」互倒，必有一誤。

〔四〕河西鮮卑杜崙　通鑑一一四「河西鮮卑杜崙」作「柔然可汗社崙」。北史蠕蠕傳（卽柔然傳）不載此事，河西鮮卑亦不得云卽柔然，不知通鑑何據。但其名當是「社崙」，故通鑑以爲與柔然可汗爲一人，疑「杜」字譌。

〔五〕義熙三年　各本「三」作「二」。册府二一九作「三」。校文：「二年」，帝紀作「三年」。據御覽一二七引十六國春秋夏錄，勃勃初號龍昇元年，歲在丁未。考義熙三年歲正在丁未。此言「義熙二年」，蓋誤前一年。按：魏書太祖紀，事在天賜四年，即晉義熙三年。校文說是，今據册府改。

〔六〕鮮卑薛干　各本「干」作「于」。校文：據魏書薛干傳「于」當作「干」，蓋即上叱干部也。按：魏書太祖紀、劉虎傳、通鑑一〇七此字諸本亦「干」「于」雜出，然「薛干」即「叱干」，魏書官氏志「叱干氏後改爲薛氏」，金石萃編有唐資州刺史叱干公道場碑。以「叱干」之作「干」，可知「薛于」爲「薛干」之譌無疑，今據魏書高車傳改。

〔七〕支陽　漢書地理志下、後漢書郡國志五、元和郡縣志「支」並作「枝」，載記作「支」，同音通用，但本名當作「枝陽」。

〔八〕姚興來伐至三城　姚興載記下、通鑑一一五「三城」作「貳城」。按：上云勃勃掠平涼雜戶，下云勃勃攻黃石固，魏書地形志下原州長城郡有黃石縣。黃石、平涼並在今甘肅平涼、華亭附近。通鑑一一五胡注：「貳城，貳縣城也，在杏城西北　平涼東南。」雖不能確指其地，必與今平涼、華亭相近。至三城則魏書地形志下云在東夏州偏城郡廣武，地在今延安東，距戰地甚遠。當是「貳」寫作「二」，又譌作「三」。

〔九〕秦州刺史姚平都　周校：姚泓載記作「姚軍都」。按：通鑑一一七作「平涼太守姚軍都」，官稱不同，必別有所據，而名亦作「軍都」，與姚泓載記合。疑作「軍都」是。

〔一〇〕百姓以君命望陛下義旗之至　「以君命」三字不可解，疑有訛脫，或三字衍。

〔一一〕訓兒　斠注：魏書劉虎傳，虎父誥升爰，一名訓兜，此作「訓兒」，爲「訓兜」之誤。

〔一二〕在位十三年而宋受禪　勃勃於義熙三年稱天王，至元熙二年劉裕代晉稱宋，應爲十四年。

〔一三〕自勃勃至定凡二十有六載而亡　御覽一二七引夏錄：「勃勃初號龍昇元年，歲在丁未，至是歲在辛未，二十五載也。」按：義熙三年丁未至元嘉八年辛未，凡二十五載。此作二十六載誤。

晉書音義序

晉書音義，余內弟東京處士何超字令升之所纂也。令升，卽仲舅商州府君之子。惟我仲舅，實藴多才。强學懿文，紹興門範；剖符行節，弘闡帝猷。雖位望兼崇，大名猶鬱，而增脩益振，餘慶方鍾。確爾專精，深期克復。時之未與，衣冠之嗣曷沈；道在則聞，儒素之風自遠。不隕其業，斯爲得歟！處士弟約以優閑，溺於墳史。嘗訝晉室之典，未昭其音，思欲發揮前人，啓迪後進。由是博考諸傳，綜覽羣言，研覆異同，撰成音義。亦足以暢先皇旨趣，爲學者司南。式敍其由，勸成其美。三都尙隱，思旌擅洛之文；五等迴封，遠愧平吳之績。巨唐天寶六載，天王左史弘農楊齊宣字正衡序。

晉書音義三卷

卷之上紀志
卷之中列傳上
卷之下列傳及載記

先朝所撰晉書，帝紀十，志二十，列傳七十，載記三十，合一百三十篇。令升此音，紀、志共爲一卷，其列傳、載記各自區分，都成三軸，件目如左。仍依陸氏經典釋文注字，並以朱暎。服勤編簡，頗涉暄寒。凡所訓釋，必求典據，庶無牆面，疇敢師心。如或未周，敬俟來哲耳。

晉書音義卷之上 紀志

起第一盡三十

晉書一

帝紀第一卷

黎落兮反。司馬卬五郎反。痹必至反。踞音據。每與音預。令掎上力呈反，下居綺反。宛於元反。向鄉式亮反。有間間側之間。水栅〔一〕字林曰：栅，編豎木也。惻白反。造七到反。扼音厄。向皖漢書音乎衮反，又音胡版反。盧江縣也。下短反，又胡官反。泝音素。朐䏰如淳曰：上音蠢，下音如允反。郃音合。郿音眉。黥渠京反。隃麋上以朱反，下音眉。芟所銜反。餌仍吏反。鹵音魯。使使上音史，下音所吏反。勞洛到反。衄女六反。監治音也。僑音喬。挑徒了反。巾幗古獲反。婦人首飾。鯁古杏反。卒子忽反。五藏昨浪反。蒺藜疾、梨二音。軟而兗反。木屐奇逆反。氐當兮反。輸音戍。碣音竭。遼隧漢書音遂。旗幟昌志反。樵音譙。詭道居委反。詐也。楯櫓上食允反，下音魯。鉤橦直江反。芒鬣忙、獵二音。震慴之涉反。懾也。篡初宦反。鯨鯢上渠京反，下五奚反。詿音卦，又胡卦反。繻日朱反。施式智反。薊音計。心惡烏故反。先是蘇見反。更古行反。倭烏和反。重譯上直龍反，下音亦。焉者於乾反。芍陂芍，七削反。隲之日反。掠柤上力讓反，下側孤反。郾音偃。漕左到反。水運穀也。皆從才用反。肘陟柳反。謚名必反。〔二〕挾音叶。鄢於幰反。彪甫尤反。

涂音除。折簡之舌反。祟雖遂反。轀輬溫、涼二音。丕敷悲反。佑音右。戢阻立反。

帝紀第二卷　晉書二

覘敕劍反。毋丘音無，〔三〕下同。艾五蓋反。瑕古雅反。一作蝦。酆音豐。緝七入反。儌古堯反。要一遙反。鑠書藥反。〔四〕宂從上而勇反，下才用反。辟旁益反。嫚與慢同。裸郎果反。恚一避反。璽斯此反。髦音毛。惰徒臥反。本作墮。趾音止。佻吐彫反。宄音軌。摯音至。蔑莫結反。琢丁角反。顓頊上音專，下許玉反。柏招漢書古今人表：帝嚳師。彗囚歲反。濦橋說文曰：濦水出潁川陽城少室山，〔五〕東入潁。音殷，又音隱。枚莫回反。鶩烏郎反，又於良反。冠古亂反。譟蘇到反。披靡上匹靡反。綝丑林反。楯食允反。瘤音留。齧五結反。苛音何。禕於離反。亟紀力反。震讋說文讀若慴，之涉反。子靚才姓反。隗五罪反。輜側持反。餒奴罪反。完胡官反。懌音亦。譎古穴反。蹙子六反。曼音万。叱齒日反。顗魚豈反。倅七碎反。璜音黃。楛矢音戶。帑音奴，又音孥。貂音彫。絆音半。沓徒合反。篡作管反。斌府巾反。廖化廖音力救反。漢有廖湛。以隳許規反。履哲本或作喆，與哲同。迪宣音狄。櫛阻瑟反。蛑音謀，與蝥同。擐音患。元憝字林曰：憝，惡也。尚書云元惡大憝。徒對反。勍渠京反。馘古獲反。信威信音申。叟蘇口反。狡古巧反。悍音翰。提封徒奚反。胙昨誤反。校尉陔公才反。苴子余反。酇侯音贊。綟盧結反。賁音奔。鈇鉞甫、越二音。彤徒冬反。旅音盧。秬鬯巨、暢二音。卣音由。將校上子亮反，下音效。莘所臻反。滕以證反。岷音旻。傳張戀反。檻胡黯反。廙音巨。弑音試。

帝紀第三卷

輯音集。於戲烏、希二音。惴之睡反。憂也，懼也。伷音宙。莞音官。睢音雖。菑側持反。尉他音陁。亦作佗。禰乃禮反。澠音沔。本或作黽，同。皇子衷音中。孛音佩，又卜內反。羊祜下古反。必泥奴戾反。郁於六反。毛炅古鼎反。字林音桂。販方願反。郭廙音弋。渦口說文：渦水受淮陽浮溝浪蕩渠，〔六〕東入淮。屋戈反，又古和反。堆都回反。綴張衞反。皇子柬音簡。冠古亂反。氾敷劍反。大雩音于。旱祭也。戶調徒弔反。袤莫候反。組音祖。其帥所類反。枳諸氏反。軫之忍反。夏謖字林：謖，起也。所六反。稱尺證反。螟音冥。頠魚毁反。璩音渠。荔支力智反。召或作邵，同。顒魚容反。耽丁含反。蕤儒隹反。唐彬音斌。秣莫割反。瑩烏定反。蹙子六反。櫬初覲反。酃音零。浩亹漢書：金城郡浩亹縣。孟康曰浩亹音合門。顔云浩音誥，水名。亹者，水流夾山岸若門。詩大雅「鳧鷖在亹」亦其義也。今俗呼此水爲閤門河，蓋疾言之耳。浩音閤。〔七〕虺五罪、胡罪二反。牂則郎反。獠音老。玷音點。褚䂮力灼反。朱提山漢書：犍爲郡有朱提山，出銀。蘇林曰：朱音銖，提音匙。北方人名匕曰匙。犍其連反。朱整之領反。祫音洽。皇孫遹音聿。次子兼弋向反。繇音遙。造次七到反。青絲紖字林曰：牛系也。丈忍反。紊音汶。佚音逸。

晉書四

帝紀第四卷

翼本或作翌，與翼同。楙莫候反。本一作懋。泓烏宏反。郝好各反。奎苦圭反。解系胡計反。氏帥所類反。禖音梅。裴頠魚毁反。皇孫虨補閑反。冏九永反。彗似歲反，又似醉反。廞許金反。汶山音岷。堮五各反。淏公壁反，又補賴反。饕吐高反。葛旟音余。韡韋鬼反。虓許交反。炤亦照字。之肖反。駝徒何反。堨烏葛反。碓音對。涸下各反。踧子六反。周玘音起。郫音皮。圮符鄙反。陳眕字林曰：眕，目有所恨也。之忍反，又音眞。鶡音曷。齎即兮反。粇音庚。燥蘇老反。乾也。盂音于。歔欷上音虛，下音許旣反。暾他昆反。馥音復。繆胤音謬。騫貙敕居反。刁默音彫。慸令漢書慸音墬。〔八〕爨七亂反。跋蒲撥反。蝦蟇遐、麻二音。麃龐爲反。鴆直禁反。赧奴版反。鼃烏瓜反。蝦蟇也。又烏喎反。

晉書五

帝紀第五卷

螘衆牛綺反。喁喁字林曰：喁喁，衆口上見。魚容反。玫莫迴反。鼪息淺反。鄄音絹。惲於粉反。錢瑨苦邁反。沶音怡。枹鼓音浮。本亦作桴。晞音希。瑁音妹。珉武巾反。杜弢他勞反。轘轅還、袁二音。緄古本反。疋音雅。崧音嵩。昵尼質反。梟古堯反。沌音篆。髦音毛。灄中書涉反。骼音格。觜前智反。麬必郢反。磾音低。螽音終。薈烏外反。喋音牒。淇音其。蹠之石反。羯居謁反。耒盧對反。嫄音元。貊音陌。櫛阻瑟反。梟胥里反。弛式是反。核下革反。燮蘇叶反。鼇五勞反。獯音勳。顱力胡反。仆音赴。

晉書六

帝紀第六卷

覲渠刃反。藁音杲。刈音乂。煒如也于鬼反。窘其隕反。儌工釣反。軼音逸。擐音患。鈇音甫，又甫于反。毖音祕。麗姬與驪反。羿五計反。荑周易音蹄。浹辰子協反。谿音渝。逡七旬反。郤音隙。本或作郄，俗。悝苦迴反。諝私呂反。輯音集。茹而據反。贄音至。惏盧含反。珥仍吏反。璠音繁。龕可含反。莞胡管反，又音官。句驪上古侯反，下音離。猒次上一琰反，又一涉反。下如字，又音恣。紐女九反。詮此緣反。愞乃亂反。一作懦。隗五罪反。邃雖遂反。郗丑脂反。鄒側鳩反。青綀所居反。釵初佳反。榼苦盍反。貯張呂反。扛鼎音江。隳許規反。齊斧張晏曰：征伐斧也。以整齊天下也。張軌云：齊斧，蓋黃鉞也。應劭曰：齊，利也。虞憙志林云：〔九〕齊當作齋，凡師出必齋戒入廟而受斧也。彝音夷。鞅於兩反。驤音襄。嶲息委反。釗指遙反。跣蘇典反。盱眙上況于反，下與之反。篡初宦反。公乘雄公乘，姓也。見風俗通。巴滇都賢反。嫗衣遇反。壼苦本反。朱雀桁胡郎反。惋烏亂反。爨七亂反。李湯他歷反。稧契私列反。贇於巾反。禋音因。崧音嵩。本亦作嵩。悆羊茹反。曄筠輒反。概古代反。扞音翰。推轂吐迴切。圉音語。緝七入反。崎嶇上去奇反，下音區。大祲字林子沁反。縗絰上音崔，下徒結反。箠之累反。

帝紀第七卷　晉書七

迭徒結反。涪音浮。曹勱音邁。嶠音旻。劉闓音鎧，又音開。枹罕上甫于反，又音扶。下音漢。瑾音覲。勰音協。租側孤又側加反。燼徐刃反。溧陽音栗。上邽音圭。琉音充。本或作玩。〔一〇〕毌丘音無。塢烏古。霍彪甫休反。騶側鳩反。銚黃蕩反。郿音眉。玗音午。噲苦怪反。凱音愷。奎苦圭反。桁與航同。貉音鶴。晞音希。懌音亦。降殺所拜反。驎力珍反。闐音田。聃他含反。瞿音句。阽音鹽。

帝紀第八卷　晉書八

瓚昨旱反。纛徒到反。爨頠上七亂反，下魚毀反。儁與俊同。晙音俊。亢剛、抗二音。氐帥上丁奚反，下所類反。枋音方。邯鄲寒、丹二音。垣音袁。邃與遁同。芍陂七削反。鮪榮美反。萇音長。靚音淨。鴦於良反。竺音竹。佽飛音次。鴆直任反。曇音潭。山荏仕疑反。梁王璡子仁反。本亦作璡，下同。子暐于鬼反。雛士于反。汪烏皇反。浩亹上音閤，下音門。饋逵位反。苛音何。劉岵音戶。餌仍吏反。瓠胡故反。赭圻上之也反，下音祈。泯武盡反。涂中音途。〔一一〕虓許交反。痿疾字林：痿，痹也。人垂反，又於隹反。白帢苦洽反。重閟音祕。第莊几反，又側里反。禳汝商反。僰扶北反，又符逼反。

帝紀第九卷　晉書九

葆音保。幘音責。頤與之反。勠音六。秕政補几、俾以二反，見國語。滑泥上音骨。儋都濫反。樂浪洛、郎二音。卞眈丁含反。赧奴版反。寧康一本云康寧。郁於六反。天門蜑徒旱反。蠻屬，見文字集略。或作蜒。蟄江音牒。邸都禮反。句難音鉤。璪音早。逋博孤反。句町應劭：句音鉤。顏：町音挺。牢音勞。阿房如淳音旁。雹蒲角反。雨冰也。龢音和。螽音終。忱氏林反。潼音同。湟音皇。水名，在安定。晡博孤反。臨力禁反。惡烏路反。醒音星，又息定反。讖初譖反。孕以證反。屯陟倫反。吒陟嫁反。析力弔反。一作料，本亦作斷。彙音謂。鬻音育。鏕甫驕反。

帝紀第十卷　晉書十

薊音計。曆奴昆反。炯古迴反。阯音止。沮渠子余反。柵惻戟反。椵音賈。騶側鳩反。傉檀內沃反。仄阻力反。謐音蜜。湓口蒲奔反。水名，見尋陽記。崢嶸上士耕反，下音宏。腆他典反。柞在各反，又音作。棱威來登反。憝徒對反。猖狂上音昌。狡古巧反。沮慈呂反。孜子之反。球音求。跋蒲撥反。臨朐其俱反。鴟處脂反。蒯苦怪反。僖許其反。眚所景反。句驪上古侯反，下音離。倭烏和反。鵝五歌反。縊於賜反。袞古本反。綟盧結反。瞋目充人反。字林云張目也。莊子云瞋目而語難。〔一三〕飪如甚反。啟行戶郎反。閫苦本反。

墜音遂。有間古莧反。屠音徒。隻之石反。燻許云反。湎彌兖反。

志第一卷　晉書十一

庖犧上薄交反，下許奇反。嚳苦沃反。佚音逸。禆頻卑反。燔音煩。髀傍米反。隤杜回反。推磨莫賀反，下同。蟻魚倚反。瞀莫候反。窈烏皎反。塡星陟刃反。魄焉上音薄。覆冒音副。聳音悚。覆奩上芳福反，下音廉。駁北角反。晷音軌。伺相吏反。璣居希反。廡音武。堂下。楯食允反。閎音宏。蓂莢上音冥，下古叶反。卵落管反。彀苦角反。甄曜居遷反。郵音尤。啻施智反。穊音冀。共之居勇反。杠音江。魁苦回反。杓必消反。腐音父。芒音亡。紐女久反。熛甫遙反。武賁音奔。抵丁禮反。譏居希反。槍初庚反。棓片口反。果蓏郎果反。在木曰果，在地曰蓏。鉤鈐巨淹反。鈇鑕上甫于反，又音府。下音質。跗甫于反。桴甫于反。本作枹。潢音黃。爲帝于僞反。盛饘上音成，下之然反。爟音貫。鍵音件。貉音陌。觜觿上子規反，下戶圭反。囷去倫反。儈古外反。重譯上直龍反，下音亦。共工音恭。句古侯反。杵尺與反。氐丁禮反。枵許喬反。諏子侯反。樂浪洛、郎二音。敦煌屯、皇二音。牂柯上子郎反，下音歌。

志第二卷　晉書十二

慝吐得反。高埤音卑。麓音鹿。爍書藥反。爲焠七碎反。僇音六。壅沮上於容反，下七余反。壅本亦作癕。孛音佩。格澤如字。兌音銳。本亦作銳。天欃初銜反。雚音丸。鏠與鋒同。天柎甫于反。紝音庭。天檈禹煩反。毚士咸反。蓬絮息據反。詘區物反。十煇音運，見周禮。眂祲上音視，下子任反。僪音決，又其聿反。本亦作璚。觿子垂反，又戶圭反。本亦作鑴。瞢莫登反，又莫亙反。璚音瓊，見玉篇。亟紀力反。叉初牙反。杵昌汝反。霾莫皆反。蜄時忍反。員篕音登。闍視奢反，又音都。彴音鳥。〔一三〕蛪音結，見蒼頡篇。瞀莫候反。遹音聿。隗五罪反。仄匿莊力反。眕之忍反。狡古巧反。銚音晃。

志第三卷　晉書十三

楗閉其犛反，又其偃反。甄氏音眞。虓許交反。朐音衢。鬣良輒反。繆胤音謬。砰普耕反。弢他高反。

志第四卷　晉書十四

蟠音盤。忞音乂。碭大浪反。上谷古木反，又音欲。邯鄲寒、丹二音。黔音琴。閩音旻。洮吐刀反。千乘繩證反。儋都甘反。嶲小委反。汶山音旻。犍爲其連反。拓土音托。鄱陽薄波反。朱提上音殊，下上支反。涪陵音浮。東莞音官。睨五計反。崦音淹，又音掩。豎亥殊主反。銍丁乙反。秸公八反。要一遙反。摯音至。虺火鬼反。間音閑。參之音三。賙音周。酇作管反。聚名，見周禮。分限符問反。郲陟輪反。鄖音云。共音恭。郜音告。邘羽俱反。郇相倫反。鬲音革。過古和反。偪陽音逼。邿音詩。鄶古外反。邶音佩。鄁音羽。聃奴甘反，又他酣反。莘所臻反。鄟音專。姺蘇典反。縉音旻。飂音留。鬷子紅反。五伯音霸。綫息練反。篡初宦反。畦戶圭反。果蓏郎果反。太行胡郎反。郟鄏夾、辱二音。成皐音高。卷丘圓反。黽池黽，一作澠，同。俱音沔。嶢音堯。鞅於兩反。讘之輒反，又而涉反。濩澤烏獲反。析城音錫。猗乙奇。軹音紙。孱陵士限反，又士連反。宛句上於元反，下音劬。單父善、甫二音。方與房、預二音。亢父上古郎反，下音甫。扁鵲蒲殄反。山茌仕疑反。盱眙上況于反，下與之反。郾一健反。隔於晚反。鮦陽音紂。沛博蓋反。杼秋音緒。洨胡交反。虹音絳。酇才何反。龍亢古郎反。軑音大。蘄音祈。雩婁況于反。鯨渠京反。鄡口堯反。廮陶上嬰幷反，下音遙。茌平仕疑反。厭次一琰反。〔一四〕漯他合反。蓨音調。蠡音禮。鄃式朱反。陘音邢。遒子由反。薊音計。沮陽七余反。句麗上古侯反，下音離。令支上來定反，下巨支反。跋蒲撥反。盂音于。郎一古反。泫氏工玄反，又乎犬反。鞮音低。轑音老。崞音郭。滍陶上于往反，亦作汪。下音搖。蔆人沙瓦反。雍閼擁、遏二音。大荔力計反。下邽音圭。蓮勺〔一五〕上力善反，下音酌。巀嶭上昨結反，下五結反。蒯城苦壞反。湟音皇。沮渠子余反。獂音丸。墊音牒。葭萌上音加，下亡行反。朐䏰蠢、閏二音。郫音皮。僰白北反。犍音乾，又必爾反。旄音毛。筰音昨。鷩必世反，又必舌反。牂柯上音奸，下丁送反。蛉音零。楪榆弋涉反。句町劬、挺二音。句又古侯反。毋掇上音無，下之劣反。鐔大南反。篖音唐。存駹亡嫁反。母單毋、丹二音。滇丁田反。

志第五卷　　晉書十五

浞仕角反。黔陬上其廉反，又音琴。下子侯反。惤音堅。下邳符悲反。東莞音官，又音丸。嶧音亦。睢陵音雖。郯音談。襄賁音肥。贛榆音鹹。繒才陵反。費音祕。贅之稅反。高郵音尤。黔中音琴。鄳武庚反。編步典反。鄀音若。嬖博計反。臨沮七余反。邔音起，又渠記反。鄾音憂。犨昌牛反。淯以六反。葉音攝。比陽音毗。涅奴結反。酈音歷。酇音贊。筑音竹，又音逐。穰人羊反。泝音怡。秭歸音姊。佷山恆墾反。黚其炎反。鐔大南反，又音尋。漊力主反。下雋似轉反。酃來丁反。茶陵大家反。耒力對反，又力水反。鄣音章。潩片備反。秣音末。溧音栗。灊音潛。皖胡管反。〔一六〕鄞音銀，又牛巾反。鮚埼上巨乙反，下音祈。鄮莫候反。剡上檢反，又羊檢反。曁音既。黝音伊。歙失反。鄡陽口堯反。雩都音于，又況于反。揭陽音竭。趙他音陁。番禺潘、恩二音，下同。苟屚上古豆反，下來豆反。贏陴上音蓮。下力口反，又力主反。鳶羊全反。麋泠音眉。都洨胡交反。含洭音匡。湞音貞，又丈莖反。

志第六卷　　晉書十六

侈弇音奄。正日音征。械胡界反。徵張里反。嘉量力向反。籥合藥、閤二音。伶音零。窾苦弔反。琯音管。泠音零。太蔟音湊。洗四典反，下同。無射音亦。函鍾〔一七〕音含。捃居運反。廂音襄。种整之郢反。

箱音襄，本作廂。氂力之反。有奇居宜反。匏白交反。哨七曜反。小也，見考工記。〔一八〕又邪也，見廣雅。詖彼義反。律中張仲反。緹幔徒奚反。赤色也。庳音婢。下也。葭莩加、孚二音。覆音副。臬魚列反。黼音父。臀徒渾反。荅都合反。絫力委反。錘直垂反。錙鐶淄、還二音。碓音對。

志第七卷　晉書十七

扐音勒。撓如紹反，又如效反。禨居希反。差跌上初皆反，下徒結反。三號音豪。奇居宜反。耦五口反。

志第八卷　晉書十八

鶩音務。告朔古沃反。陬子侯反。紕繆上匹夷反，下音謬。岌魚及反。蔀音部。朓吐鳥反。駁音剝。

志第九卷　晉書十九

噎烏計反。秕卑履反。瑄音宣。璧名。崧音嵩。摭之石反。駵音留。赤馬黑鬣曰駵。赤與赫同。毳昌芮反。菀窊〔一九〕烏瓜反。笄音雞。騩音隗。馬淺黑色。壝音位。壇也，周禮音惟。荀彧於六反。禖音梅。雩音于。澍之遇反。禜音詠。幘音責。灊音潛。憝徒對反。椵古雅反。葦茭偉、交二音。梗古杏反。磔竹客反。煽音扇。祧他彫反。昭音韶。嫄音原。祫音洽。窋竹律反。墠音善。醢音海。勦子小反。索綝丑林反。

志第十卷　晉書二十

豐殺所拜反。荁子余反。絰大結反。煢音瓊。衰音催。軺輂音遙。晡補胡反。臨力禁反。險易以豉反。洿音烏。江虨甫巾反，又方閑反。齊斬上音資。燕音宴。晅況晚反。賵芳鳳反。塊苦對反。厭降一葉反。倅七碎反。號咷豪、陶二音。匍匐上音蒲，下蒲北反。武賁音奔。楯食允反。鹵簿上音魯，下裴古反。蠆丑芥反。輓音万。枚音梅。裼〔三〇〕先擊反。屠蕢苦壞反，本作蒯。篋苦協反。識音志。珥仍吏反。椑蒲歷反，又音闢。毖音祕。悝苦回反。恧女六反。五員音云。析音錫。礿音藥。

志第十一卷　晉書二十一

正會音征。贄音至。百華音花。跪去委反，又求累反。壝以水反，亦音遺。旂音祈。燔音繁。禰乃禮反。跳音條。瞽叟上音古，下素口反。逌音由。壼苦本反。構櫝鉤、賣二音。勱音邁。孟縶張立反。宿縣音懸。本作懸。杕杜音悌。鬛良涉反。麛音迷。𤢺劉敕俱反，本亦作貙。肄羊至反。胙音祚。東階。醮子笑反。華廙音翼。祺音其。紞都敢反。纁音勳。整之郢反。罼音必。雩婁侯即令升之十五代祖。雩音況于反。悸其季反。禊音系。祓除音弗。

志第十二卷　晉書二十二

倕音垂。聆音零。袒音但。迓五駕反。蹲音存。鼙蒲迷反。鼐乃代反。洿萊音烏。徵張里反。蔟音湊。蕤儒隹反。緧音秋。紐女九反。於蔿音烏，或如字。燕及音宴。於乎烏、呼二音。牷音全。竢與俟同。薆烏代反。豢音患。酤音姑，又音故。廂音襄。頎音祈。虡音巨。煌音皇。儐必刃反。焜燿混、耀二音。垠音銀，又語巾、五根二反。晢晢旨熱反，又音制。喤喤音橫。楛音戶。濊與穢同。獒音遨。渟音亭。投袂協韻音滅。纊音曠。玁狁險、允二音。鞹苦郭反。瘁疾醉反。螽音終。樛居幽反。賨在宗反。种音沖。斌府巾反。

志第十三卷　晉書二十三

氂力之反。齊斧如字，亦音資。解已見上文。鉦音征。鐃也，似鈴。鐃女交反。繆音謬。攄敕居反。皖胡管反。獮息淺反。痡普胡反，又音孚。礫音歷。螭丑之反。麓音鹿。闞火斬反，又火檻反。鍠鍠協韻音皇。禡莫駕反。祊甫彭反。鐲音蜀，又音濁。蜿蜿音婉。翽翽呼外反。髦才音毛。酷祝之六反。鞞蒲迷反。亦作鼙。煨烏回反。哮闞上許交反，下火斬反。慴之涉反。茨疾資反。身患協韻音還。削中音肖。嚙五結反。嶋都浩反。耨鑮字當作鎛，鉏屬也。補各反。澌音斯。綆古杏反。蕡符云反。魑魅上丑知反，下音媚。兜當侯反。郝好各反。珉音旻。懊憹上烏浩反，下奴浩反。廞許金反。柈音盤。紵音佇。嗽蘇豆反。扛音江。絚古恆反。

跂音岐。棬音權。笮側陌反，又音舴。

志第十四卷　晉書二十四

仲虺許鬼反。操版布綰反。佽音次。銑蘇典反。鷙之日反。盭音麗。或作綟。盧結反。軺音遙。皁昨早反。鎧苦愛反。卿官古者，天子諸侯皆名執政，大臣曰正卿。自周以來，始有三公九卿之號。大率九卿其官無卿字，至梁始加卿字，其後因之。晉書及唐初重撰，故或有加卿字處，或無卿字，並存。賵芳鳳反。珧音姚。惇音敦。憙虛里反。郃音合。鵠胡沃反。輸音戍。貂璫彫、當二音。惔大甘反。宂從上而勇反，下才用反。廄音救。驊騮華、留二音。大箪音丹。本或作蕈，音蔵。灌溉古礙反。琇音秀。緦音協。幟音志，又昌志反。又音試，所以相別。

志第十五卷　晉書二十五

纁音勳。赬敕貞反。鞙胡犬反。韍分物反。杓音標。鞗音條。鷸音聿。豸宅買反。熽疾刃反。袀居春反。戎服也。矡許縛反。軔音刃。葆音保。儐必刃反。地正音征。櫎其巨反。軨音零。繆字當作蟉。渠糾反。軾音式。軛音厄。箭音同。橑音老。玳瑁代、冒二音。鶡翅上音昆，下施智反。棨音啟。橐音託。字或作槖，音高。亞甫勿反。古文。蛙螟上烏蝸反，下音麻。杪音眇。氂理之反。纛音導。揉人久反。髦插上音毛，下初洽反。顱音盧。亟亡范反。釳魚訖反。罽居厲反。茸而容反。鈴音零。瓌音襄。馬帶玦名也。玦音決。輈陟留反。轙魚倚反。幩扶云反。耒耜上盧對反，下音祀。幢翳宅江反。輞音罔。闒徒盍反，又土盍反。蹋徒盍反。弩箙音服。盛弓箭器。槌直追反。屬車音燭。繐似歲反。揭去竭反。佽音次。四行戶郎反。掟音罔。舉也。邪拖託何反。鞉音陶。幰蘇但反。䈰山卓反。袴褶神入反。較音角。蚤音早。轓音藩，下同。幰虛偃反。傳乘張戀反。輜側持反。軿蒲丁反，又音蠙。䰰音愧。淺黑色。歐烏侯反。縹紺上敷沼反，下古暗反。幅音福。裨音卑。冕也。袜望發反。帢苦洽反。琁音旋。蟪音惠。勁悍音翰。縰山綺反。纚同。咋鉏陌反，又壯伯反。纚所綺反。鷸音聿。幡孚袁反。噲音快。鶡音曷。璂音其。邸音底。尖鮇上子廉反，下音昧。㖃況羽反。額五陌反。本亦作額。蜯步項反，本亦作蚌。螭丑知反。鞶音盤。騶側鳩反。袷古洽反。盛音成。緌儒隹反。樸音博。韠音畢。相繆武彪反。翡扶沸反。于窴音田，又音殿。婕妤接、予二音。瓄音獨。鏌音奠。緄古本反。幗古獲反。

志第十六卷　晉書二十六

罩都孝反。耜音似。鵄夷處脂反。屭音戶。儈古兌反。琅玕郎、干二音。梢所交反。蒲梢，良馬也。祼郎果反。赧女版反。貸音忒。菁茅音精。孑居力反。廡音武。帑他朗反。傕音角。氾音泛。啖徒敢反。餱音問。濺子賤反。糇糧侯、良二音。輸音戍。秬音呂。椹食稔反。沴音麗。荷鍤初洽反。麮與餅同。賧士濫反。蠻夷以財贖罪。挻式連反。覬音冀。芍七削反。堨音遏。斐妃尾反。耬犁音妻。溉古礙反。舄鹵昔、魯二音。完音桓。沘音比。販方顯反。殿最都見反。汙音烏。磽埆上口交反，下音籍。螺蜯上蘇和反，下白項反。塡淤音於。孳音茲。葦音偉。沮子據反。完音丸。瓮與盆同。滀丑六反。涸音鶴。賨在宗反。占之贍反。鈒色立反。熯音漢。氾勝音凡。騑音斐。髕幷列反。賈販音古，下同。杍柚佇、逐二音。盬音古。礫音歷。鍥公節反，又音契，又口頡反。

志第十七卷　晉書二十七

廸音狄。虙生音伏。眭息爲反。雰音紛。勰音協。熲音炅。本作頴。〔二〕鈐音黔。掛卦買反，又音卦。埜古野字。萐莆上所甲反，下音甫。綝丑林反。珧音遙。紞都敢反。屐其逆反。柝音託。旄莫報反。姏武酣反，老女稱。隼思尹反。恣睢許悸反。荼陵丈加反。昭穆音韶。東莞音官。冏舉永反。航胡郎反。艘蘇曹反。胔在智反。燠於六反。霿莫弄反。天氣下地不應。又音務。猧〔三〕音禍，與禍同。豸池爾反。霃作任反。剽匹妙反。倮郎果反。悛此緣反。詠音詠，又休正反。酤音姑。帢苦洽反。縹敷沼反。褻音薛。劘音摩。楆一霄反。貊音陌。炙之夜反。絈與帕同。莫格反，方言：帕頭，〔三〕幧頭也。南楚江淮之間曰帕頭，自關以西秦晉之郊曰絡頭。字書：帕，頸巾者也。幧，且消反。毳此芮反。擷胡結反。鐓徒猥反。屩音腳。繐衰音崔。帩士遙反。楄扶然反。髲皮義反。殮力驗反。菰音孤。葆音保。轜音而。玘音起。媪烏老反。䖟武庚反。

志第十八卷　　晉書二十八

蜩音調。螗音唐。譁音華。炕苦朗反。箝亘淹反。螽音終。欬嗽上苦愛反，下蘇豆反。傎都田反。謖所六反。澍之戍反，又音樹。荐與洊同。在見反。兜當侯反。鼉徒何反。刮古刖反。拊音撫。愞乃亂反，本作懦。嵯峨上昨何反，下五歌反。髑髏獨、婁二音。嚨响上盧紅反，下音凶。咀嚼上慈呂反，下在爵反。鄣諸良反。屠蘇音塗。瞎許鎋反。訇呼宏反。甒音武。瓿音部。甊盧斗反。堙音因。磕磕苦蓋反。韁居良反。縊一賜反。曇音潭。忱氏林反。拉颯上盧合反，下蘇合反。⿺廴孚音孚。捻乃叶反。喝於介反。嘶聲。懊憹上烏浩反，下奴浩反。啄丁角反。荻徒歷反。艦胡黯反。橙橙直耕反。礐居篤反。讙音喧。欻許物反。坼丑格反。黧音黎。黑而黃也。覘敕艷反。傴於武反。撞宅江反。噪蘇到反。檛陟瓜反。禖音梅。鉦音征。弛式是反。螟螣音特。稗蒡賣反。蕒音買。枇杷毗、琶二音。樛居糾反。蝘於殄反。字或作鼴，音偃。螌音釋。樟諸良反。仆音赴。泓烏宏反。鵜鶘題、胡二音。汙澤音烏。共公音恭。彀苦候反。吻武粉反。鶖音秋。帆檣凡、牆二音。瘤音留。汙萊烏、來二音。鵶與鴉同，本亦作鴉。猗於離反。咋助陌反，又壯百反。淖奴效反。滑眉隕反。賕音求。委蛇逶、迤二音。

志第十九卷　　晉書二十九

詆都禮反。漳諸良反。枹罕上音扶，又甫于反。下音漢。彭與靜同，本作靚。殪於計反。趺甫于反。釘釘上音丁，下丁定反。猳音加。牡豕也。豚徒渾反。酗香句反。嘔霿上烏豆反，下亡豆反。蹉七何反。幃音韋。鞞輗上西計反，下五計反。剎初轄反。絀音黜。彭蜞音其。駛所吏反。秭將几反。渦音戈。犍其焉反。呴呼后反。胥息魚反。朱提殊、匙二音。滹沲上火乎反，下音陁。浩亹上古合反，下音門。亡位音無，下同。貿莫候反。春秋曰王師敗績於貿戎。〔二四〕嘻許其反。漦淚淄反。蟠音盤。橑音老。線仙箭反。黿愚袁反。蹠之石反。濞匹備反。暨居未反。柘之夜反。髭鬚上即移反，下相俞反。蔚音尉。

志第二十卷　晉書三十

痡普胡反。犴音岸。陬子侯反。惛音昏。扑普木反。本一作抃。臏毗忍反。皐音高。肺芳廢反。鎔音容。老旄莫報反。惷丑江反，又丑用反。縶張立反。宄音軌。狙七余反。殛紀力反。榜音彭。箠之累反。鉆鑽上巨淹反，下子亂反。所以穿也。讞魚列反。耐乃代反。應劭音膺。菅蒯上音姦。下音怪，又苦壞反。或於六反。痝莫江反。鬻拳育、權二音。鋸音據。鈦音第，又音大。趾音止。械胡芥反。撾陟瓜反。悝音恢。狡古巧反。粊人又反，又女救反。猲許葛反。相恐也。又起法反。諼武安反。呵呼何反。郵音尤。烽燧峯、遂二音。髡苦昆反。梟菹側疎反。歐一口反。毋丘音無。匄音蓋。戕疾良反。捍音汗。銖音殊。珽他鼎反。踧取育反。頠魚毀反。售音授。槪古礙反。圮符鄙反。嶷魚力反。惇音敦。

校勘記

〔一〕水栅　正文作「木栅」。

〔二〕謐注名必反　此原在「皆從」上，今據正文序次移「肘」下。以下類此者均照正文序次移易，不具出校。

〔三〕毌丘注音無　正文改作「毌丘」，「毌丘」乃複姓。毌音貫，不讀無。下同字不另出校。

〔四〕鑠注書藥反　「書」爲「書」之誤字。廣韻作「書藥反」，經典釋文詩酌及爾雅釋詁音義俱作「舒灼反」，得音相同。

〔五〕注說文曰灑水出潁川　說文本作「濦」。「灑」乃「濦」之或體，見集韻。

〔六〕注說文渦水受淮陽浮溝浪蕩渠　說文「渦」作「過」，漢書地理志以後簡稱漢志上作「渦」。「受」原作「出」，說文、漢志及水經陰溝水皆作「受」，「出」字誤，今據改。「淮陽」原作「淮南陽」，今據說文刪「南」字。

〔七〕注漢書至浩音閤　此引顏師古漢書地理志下注與今本略異。

〔八〕惤令注漢書惤音堅　「惤」，正文改作「惤」。漢志上及注「惤」並作「惤」。據說文，作「惤」是。下同字不另出校。

〔九〕注虞憙　本書儒林傳作「虞喜」。

〔一〇〕注本或作玩　宋本正作「玩」，正文已據改。

〔一一〕涂中注音途　李校：說文涂水出益州，非此「涂中」也。廣韻：「涂，直魚切」，集韻音除，水名，與「滁」同。

〔一二〕注莊子云瞋目而語難　今本莊子無此文。商君書君臣篇有「瞋目扼腕而語」。

〔一三〕⿰巾勺　正文無此字，乃正文「杓」之誤字，宋本以誤「杓」爲「⿰巾勺」可證。局本、殿本正文皆作「杓」。史記天官書本作「杓雲如繩」，當從局本、殿本。

〔一四〕猒次注一琰反　「一」原作「二」，今據帝紀六「猒次」音義改。

〔一五〕蓮勺　正文「勺」作「芍」。

〔一六〕皖注胡管反　卷上及集韻皆作「胡官反」。地名讀平聲，音桓。此作「胡管反」，「管」字疑誤。下同字不另出校。

〔一七〕函鍾　正文無「函鍾」，蓋即「林鍾」。周禮大師本作「函鍾」，何超所見晉書蓋亦作「函鍾」。

〔一八〕注小也見考工記　「考工記」下當有「注」字。周禮考工記梓人「大胸燿後」，注云，「燿讀爲哨，頎小也」。何超蓋引此。

〔一九〕菀窊　正文「菀」作「宛」。

〔二〇〕裼　正文無此字，當爲「錫」之誤字。

〔二一〕頮[注]音昃本作穎　今各本正文皆作「穎」，不作「頮」。

〔二二〕⿺鬼咼　正文已改作「禍」字。

〔二三〕[注]方言帊頭　「帊頭」之「帊」，方言作「帞」，釋名、廣韻、集韻同。廣韻，帞，莫轄切，額首飾。「帊」「帞」二字不同。

〔二四〕貿　原作「貿」，春秋公羊傳作「貿」，今據改。「貿」乃「貿」之或體。

晉書音義卷之中 傳上

列傳第一卷

起第三十一盡七十

晉書三十一

伉儷抗、麗二音。夐虚政反。嚳苦沃反。朓漢書音吐彫反，〔一〕又吐鳥反。龍嫠史記音俟其反，字林丑之反。挻式連反。枌音汾。甄音眞。孌力兗反。詖彼義反。睢七余反。彤徒冬反。勣則歷反。綈音啼。痹必至反。恚於避反。衜古文道字。犇音雞。紡方兩反。浣胡管反。矇音蒙。輀音而。轀輬溫、涼二音。豔說文曰豔好而長也。以贍反。柬音簡。語魚據反。孫音孫。瘁疾醉反。窀穸屯、夕二音。王假音格。儷合韵音離。嫄音元。嫣居爲反。翬音揮。晻烏感反。躊躇儔、除二音。翣所甲反。嫕於計反。悝苦回反。要慕腰、慕二音。泯武盡反。忉怛音刀。憧憧尺容反。皚五來反。劉慄音劉。歔欷上音虛，下許旣反。號咷豪、桃二音。漣洏連、而二音。蔟倉谷反。繭古典反。綢繆上直牛反，下武彪反。禔福上氏支反，又章移反。妊如林反。聃他含反。縱音遂。晰章熱反。仡許訖反。輓音萬，又音晚。滕以證反。闓音開，又音愷。烟熅上音因，下於云反。曣晛上一見反。說文：曣星無雲暫見也。下乃見反。詩云見晛曰消。楞敕居反。玫音梅。旹古時字。踧踖上子六反，下音迹。珧音姚。厮音斯。嫗紆遇反。簏音鹿。寺人時志反。暾他昆反。祊甫彭反。

晉書三十二　列傳第二卷

濟子禮反。邵陽音云。和熹音熙。毌丘無字。籥音藥。姥莫補反。彪布彎反，又甫巾反。蒜蘇投反。怖普故反。贅之芮反。恇然[二]音匡。喁魚容反。瀳音潛。濛音蒙。隗五罪反。有娠音申。陰沴音戾。嚚語巾反。蛙烏蝸反。蛤音閤。戚周許劣反。鏑音的。化芈彌爾反。事見史記春申君傳。

晉書三十三　列傳第三卷

砥音止。睢陵音雖。耆艾上音祁，下五蓋反。耄莫報反。簟徒玷反。玦音決。筍相吏反。甓蒲歷反。奩音廉。糒平祕反。降殺所芥反。酖直任反。簞音丹。緼於問反。憮音武。詘音黜。核下革反。擯必刃反。匄音蓋。騶側鳩反。繆靡幼反。酢音昨。燕見宴、現二音。坼丑格反。忲他蓋反。韍紼上方物反，下直引反。瑩烏定反。鬲音革。縣名，在平原。鯤音昆。姣胡茅反。販方願反。較音角。輜側持反。詭居委反。葆音保。折撓奴效反。脆此鋭反。幢宅江反。眕之忍反。虓許交反。悸其季反。戢側立反。鉗巨淹反。料音僚。訕所晏反。狽音貝。貲即移反。珥仍吏反。粕澳與之反。咄當沒反。蝨即奚反。蹁蒲田反，又音匹面反。麝神夜反。螺綠和反。碓音對。畦戶圭反。蘼息委反。沍胡故反。逶迤上於爲反，下弋支反。撞宅江反。螳蜋堂、郎二音。飪如甚反。

晉書三十四 列傳第四卷

祜音戶。汶音問。識音志。和逌音由。佑音右。戍邏盧箇反。鈴音零。棨音啓。衄女六反。譎音決。俘音孚。償音尙，又音常。慤苦角反。紞丁敢反。憾胡暗反。驤音襄。吳會古外反。霓五奚反。搴居輦反，又音褰。堡音保。岷音旻。秣音末。楯食允反。讜議都朗反。峴胡典反。鬚鬢相余反。柩音臼。憩去例反。儈古外反。懦奴亂反。摹莫胡反。曁其器反。酇音贊。菑側持反。檻胡黯反。人排蒲芥反。魏志韓曁作水排。韛音花。晷音軌。欹器去奇反。事見孔子家語，又韓詩外傳。完牢丸、勞二音。曖音愛。枰音平。幟昌志反。陴頻卑反。沅音元。潦音老。眈丁含反，又都含反。癭一井反。瓠胡故反。頸居郢反。泮音判。滍清左傳曰夾滍而軍。杜云，滍水在魯陽縣東，〔三〕經襄城、定陵入汝。滍音雉。字林曰：清水出酈縣西北山中，南入漢。酈離字亦同。清音育。刊音看。瀉悉野反。鮮息淺反。跨苦化反。摯音至。癖音辟。餉式向反。嘔吐烏口反。祭仲側芥反。隧音遂。洧榮美反。嘏古雅反。刺七亦反。砥音旨。幅音輻，又音逼。檀徒丹反。

晉書三十五 列傳第五卷

曄于輒反。枳音紙，又居爾反。膂音旅。郝詡況禹反。强其兩反。甄擿吉還反。迂乙俱反，下同。采入武移反。陬子侯反，又側鳩反。頠魚毁反。憬九永反。紿之音待。該古來反。模莫胡反。謨音模。咎單音善。

祖己音紀。佚音逸。埤音卑。祼裎說文曰：裎，袒也。直貞反。摭之石反。矍居縛反。彷彿上方往反，下方味反。餌仍吏反。從伯戲巨衣反。當否丁浪反。斥音尺。眸莫浮反。甑子孕反。拳音權。蕪菁音精。瓚昨旱反。閾榮逼反，又況逼反。鯤音昆。庾敳五來反。岨與阻同。勒簿裴古反。㱿音角。盾徒損反。泠音零。笥相吏反。媧姑柴反。

晉書三十六

列傳第六卷

覬几利反。閿妄雲反。昡音縣。仆撫遇反。菑音淄。敦煌屯、皇二音。索素各反。筋音斤。緱音戾。璪玠上早，下界。螺落戈反。撾陟瓜反。齎子奚反。創痍音夷。頡胡結反。委蛇逶、迤二音。苯䔿本、樽二音。峨嵯上音俄，下才何反。蚑蚑音岐。蚑蚑，行也。阿那上安可反，下難可反。漪於離反。籀直救反。胡毋音無。摹印音模。殳音殊。甄音眞。鍼之林反。櫛阻瑟反。縕於云反。振擊西結反。字林：擊，擊也。震叶韵音眞。從者音蹤。杳杪烏了反。郤音隙。般倕班、垂二音。韜翰叶韵音寒。頫仰說文：頫，低頭也。太史卜書頫仰字如此。俗作俛，靡卷反。柎甫于反，又撫夫反。鵠胡沃反。釘丁定反。砥音旨。蜿蜒上於遠反，下餘善反。簴音巨。嶄巖鋤銜反。巀才結反，又才割反。剿子小反。崎去奇反。踟跓上知之上聲，下智主反。黕黷乃簞反。怫音佛。惴慄之瑞反。槁枯老反。搙字林：搙，擻持也。几足反。巇許羈反。㜸徒猥反。較音角。被看苦幹反。惔徒含反。鷦鷯焦、寮二音。罻罻同、尉二音。翳薈烏外反。茝音止，又昌待反。鵰鶡彫、曷二音。觜距卽委反。鷺音路。軼音逸。鵾音昆。蘆音盧。繳音灼。鷙音至。紲音薛。塊苦對反。縶張立反。坻都禮反。蚊睫文、接二音。鵬音朋。漕昨到反。伺間上相吏反，下居莧反。紞都敢反。輈張留反。騶側留反。屐奇逆反。韙韋鬼反。坼丑格反。頸居穎反。篋苦叶反。鳧音符。鮓側買反。茅積紫賜反。雊古候反。蛇蜕舒芮反，又託臥反。槌之直追反。愈音庾。要音邀。效與音予。函音咸。拭音式。芒武芳反。炫音縣。蟠縈薄官反。冏九永反。崔杼直呂反。斲陟角反。欒郤鸞、隙二音。皁作早反。竺音竹。犖力角反。殄瘁音萃。

晉書三十七

列傳第七卷

馗渠追反。倦渠眷反。邽音圭。羖音古。墉音庸。阼音祚。跪渠靡反。鑾音鸞。賁音奔。魁苦回反。芍陂七削反。整之郢反。棘陽力、戟二音。襄賁音肥。確苦角反。諶氏林反。晞音希。嫓許交反。莞音官。韡音偉。顒魚容反。湞應劭曰：湞水出南海龍川。音貞，又丈耕反。緝七入反。宂從上而勇反。蕃薛前漢魯國蕃縣。應劭曰：邾國也。音皮。白褒云：陳蕃之子爲魯國相，〔四〕人爲之諱，改曰皮。顏云：白說非也，郡縣之名土俗各有別稱，不必皆依本字。詈力智反。誹府謂反。奏劾胡得反。怰古賢反。萊音來。叟人所求反。郝好各反。攄敕居反。浚音濬。斌音邠。郇弋朱反。曼音萬。噉徒敢反。癘音厲。疋音雅。攘汝羊反。窘渠隕反。痿人垂反，又於佳反。猜佻吐彫反。詖彼義反。孑居列反。惇音敦。扞音汗。喢山洽反。耽丁含反。媧堡上姑洼反，下音保。梟古堯反。隗五罪反。潰胡對反。迭徒結反。鉛音緣。葦茭偉、交二音。鮮息淺反。悝苦回反。圮符鄙反。賭陟魚反。廙音翼。捍音汗。警音景。涓公玄反。叱齒日反。舟艦宇林：艦，屋船也。音檻。涂音徒。浙說文曰：江水東至會稽爲浙江。之舌反。赧奴版反。郗丑之反。揉汝教反。恇音匡。詫丑亞反。渾胡本反。蓼音了。臯陶高、遙二音。眘魚紀反。說文曰：眘讀若癡。梗古杏反。汲黯烏檻反。

晉書三十八

列傳第八卷

伷音宙。肜音融。本或作彤，徒東反。腐爛音輔。釘丁定反。踞音據。闚去隨反。堙音因。箋則前反。靚疾正反。秔音庚。俶昌六反。酗香遇反。禧許之反。喆音哲。鬒髯汝鹽反。悖音佩。質左傳音至。嬖博計反。洵音荀。裨頻卑反。副將。啖徒敢反。孌力轉反。嚼疾藥反。慮盧倨反。盾徒損反。羕餘亮反。櫝音讀。嵇音奚。差選初皆反。乃責側賣反。鞭扑普木反。餒奴罪反。閽音昏。紞都敢反。診之忍反。歐烏口反。泫胡犬反。鯀古本反。殛紀力反。恚於避反。痼音固。逼或作偪。褫周易音直是反。

晉書三十九

列傳第九卷

廞許金反。䂮力灼反。祝鮀堂何反。槻初覲反。浚音峻。薊音計。鹵音魯。瓮烏貢反。鴦於良反，又烏郎反。鎧苦愛反。簏音鹿。薈烏外反。緪古亘反。猗於宜反。毖音祕。讖初譖反。踞音據。調徒弔反。或於六反。嘏古雅反。顥音浩。契音薛。棐音匪。肸許乙反，又許訖反。佑音又。閶闔昌、盍二音。倅千內反。刺七賜反。斥音尺。雎七余反。賈音古。鐸徒洛反。嗷音遨。徼古堯反。孜音茲。挈瓶苦結反。悁於緣反。撓奴教反。饜一艷反。奸音干。駁北角反。否音圮。吡房脂反。珧弋昭反。圈嗇上渠篆反，下音色。邴與丙同。迕爭音悟。輯音集。畯音俊。適音嫡。磬苦定反。邃閭上雖遂反。下音愷，亦音開。刁音彫。汪烏皇反。秣音末。莘所臻反。滕以證反。叟蘇口反。獯許云反。漳滏章、釜二音。稔如甚反。焚燎力召反。獷古猛反。鶩音務。煽音扇。狙七余反。投畀必至反。蝥賊左傳音牟。

列傳第十卷　晉書四十

逵渠追反。度支待洛反。汲音急。毋丘音無。壘力軌反。蹕音必。釐力之反。煇與輝同。經緯云貴反。要一遙反。禰乃禮反。緹幢上徒奚反，下宅江反。鉞音越。疫音役。轘轅還、袁二音。犒苦到反。綟音戾，又盧結反。轀輬溫、涼二音。武賁音奔。佾音逸。荃音銓。攘而羊反。幔莫半反。愕五各反。狸里之反。輻音福。斌府巾反。摯音至。眕之忍反。傅會音付。限斷丁亂反。飄頻霄反。間使古莧反。詈力智反。戇丁降反。悛七全反。虡音巨。憔悴上音譙，下在醉反。彝音夷。裁在代反。確苦角反。粢盛咨、成二音。珧音遙。頷五感反。愎符逼反。昵女乙反。蒯苦怪反。跪渠靡反。閹音奄。宦官，又豎也，宮中閹闔閉門也。怯懦上去葉反，下乃亂反。廄音救。斫斫之藥反。刺刺七亦反。務亭亡附反，又亡古、亡毒二反。蓼莪劉炫上音力救反，下岸何反。文琚音居。菡音咸。毓音育。袴褶神入反，又是汁反。乞丐古太反。泆音逸。

列傳第十一卷　晉書四十一

寗乃定反。碓音對。澠彌淺反。浚音峻。汰音太。樸房玉反。贄音至。憮音武。賵賻上芳鳳反，下音附。怛當割反。燧音遂。繐音歲。牕與窗同。皁昨早反。鞮當奚反。泫氏漢書上黨泫氏縣。工玄反，又乎犬反。陔古來反。占之瞻反。繆惑音謬。頤音怡。斥音尺。玷音點。肖音笑。竽音于。稽音啓。咎繇高、遙二音。欒黶上音鸞，下乙減反。躋即奚反。啖徒敢反。磋七何反。級音急。筋力音斤。飪如甚反。確苦角反。寠羣羽反。愬去例反。絳音降。裀褥因、辱二音。囊奴當反。祭仲側界反。賕音求。賾仕責反。概古礙反。

列傳第十二卷　晉書四十二

渾戶昆反。祀丑兩反。瑩烏定反。皖胡官反，又胡板反。艘蘇遭反。瀨音賴。俞恭丑救反。釃所宜反。詩云釃酒有藇。說文曰：釃，下酒也。一音山爾反。滕徒登反。與聞音預。伷駿宙、俊二音。睢音雖。厭一葉反，又音壓。甄音眞。稽顙上啓，下蘇黨反。佑音右。埒音劣。駮北角反。睹音覩。貯張呂反。蒸肫徒魂反。鄣音章。擗芳辟反。汶音問。恢苦回反。幡旗翻、其二音。鵠胡沃反。暨其器反。輯音集。徼古弔反。艦音檻。舫府妄反。櫓音魯。鷁五狄反。柹芳廢反。木片也。驤音襄。彬音斌。險磧七迹反，蒼歷反。字林云：磧，小渚有石也。錐職追反。間諜音牒。筏音伐。炬其呂反。鼓棹亦櫂字。幅音福。衰音催。櫬初覲反。瑾音覲。犒苦到反。秣音末。泝音素。要音腰。帆音凡。泊傍各反。踧子六反。怖普故反。慄音栗。螳蜋唐、郎二音。庀必至反。噂㗤上子本反，下徒合反。惷丑江反，又丑龍反、丑用反。腦奴浩反。嚭否鄙反。間間廁之間。慝他得反。繭古典反。噬時制反。沸府謂反。脆此銳反。攄敕居反。案行下孟反。跳刀字林曰：跳，躍也。大幺反。竄七亂反。篋笥音伺。券音勸。盜跖之石反。瓶罄薄經反。眚所景反。龔音恭。褊方緬反。猜倉才反。餬口左傳音胡。泯武盡反。顥音昊。鎧苦愛反。搔蘇曹反。隅一作嵎。音愚。疆埸音亦。莫廆五罪反。拓音託。洎其器反。烽音峯。閬音浪。本作閣。幅芳逼反，又音福。驌音讀。扆衣豈反。斁音亦。

列傳第十三卷

晉書四十三

宛句上於元反，下其俱反。蹴取育反。眠莫賢反。咄當沒反。傳張戀反。藜落奚反。杴音梅。逌音由。昵尼質反。沓徒合反。甄居遷反。輿音預。瞑莫見反。跣蘇典反。模莫胡反。猋必遙反。牢音勞。晷音軌。縢以證反。鬲音革。埃音哀。該古來反。尪烏皇反。茗艼上莫迥反，下音頂。涅乃結反。嶷魚力反。軼音逸。伶人郎丁反。弛式是反。饕吐刀反。何足算蘇管反。唬吼上呼交反，下呼垢反。賻音附。禊下計反。蘄音祈。邾音誅。筒音同。苫失廉反。粥之竹反。圮符鄙反。旟音餘。碓音對。嗇音色。肓音荒。鑽借官反。核下革反。郟古洽反。璞匹角反。縵初六反。墟音盧。羈紲私列反。穅音康。嫗紆遇反。馨呼刑反。檩力執反。器名也。壘音主。愎復逼反。錮音固。窟苦骨反。輜重上側狸反，下直用反。萇音長。塡陟鄰反。淸峙直里反。擔糞都甘反。敳五來反。豎殊主反。鯤音昆。胡毋音無。鷇字林：鳥子生哺者。音卵，又公豆反。飄符霄反。寵洲力董反。弢音滔。孱應劭音棧，顔音仕連反。沓徒合反。扈音戶。搕烏荅反。稚直利反。彪甫休反。勱音邁。廞許金反。叱齒日反。棒步項反。恚於避反。掐口洽反。灸音久。沌口音篆。稆音呂。啖徒濫反。廙音翼。繆音謬。誹府謂反。僑音喬。髦音毛。裸郎果反。鏑音的。衵女日反。左傳衷其衵服。近身衣。捫音門。跰步田反。愞乃亂反。

列傳第十四卷　晉書四十四

袁莫候反。甄言然反。踵之隴反。詡況羽反。覈下革反。删所姦反。雋徂兗反。廝音斯。邃雖遂反。疇諮疇一作詶。訊音信。羸力爲反。誄力軌反。涿丁角反。毓音育。沔彌兗反。軺音遙。鎧苦愛反。饉音覲。匱逵位反。訾即移反。疽七余反。珽他鼎反。笏音忽。纕音襄。朝歌如字。轢音歷。衄女六反。泓烏宏反。觖窺瑞反，又音玦。猾音滑。綝丑林反。粗徂古反。駑怯上音奴，下去劫反。諶氏林反。猗於離反。磾音低。迕五故反。賕音求。詭居委反。瘖於今反。勰音叶。猪陟魚反。整之郢反。薈烏外反。蔬色魚反。戇丁降反。雩音于。覘敕廉反，又敕艷反。爲己音紀。參綝音三。郁於六反。

列傳第十五卷　晉書四十五

掖音亦。喈音皆。攫居縛反。鼷音奚。蓋古盍反。喟五愧反。鄒側愁反。蜂蠆丑芥反。沫音末。漦浃淄反。瞿然俱遇反。訩音凶。疵疾移反。悴疾醉反。暨其器反。駁北角反。培薄回反。撓奴效反。捶之累反。峭七肖反。劾胡得反，又胡愛反。謚音示。暾總上他昆反，下作孔反。紞都敢反。扞音汗。懟直類反。詰去吉反。粹雖遂反。艾五蓋反。晅況晚反。鴆直禁反。棱魯登反。殲子廉反。幅音福。蠡音禮。峙直里反。佑音右。琇音秀。屬吏音燭。逌音由。磥砢上音落猥反，下勒可反。吝力晉反。陔古哀反。邳符悲反。詮論字林云：詮，具也。七全反。謂具說事理。昊胡老反。昵尼質反。檢覈音核。下筯持據反。一作箸。瘖於今反。番直孚袁反。鷂弋笑反。郤音隙。瑠璃字林云：火齊珠也。留、離二音。詭說居委反。少選呂覽云：覆以玉筐，少選而發視之。高誘云：少選，須臾之頃也。珠叢少音尸紹反。選音先兗反，又音雪絹反。幢宅江反。郫音皮。共驩上音恭。

晉書四十六

列傳第十六卷

碓音對。苕七削反。稚直利反。剽匹妙反。堙音因。氾敷劍反。瞽音古。鈇鉞方主反，又甫于反。概古礙反。蔕都計反。捍音汗。圈閉渠篆反。赧奴版反。械胡界反。較音角。諳烏含反。竊隱〔五〕於靳反。付也。本或作穩。軟而兗反。眚所景反。旒音流。充昌終反，本或作鞋。纊音曠。兕徐姊反。逡七旬反。瘁疾醉反。謳烏侯反。渾弁胡本反。訾即移反。殺所拜反。嬖博計反。隝音偃。鄒側鳩反。呵呼何反。否滯符鄙反。酢子內反。珩音衡。鐲音獨。級音急。耋耄上田結反，下莫報反。菹醢上側魚，下音海。愜苦協反。亹亹無匪反。懋哉莫候反。

列傳第十七卷　晉書四十七

泥陽說文云：泥水出北地郁郅蠻夷中。〔六〕漢書泥音彌。繆音謬。鶉觚鶉音純。眥即移反。亟定紀力反。莘所巾反。懞音蒙。鼂直遙反。綦毋龢其、無、和三音。諠譁上與喧同，下音花。嘆音漢。墾康本反。偏與遍同。車誼音義。償音尙。窟苦骨反。募音暮。恚於避反。罵莫駕反。竦踊悚、勇二音。菲妃尾反。衄恧女六反。馥房六反。激訕上古歷反，下所晏反。茅茨疾脂反。以茅覆屋也。賈豎古、樹二音。玠音介。烝烝諸氶反。悾苦貢反，又音空。癡丑之反。快苦夬反。肇音趙。造詣七到反。吠符廢反。叵普可反。欻許物反。頟頟五陌反。鬚相兪反。仄音側。譸咨上音疇。本作疇。泥乎寧細反。論語曰：致遠恐泥。闋苦穴反。靦他典反。翅施智反。弛式是反。溷淆上胡困反，下音肴。倩千見反。倩而美也。沽音姑。更互上音庚，下胡怒反。縷力主反。纂作管反。椵音賈。堰於建反。瓚昨旱反。檝音接。盟津音孟。諤五各反。崎嶇上卿宜反，下曲俱反。

列傳第十八卷　晉書四十八

笞丑支反。骼音格。胔在智反。幢宅江反。敦煌屯、皇二音。洮土刀反。懍懍力稔反。尚書曰：百姓懍懍。耒耜上盧會反，下音似。吞吐根反。戇丁降反。狼狽博蓋反。慷慨上苦朗反，下苦愛反。或有作忼愾者，其例不一。柩音舊。圜音還。盤薄官反。貯張呂反。糅女久反。餌人吏反。闔閭音盍。匕卑履反。耀弋照反。尫悴上烏光反。萐山輒反，又所甲反。婁音樓。孟軻口何反。闚闞上口隨反，下音龕。慺落侯反。蜫音昆。糟音遭。羖音古。獺他達反。鸇諸然反。讖初譖反。砥矢上征履反。概古礙反。疇音儔。一作譸。鞸音畢。纘作管反。牂柯上則郎反，下音哥。塡音田。遹音聿。鮮衣音仙。磋七何反。一作瑳。操七刀反。閽音昏。絮息據反。叱齒日反。髡鉗本或作髻。上口昆反，下巨炎反。戢阻立反。撻他達反。窋竹骨反。俶昌六反。恣睢許鼻反。縱心肆志也。弱植時敕反。楚詞：弱顏固植。王逸云：植，立也。〔七〕懾之涉反。欒落官反。謩莫胡反。啜其泣矣啜音陟衞反，又昌雪反。啜，泣兒也，見詩傳。

列傳第十九卷　晉書四十九

瑀音羽。簭四歲反。鄣之亮反。嘻許其反。釀女亮反。竄七亂反。肫徒昆反。瘠音籍。踞音據。嗲迎戀反。懌音亦。齎即奚反。壚音盧。蝨音瑟。褌古屯反。縫房用反。絮息據反。襠音當。躧山寄反，又所買反。垣音袁。氛祲作任反。爝音爵。屐奇逆反。屏當上卑政反，下丁浪反。簏音鹿。蠟音臘。儋都濫反。阜音婦。亹音尾。鵬音朋。鷟於角反。鷃音晏。祟雖遂反。溧音栗。弛式是反。剡上冉反。綜子宋反。貰式射反。腆他典反。嵇音奚。銍陟栗反。飴以之反。庖薄交反。餌仍吏反。悢悢力讓反。鍛都亂反。縲紲上力追反，下音薛。熒音瓊。襁褓上居兩反，下音保。妲子據反。痏榮美反。忸女六反。囹圄零、語二音。沮慈呂反。浪音郎。祇音支。煌音皇。向式亮反。狷吉掾反。躊躇儔、除二音。伶音零。鍤初洽反。跪祝渠廓反。酲音呈。隗五罪反。拳音權。劼音勤。扃古螢反。卮章移反。觚音孤。挈榼苦盍反。甖烏莖反。漱所又反。醪音勞。髯汝鹽反。蜾蠃上音果，下盧果反。螟蛉冥、靈二音。鯤音昆。挑徒了反。儋徒濫反。胛音甲。吳春秋：貫甲牽背。弢音明。勸與倦同。砥礪旨、麗二音。曼音萬。胡毋音無。敳五來反。鋸音據。騶側愁反。尻苦高反。鮦音紂。蟹音解。螯音遨。拍普伯反。笨盆本反。睚眦上五懈反，下士懈反。荼音徒。蹌七將反。舐痔上食爾反，下直里反。鳶弋專反。客腐〔八〕音輔。潺湲水流貌也。上士連反，下于權反。瀨音賴。躅丈足反。

晉書五十

列傳第二十卷

鄄音絹。譎音決。隧音遂。掉徒弔反。棣提細反。鴟鴞上處脂反，下于嬌反。骾與鯁同。顆苦果反。鄢音偃，又於建反。踶齧上徒計反。漢書云：乘牸牝者不得聚會。注云：踶齧，案踶蹋也。蝎音曷。蠹當故反。襪亡伐反。秕卑履反。屣所綺反。珉音旻。幅芳逼反。磊砢上方罪反，下力可反。幘隨上音責，下徒果反。瀉音寫。魁苦回反。訶呼何反。名公舞騁反。相名目也。譊女交反。錯倉故反。酗香句反。龐白江反。疵疾移反。醒息定反。拊音撫。湎音緬。俾卑婢反。使也。販普版反。亟去吏反。尃音孚。芮而銳反。茈左傳音毗至反。整之郢反。䂮力灼反。丏音蓋。節彼詩音齊結反。簀音責。怙音戶。鄫疾陵反。婞下挺反。憈音萋。𬱟音詠，又音夐。酳酒也。癉多旱反。

列傳第二十一卷　　晉書五十一

癡丑之反。痹必至反。鞅於兩反。喑於吟反。硜口萌反。睨五計反。瞵力神反。臏頻忍反。㧁居怯反。瑣蘇果反。較音角。扁薄泫反，又方典反。摯音至。榛士臻反。咳苦愛反。噏許及反。𪍿古猛反。贄音至。戔昨千反。纁音勳。璵璠于、繁二音。捫音門。唅下紺反。阬口庚反。犄徂古反。蘧蒢渠、除二音。齎卽奚反。祔音附。弢音叨。璜音黃。霓五兮反。爚音藥。緹徒奚反。蜩音調。繇音由。㒋音斯。燧音遂。殿丁練反。彯音飄。亹音尾。筐音匡。懸音玄。韡曅上韋鬼反，下筠輒反。吸許及反。廩力甚反。纚鷂上所綺反，下卽遙反。駔子朗反。凱音愷。溽音辱。鷁五歷反。舳艫逐、盧二音。汎敷劍反。漂音飄。毚士咸反。蓐音辱。湽丑六反。瞰苦濫反。偭偭，嚮也。彌箭反，又音沔。黔音琴。婁句協韻音俱。跖之石反。巛與坤同。攘人當反。永歎他安反。弧翑奴盍反。彎烏還反。殪於計反。轙軿上魚綺反，下張留反。届古拜反。旃之然反。爍書藥反。猋音標。襳纚上息廉反，下協韻所宜反。僸僸仰頭貌也。牛錦反。炫音縣。闛曷上音湯，下吐盍反。眚所景反。蓽音必。於休音烏。隩烏到反。圮符鄙反。岷音旻。朝鮮上持遙反，下音仙。貊音陌。憝徒對反。重譯音亦。邛冉渠容反。騤巨追反。櫜音高。猗於離反。緦音叶。絓閡上胡卦反，下吾愛反。昭音韶。澍音注。

橡音象。餒奴罪反。晳音錫。龕音堪。鑒古衡反。咍火才反。烹撫庚反。咏音詠。深識叶韵音志。蟠音盤。長沮七余反，又子余反。援音院。鰌音秋。埳音坎。旰況于反。梏古沃反。桎音質。藿音霍。蠮蛁上厥，下彫。崢嶸上士耕反，下音宏。蠆丑芥反。拖徒可反。稸丑六反。夸苦瓜反。薙他計反。綏儒隹反。霢霂陌、沐二音。滂沲上普郎反，下音陁。雩音于。疆甽公犬反。蕉甫喬反。袞古本反。牂祖桑反。淸渤河淸、〔九〕勃海二郡。齕下沒反，又胡結反。騅駓上職追反，下敷悲反。坰古螢反。泞直呂反。洿音烏。舄鹵尺、魯二音。塢烏古反。臿初洽反。稌陁古反。隮卽奚反。禜音詠。不準不音甫鳩反。姓也。共伯音恭。繳音灼。燼疾刃反。洗祓音拂，又方吠反。騂騂息營反。硋五愛反。從理卽容反。

列傳第二十二卷　晉書五十二

郤音隙。單父善、甫二音。讜音黨。誷音罔。購古候反。絞古巧反。兕徐姊反。种直忠反。獫狁險、允二音。悍音翰。狙七余反。塡徒賢反。瀚音汗。沴魯帝反。錐職追反。磽口交反。穡音色。斵子角反。砥音旨。廋所鳩反。諝仙與反。趑雎上七私反，下七余反。慤苦角反。黠胡八反。跣蘇典反。嘲張交反。郟音洽。珧餘昭反。怏於亮反。啻施智反。觖窺瑞反。繒疾陵反。幍口洽反。絹幘也。齏卽奚反。珩音行。薖軸上苦和反。詩注：毛云寬大貌，鄭飢意也。下音逐。褎弋授反。褫池爾反。

列傳第二十三卷　晉書五十三

遹音聿。毖音祕。禕於宜反。廙音翼。嬉許其反。弛式是反。埤音婢。鞅於兩反。酤音姑。揣初委反。訶呼何反。廂音襄。郁於六反。臘盧合反。汝鬉子紅反。嵯峨上才何反，下五他反。髑髏獨、婁二音。吐他故反。酖直任反。杵椎上昌與反，下直追反。忉音刀。憂也。幃王非反。髫音調。齔初謹反。牝毗忍反。髦音毛。泯彌鄰反。彪甫斤反，又方閑反。哽咽古杏反。掇多活反。胙昨故反。

列傳第二十四卷　晉書五十四

伯世音霸。羿五計反。馘古獲反。祊甫彭反。猋甫遙反。哮闞上呼交反，下火斬反。怙音戶。稔如甚反。翕許及反。鉏士魚反。嚋諮音儔。一作詶。晞音希。輻音福。騭之日反。惇音敦。喟丘愧反。滸呼古反。濡日朱反。蓬蘢盧紅反。孑居列反。衄女竹反。莞胡版反。蒐所鳩反。棘音戟。鎩所八反。圻渠希反。瑋韋鬼反。瑰古回反。輶音由。棚扶萌反。凱苦亥反。阜音負。梯湯奚反。隊徒對反。浹之叶反。貿莫候反。岷音旻。稚直利反。偪彼力反。燮蘇叶反。跼蹐局、積二音。忼慨上苦朗反，下苦愛反。阨烏懈反。沿音緣。坑客庚反。踠迹音宛。烽燧峯、遂二音。殄瘁疾醉反。酪音洛。蓴羹音淳。珽他鼎反。筩音同。頸居郢反。筲所交反。袨音縣。奭音適。芒武方反。惡覩音烏。饕音叨。賈音古。瞪直耕反。瞪，直視也。又音丈證反。仆撫遇反。堙音因。袒丑兩反。昣音軫。否符鄙反。號音豪。岨側呂反。宄音軌。鉦鼙上之成反，下步迷反。闓苦本反。共和音恭。嬖博計反。扼腕上音厄，下烏段反。鬻音育。貉音鶴。拯蒸上聲。郝好各反。幰虛偃反。帢口洽反。唳音戾。鶴鳴也。漂撫昭反。踝胡寡反。鬚相俞反。縗絰上音崔。騤渠追反。麋武悲反。肄羊至反。習也。廝音斯。褩口迴反。籥音藥。邯鄲寒、丹二音。諦音帝。戇丁降反。逗音豆。瑁莫佩反。較古岳反。塋烏定反。坼丑格反。惌於袁反。

晉書五十五

列傳第二十五卷

茵音因。抵諸氏反。萃疾醉反。彤徒冬反。煇與輝同。蟠音盤。駘徒亥反。噫於其反。嘔喁上於武反，下虞矩反。函音咸。瑣素果反。爨七亂反。嘘音虛。噏許及反。嶒疾陵反。枳落博雅：落，居也。閑居賦：芳枳樹籬藩。音己爾反。渦烏和反。詁音古。誹府謂反。抵柲字林：抵，側擊也。之爾反。柲，推也。毗必反。蹉雹七何反。仡許乞反。蹩躠上蒲結反，下先結反。迕五故反。驊音華。鑑格懺反。鷃烏澗反。徼古堯反。三絀音黜。才生音哉。於戲嗚、呼二音。砥礪旨、厲二音。槀音杲。鑽借官反。緝七入反。蕞在外反。矧式忍反。逌音由。劌居衛反。茈音毗。壝以季反。周禮大司徒掌社稷之壝。〔一〇〕枑音互。行馬也。黕丁感反。阼在護反。葱犗古邁反。縹軛上西妙反，下烏革反。紺古憾反。耜鄭玄禮記注：耜，耒之金也。音似。幰釋名云：車幰也，所以御熱也。〔一一〕虛偃反。魚麗呂知反。穜稑鄭玄周禮注云：先種後熟謂之穜，後種先熟謂之稑。上直龍反，下力竹反。挈壺苦結反。錚鎗上又莖反，下又莊反。綃音消。綷縩上七碎反，下七大反。沛艾上普賴反，下五賴反。縞古老反。鈒所立反。晻烏感反。嘲哳上竹交反，下陟轄反。啾嘈上子秋反，下音曹。鼙步迷反。硡磤上火宏反，下音隱。砰磕上普耕反，下苦蓋反。筍簴筍、巨二音。蠚之庶反。震塡上音眞，下徒年反。熲工迥反。縻牛轡也。靡宜反。遝徒合反。頒斌上版蠻反，下甫巾反。髫大聊反。掎居靡反。褹與袂同。當作槸，複襦也。音藝。李善注文選亦作褹，卽袂字。今依諸本及音義。祧他堯反。諏足俱反。簠簋甫、軌二音。淖乃孝反。縮咝上所六反，下劾亮反。尟息踐反。粢盛子夷反。耨奴豆反。斯齊子夷反。坻直夷反。鞅於亮反。鞧七牛反。刺促七亦反。宧攡音離。整之郢反。槅公厄反。大車軛。寫鞍先夜反。劵音勸。洒與灑同。躁則到反。誚才笑反。筲所交反。酤酪上古胡反，下盧各反。黝於糾反。礉西孝反。蝱莫行反。桭質鄰反。與振同。瀺灂上士咸反，下士角反。菡萏上胡感反，下徒感反。椑必移反。郁棣提細反。蒜芋上蘇亂反，下于句反。筍戌尹反。菫薺上居隱反，下齊禮反。蔆肯維反。〔一二〕蘘而羊反。薤戶戒反。版輿以版爲輿，見周遷輿服雜事。挂頳敕貞反。禊胡計反。汜辭理反。狡黠古巧反。刎無粉反。噂嗒上慈損反，下徒合反。粕匹各反。闛闒上他唐反，下他合反。般辟房益反。哇於佳反。洙音殊。瀸漬上子廉反，下子賜反。誾語巾反。盥音管，又去聲。蒔音侍。種也。蛻舒芮反，又他臥反。蚌步項反。埴常職反。椵古雅反。澡音早。奓尺氏反。屣所綺反。杅音于。岷嶓音波。邛僰傍北反。趦趄七余反。鐫子泉反。榷古角反，又古學反。犀音西。吳榜方孟反。螭丑知反。骹口交反。韝古侯反。櫑音靁。孱孟康云：冀州謂懦弱爲孱。仕連反。呴〔一三〕香句反。碌音祿。嶔岑去音反。濛汜濛、祀二音。輾尼展反。崢嶸上士爭反，下音宏。渾濩胡郭反。嶰嶆上音料，或音牢曹。礫音歷。巘魚蹇反。汀濘上吐冷反，下奴冷反。翳薈烏外反。腴以朱反。崥崹上扶雞反，下音嗁。跖之石反。茗莫冷反。嶕嶢上昨焦反，下五聊反。蓂莢上莫經反，下古協反。爛旰古岸反。闤音還。頳敕貞反。本一作經。枌栱墳、拱二音。葩普巴反。蠖烏郭反。麓音鹿。蘭音囂。遡音素。鰓蘇才反。矰音增。櫂與棹同。驌驦肅、霜二音。罠音旻。鉦諸盈反。轂音遘。豣音堅。豵子公反。齩五交反。甋音瓦。以鼻搖物。賁音奔。蹴子六反。狶許豈反。攢令升案：諸家書並無此字。李善注文選作賁，甫運反。僨謂僵也，應得其實。善云僨或爲攢，非也。柳顧言音浮沸反。拉盧合反。甝胡甘反。鱐音叔。䝔直市反。擺北買反。踣蒲北反，又音副。驃彼喬反。釂子誚反，又在爵反。鋌徒鼎反。鍱音葉。鍛丁亂反。奮椎直追反。瞯胡山反。鵽丁刮反。蹯音繁。髀卑履反，又傍禮反。猩音生。能言獸。鮐他來反。鶹呂售反。燀音闡。酟他兼反。鬐巨黎反。楱音湊。殼叶韻音苦豆反。蟣居豈反。一作蟻。腊音昔。蚑音岐。夥胡果反。烟熅上音因，下於云反。狷吉掾反。蔀音部。韙音偉。

晉書五十六　列傳第二十六卷

蕤儒隹反。亢父剛、甫二音。崎嶇上去奇反，下音區。婪盧含反。悍音汗。顙蘇朗反。繒疾陵反。鄋瞞毋官反。綫私箭反。衽如甚反。肘腋上陟柳反，下音亦。愈以主反。一作愉。燼似刃反。忸宇當作狃。女救反。汰音太。段熲古鼎反。扞音翰。溉古礙反。札瘥昨何反。狡猾音滑。迸北諍反。逷他歷反。糝素感反。

粒音立。擠音齎，又將西反。拓音託。句驪上古侯反，又音俱。下音離。噬齧上時制反，下五結反。詰陟列反。史佚音逸。采椽直緣反。綈徒奚反。蚡扶粉反。藍縷上力甘反，下力主反。桷音角。餼許既反。生餉也。弁皮變反。販方萬反。鬻與逐反。圃博戶反。攣呂員反。攄敕居反。郗丑脂反。成臯音高。彪方閑反。瓚昨旱反。敳五才反。悛此緣反。紐女九反。隩烏到反。乘桴芳于反。輮轢上人又反，下音歷。枹鼓音孚。楛音戶。擾攘如兩反。合從上音閤，下即容反。膽都敢反。稽音啓。蛻託臥反。艘蘇遭反。刳苦胡反。秣莫割反。肓呼光反。俞附以朱反。訕所諫反。蛙蝦上烏媧反，下音霞。鄞語巾反。楓音風。汰音太。簸布火反。秕卑履反。蹴子六反。挈苦結反。仆音赴。漕昨到反。痒弋丈反。慴之涉反。

晉書五十七

列傳第二十七卷

臨力禁反。廞許金反。郫音皮。紲私列反。櫬初覲反。遯徒困反。募莫故反。鎧苦愛反。幢宅江反。猝跋上粗沒反，下蒲撥反。珧音遙。硜北口莖反。字當作陘，戶經反。即井陘之北。斛䭔與斛同。下都回反。璜音黃。阯音止。諝私呂反。汜詳理反，又符嚴、敷劍二反。翊況禹反。呵呼何反。阻險與岨嶮同。獠盧浩反。宛陵於袁反。譯音亦。帥所類反。尫烏光反。磽确上口交反，下苦角反。貿莫候反。湮音因。跳徒聊反。昵尼質反。敦煌上徒渾反，下音皇。餽逵位反。弢吐高反。猗於離反。賑市忍反。酋字秋反。薪楢音猶。

列傳第二十八卷　晉書五十八

魴符方反。額五陌反。蛟音交。搏音博。蹉七何反。跎徒何反。釃所宜反。齊斧解已見上。驫音飆，子朗反。瑲苦買反。愞奴亂反。恚於避反。勰音叶。傖助庚反。內荏如甚反。一作恁。涂度都反。卞壼苦本反。梟古堯反。闔胡臘反。狽音貝。咤陟訝反。槔音高。棖直庚反。廙音翼。沌文字集略：沌水出江夏，入江。音篆，上聲。左甄音堅。釗指遙反。虓許交反。崗古郎反。汙音烏。跅弛上音託，下式是反。

列傳第二十九卷　晉書五十九

赧奴版反。祏音石。軹音枳。齎即奚反。偪彼側反。羯居謁反。憝徒對反。挈大下結反。煽音扇。丐古泰反。祓敷勿反。羕余亮反。劫鈔居業反。崧息戎反。珉音旻。貂音彫。騶側留反。礔礰霹、靂二音。歔欷上音虛，下許既反。緝七入反。嬖博計反。佽音次。荂音孚。本作莩。詡況羽反。顥胡老反。櫓音魯。徼古弔反。嚚語巾反。訬楚交反。健也。又亡少反。販方願反。諺音彥。瘤音留。顒魚容反。穎一作潁，古鼎反。堮五各反。皐音高。髦音毛。懣莫旱反，又亡本反。惔徒含反。汶音問。敞昌兩反。診之忍反。覘敕艷反。候也。邃雖遂反。旟音餘。檻胡黯反。泱音殃。迕五故反。鈇鑕上方主反，下之日反。湎彌兗反。憁恫上作弄反，下徒弄反。無知貌。闚去隨反。喋音牒。闓音開。袹莫白反。犖呂角反。歃山洽反。爈虛偃反。殄徒典反。慨苦蓋反。郅之日反。痍音夷。墐奇鎮反。眕之忍反。或作昣。逯力玉反。薳爲委反。龕音堪。疋與雅同。麋武悲反。扼烏革反。田甄音眞。惲於粉反。裨頻卑反。洧榮美反。祧吐彫反。纛徒到反。狙七余反。奸音干。

晉書六十　列傳第三十卷

蟹下買反。蟴喪息浪反。欒郤綺戟反。認而震反。旂渠希反。趫去遙反。悍音汗。慴之涉反。鞞步迷反。繆音謬。郝呼各反。坫都念反。睢七余反。躓音致。奭音適。羆彼爲反。帴側前反。薈烏外反。塢烏古反。呃况晚反，又古鄧反。綝丑林反。靖疾郢反。氾衷凡、忠二音。甝胡甘反。紾之忍反。虫蛇虛鬼反。虬蟉渠糾反。阿那上烏可反，下乃可反。欻許物反。肸許訖反。窊烏瓜反。踞音據。差初宜反。窈嬈上烏皎反，下奴鳥反。苫失廉反。猗音倚。螭丑知反。鸓力尾反。俶儻他朗反，又他浪反。析先擊反。磥虛罪反。腕烏段反。鯁綣去院反。芟所銜反。蝮芳伏反。螌施尺反。稆音呂。竺陟六反。獷古猛反。

晉書六十一　列傳第三十一卷

浚私閏反。俘馘古獲反。惲於粉反。狷吉掾反。詆都禮反。碌盧谷反。衰范初危反。眕之忍反。峭胡茅反。險澀所立反。漕在到反。唏音希。紓音舒。虓許交反。柵楚革反。壘力軌反。援枹芳于反，本與桴同。羯居謁反。潓亡本反。劫居怯反。瑁莫佩反。盾徒損反。軼夷質反。悝苦回反。崎嶇上去奇反，下音區。袪去魚反。 鞮當奚反。 篪音褫。

列傳第三十二卷　晉書六十二

苓音孚。 帀子荅反。 楯食尹反。 鞮當奚反。〔一四〕 鞬舉軒反。 耨奴豆反。 勞徠上盧到反，下音賴。 猗㐌上於離反，下弋支反。 痍音夷。 拓音託。 覆餗音速。 翅施智反。 蟻魚豈反。 殪於計反。 磾堂奚反。 唶所洽反。 邏騎盧箇反。 遊兵也。 慷愾〔一五〕 忼、慨二音。 輈張留反。 攄敕居反。 縊於賜反。 擾攘如兩反。 頓仆音赴。 跋蒲撥反。 櫜音高。 轔力珍反。 踦嶇上去奇反，下音區。 藜落奚反。 猶膩女利反。 械胡芥反。 殮力驗反。 疽七余反。 鴦於良反，又烏郎反。 遒子由反。 賙音周。 蹴取育反。 剽匹笑反。 鎧苦愛反。 楫紫葉反。 譎古穴反。 擔都濫反。 樵昨焦反。 醊音綴。 妖於喬反。 羖音古。 喈音皆。 蹠之石反。 錐職追反。 捶之累反。 恌巧吐彫反。 跅弛上音託，下式是反。 圄音語。 獯音勳。

列傳第三十三卷　晉書六十三

亟去吏反。 掠力勺反。 齔初謹反。 塢烏古反。 堨烏葛反。 薈烏外反。 軺音遙。 堮五各反。 猗於離反。 麈音主。 峴胡典反。 槊所角反。 洎其器反。 酖〔一六〕字當作鴆。 直任反。 繹幕𩔰音弋尺反。 襁居兩反。 該古哀反。 倮郎果反。 肫徒昆反。 孔煒于鬼反。 呴呼后反。 唬呴也。 眦睚上士懈反，下五懈反。 戾協韵盧結反。

列傳第三十四卷　晉書六十四

毗房脂反。柬音簡。瑋于鬼反。匱逵位反。譟蘇到反。忼苦朗反。愾苦愛反。懦乃臥反，又乃亂反。籥音藥。鈴郎丁反。欻許物反。剽匹笑反。璡音津。與璡同。曚莫紅反。翜所甲反。柷昌六反。甒音武。已罷音皮。奭音適。姏姆上武酣反，下莫候反。頟五感反。儂奴冬反。茹音如，又而據反。殣音僅。忱氏林反。鉏助魚反。傅會音附。鄱薄波反。蹂人久反。稃橡上房謀反，下音象。朱芾封物反。慄慄音牒。尼媼烏浩反。童丱古患反。嚭匹鄙反。札瘥才何反。

列傳第三十五卷　晉書六十五

覞敕豔反。愀茲糾反，又子了反。泮普半反。龕音堪。隗五罪反。帑他朗反。金帛舍也。練色魚反。賵撫諷反。樬音遂。轀輬溫、涼二音。纛音導。檮杌上徒刀反，下五忽反。圮符鄙反。襞字林曰：襞，卷衣也。音必益反。椵古雅反。囇所買反。如椽直緣反。曇徒含反。墮徒臥反。饘諸然反。飴音嗣。廞許金反。隼思尹反。櫛阻瑟反。隤杜回反。贙胡犬反。

晉書六十六

列傳第三十六卷

研音硯。梟古堯反。泝鄉與之反。犪日朱反。醪音勞。勱音邁。璠音繁。逵渠追反。髲皮義反。樅陽七容反。啅字林曰：啅，明也。丁角反。弢吐高反。潯音尋。泠力丁反。沌音篆。溳音云。慴之涉反。遡音素。芟所銜反。鍵其輦反。圻渠希反。柞子各反，又在各反。某音母。挑徒了反。頒布還反。百甓蒲歷反。扑普木反。樗敕居反。豬陟魚反。訶呼何反。把博下反。湓蒲奔反。珧音遙。浮長直亮反。愾許既反，又苦愛反。毋丘音無。傳知戀反。棨音啓。梭蘇和反。褭於輒反。窬羊朱反。舸古我反。陬子侯反。髦音毛。江澳於六反。

晉書六十七

列傳第三十七卷

憺徒敢反。敳五來反。員音云。䡓苦貢反。庇人并至反。幘側革反。桁胡郎反。愎符逼反。琉〔一七〕音充。粢盛資、成二音。曄筠輒反。斲丁角反。重趼古典反。唶山洽反。褊阨上方緬反，下烏懈反。怯去業反。綢繆上直牛反，下武彪反。祼郎果反。鉦諸盈反。四望磯居希反。大石激水也。躓陟利反。燬許委反。狡古巧反。憖牛吝反。噎烏結反。鑒古銜反。賉辛聿反。嶧音亦。蟄直立反。汨古沒反。殛紀力反。虔亭丑升反。扞音汗。忖倉本反。哺博孤反。飴音嗣。頰古叶反。犖呂角反。髯汝鹽反。領毛。澀色立反。枋府良反。

旰音幹。誄力軌反。屐亘戟反。鬚相俞反。紐女久反。拓音託。掎居綺反。猰㺄軋、愈二音。

列傳第三十八卷　晉書六十八

炙之夜反。啗徒濫反。旟以魚反。舳艫逐、盧二音。蔕芥上丑芥反，下古邁反。蹉跌上七何反，下徒結反。蛙烏媧反。婭音亞。拓音託。隮卽奚反。闓音開，下同。鄢音偃。混沌上胡本反，下徒損反。曚莫紅反。曁音旣。燔爇如雪反。葦韋鬼反。

列傳第三十九卷　晉書六十九

隗五罪反。砥音旨。龕口含反。魑魅上丑知反，下美祕反。嚚語巾反。惷丑江反，又丑龍反。釐理之反。訩嚇兇、赫二音。諠譁喧、花二音。刁協音彫。懦乃亂、乃臥二反。塢烏古反。諳烏含反。猗於離反。蠹當故反。井渫息列反。騄音綠。璵璠余、繁二音。沁七鴆反。弢吐高反。繆坦音繆。黌音横。洙音殊。羯居竭反。鴟處脂反。籩布玄反。媟私列反。賁嵩音肥。風俗通賁甫。前漢賁赫。禮有縣賁父，音奔。腐脅上音父。瞋昌鄰反。郝嘏上呼各反，下古雅反。摴敕居反。絮息據反。肘陟柳反。料力弔反。腴羊朱反。

列傳第四十卷　晉書七十

應音膺。玫莫杯反。傦自由反。劵去願反。覬覦上几利反，下羊朱反。鞅於兩反。秕卑履反。漉音鹿。蔿爲委反。頡頏上胡結反，下胡朗反。繾綣上音遣，下去阮反。尟息淺反。玘音起。估音古。憾下紺反。拉盧合反。卬五岡反。騷蘇遭反。櫃逵位反。槌直追反。很愎符逼反。訐姜謁反。裴盾徒損反。狷吉掾反。塍以證反。意斷上於力反，下都亂反。詮此緣反。韡〔一八〕與煒同。鉤輒反。謨莫胡反。撓奴效反。峰岠音巨。桁胡郎反。創初良反。昣盱上之忍反，下凶于反。矢擔說文曰：擔，建大木置石其上，發以搥敵也。〔一九〕春秋傳曰：擔動而鼓。古外反。厭一葉反。僵居良反。拳巨員反。瞻以贍反。眈丁含反。悛叱全反。胡毋音無。盱眙上許于反，下與夷反。愞而兖反，又奴亂反。璲徐醉反。儋石都濫反。函音咸。廄音救。衰音崔。旆薄蓋反。葩普巴反。褱音衰。

校勘記

〔一〕眺囯漢書音吐彫反　漢書五行志下、孔光傳注皆作「吐了反」。

〔二〕恇然　正文作「惘然」。

〔三〕囯左傳曰夾濰而軍至魯陽縣東　左傳僖公三十三年及杜注「濰」並作「泜」。

〔四〕注白褒云陳蕃之子爲魯國相　漢志下「褒」作「裒」，「國相」作「相國」。

〔五〕竊隱　正文無「竊隱」。

〔六〕注說文至蠻夷中　說文「蠻夷」上有「北」字，據漢志下應劭注，「北」字當有。

〔七〕注王逸云植立志也　今本楚辭招魂注作「植，志也。植一作立。」

〔八〕吝腐　正文「吝」作「吞」。

〔九〕注河清　「河清」非郡，乃「清河」之誤倒。

〔一〇〕注周禮大司徒掌社稷之壝　「掌」當作「設」。

〔一一〕注釋名至御熱也　今本釋名釋車作「轖，憲也，禦熱也」。與此異。

〔一二〕荾注肯維反　「荾」即「荽」字，是心母字，「肯」當爲「胥」之誤。「胥」古文作「𦙃」，易誤認爲「肯」。

〔一三〕呴　正文作「煦」。

〔一四〕鞮注當奚反　正文無「鞮」字。

〔一五〕慷愾　正文作「慷慨」。

〔一六〕酖　正文作「鴆」。

〔一七〕琉　正文作「玩」，無「琉」字。

〔一八〕燁　「燁」，正文改作「曄」。參見卷七十校記。

〔一九〕注說文至發以搥敵也 說文作「發以機以追敵也」。追，說文繫傳云，左傳桓公五年釋文引作「磓」。

晉書音義卷之下 傳下載記 起第七十一盡一百三十

列傳第四十一卷 晉書七十一

跼蹐局、積二音。餔糟博孤反。噬時制反。墨翟徒歷反。重繭上直龍反，下吉典反。箋則前反。噏許及反。賁育音奔。拉盧合反。曳音裔。刎頸上武粉反，下居郢反。喁喁魚容反。犍居言反。鵠胡沃反。榜與膀同。賻音附。幘側革反。華軼夷質反。謳烏侯反。貔貅上房脂反，下音休。耒耜上盧潰反，下音似。蟻魚綺反。穰苴上而羊反，下子余反。茹而據反。覈下革反。綝丑林反。捽昨沒反。秕卑履反。翺五勞反。兜當侯反。蟣蝨上居豈反，下音瑟。兕徐姊反。擐音患。旂渠希反。衄女六反。戭以淺反。頵懿倫又居筠二反。訢許斤反。倨居御反。垤徒結反。核下革反。宿辦薄莧反。崧息融反。悝苦回反。噂嗒上茲損反，下徒合反。酃來丁反。耆渠脂反。桷音角。詆都禮反。

列傳第四十二卷 晉書七十二

抵都禮反。嘘吸上音虛。邛音恭。鼯五胡反。螫式石反。欻許物反。茱萸殊、渝二音。沴魯帝反。鐸徒洛反。繇直又反。棧士限反。繆音謬。蠢尺尹反。旰音幹。紓音書。糟粕匹博反。呼沲徒何反。珥仍吏反。埒力輟反。薈烏外反。臯音高。摹莫胡反。髯汝鹽反。鷦鷯椒、僚二音。蛙烏蝸反。鼇五勞反。祛去魚反。訊息晉反。驌驦肅、霜二音。驦當爲騻，作此非也。俗行已久，理亦可通。荑度奚反。嚶烏莖反。刈音乂。爨七亂反。翬許歸反。旭晞上許玉反，下音希。蚓蛾上餘軫反，下五哥反。騂息營反。粗倉胡反。籟音賴。蚊音文。蜉蝣浮、由二音。椿敕屯反。沍胡故反。蔚音尉。顰脾賓反。顰蹙，憂愁不樂之狀。蟪蛄惠、姑二音。薺音茨。婆娑素何反。沌徒本反。杌五忽反。潦音老。犴音岸。暨居未反。投畀并至反。褻私列反。貍理之反。魍魎上音罔，下音兩。慝他德反。沙漲陟亮反。齎即奚反。彝以脂反。髁郎果反。醊陟衛反。袴褶神執反，又音習。鷔五勞反。貿莫候反。摴敕居反。屚音漏。翅施智反。鷃音晏。跛布火反。鼈并列反。嫫莫胡反。礫音歷。僬僥譙、堯二音。夸苦瓜反。躓礙陟利反。扛鼎音江。圮符鄙反。藻棁職雪反。較古學反。悱憤上妃尾反。肘陟柳反。軟而兗反。綈緗啼、襄二音。紬敕鳩反。

列傳第四十三卷　晉書七十三

徼古堯反。悾苦貢反。羕餘亮反。柂工徒可反。懌音亦。噉徒敢反。薤胡界反。鯁噎上古杏反，下烏結反。旰音幹。撝許爲反。鋤助魚反。馘古獲反。顱音盧。彬俯巾反。龢與和同。跪渠靡反。艾五蓋反。聆郎丁反。餉式亮反。恇去王反。汪烏光反。殲子廉反。珫〔一〕音充。貸徒德反。虨方閑反。銚黃蕩反。頎渠希反。傴於武反。不伸也。惛音昏。掣尺制反，又尺折反。涓音云。赭圻上之野反，下渠希反。稸丑六反。羸瘠上力爲反，下秦昔反。燥涸上蘇浩反，下下各反。疽七余反。惔徒含反。瑰公回反。禼私列反。吻武粉反。台產史記台音怡。

列傳第四十四卷　晉書七十四

龍亢音崗。顥音昊。簞瓢上音丹，下符宵反。嵚崎上去音反，下去奇反。逡遒才由反。裨惠符支反。鸇諸然反。硊巨毀、魚毀二音。兪縱丑又反。迸北諍反。劾胡愛、胡勒二反。豁呼括反。竺陟六反。賻〔二〕音附。蹻巨消反，又去遙反。跳徒聊反。滶五勞反。鎧苦愛反。沮中子余反。涌中音勇。柞在各、子各二反。紿徒亥反。嗔昌鄰反。諳烏含反。沅愚袁反。漳諸良反。擔幢宅江反。仄阻力反。竦音悚。掠力讓反。扼腕上音厄，下烏段反。氐音低。剿子小反。較古岳反。重複上直龍反，下音福。闚闟窺、踰二音。思算相吏反。犒苦到反。溧音栗。孱陵士限反。撲普木反。閫苦本反。輶音由，又弋久反。衽如甚反。驎音鄰。愞乃亂反。醨音離。煽音扇。喈音皆。汙音烏。

列傳第四十五卷　晉書七十五

頮蘇朗反。隤徒雷反。周易云坤隤然。秣音末。蟻魚綺反。躓陟利反。梗古杏反。稸丑六反。祋奇逆反。齧五結反。巚音巨。鬻音育。褫池爾反。邯鄲寒、丹二音。亹亹音尾。綢繆上直牛反，下武彪反。繾綣上音遣，下去阮反。濠胡刀反。燮蘇叶反。厭於叶反。忱市林反。醆側限反。裸郎果反。峭峭，峻也。七召反。佑音右。蔡洲荻徒歷反。齎卽奚反。崧音嵩。彧一六反。頵居筠反。齠齔上音調，下初謹反。遒渠遒反。廞許金反。瘁在醉反。訂字林曰：訂，評議也。音亭，又音汀。說文直鼎反。閫胡獵反。慨苦愛反。與愾同。蕤儒佳反。惔徒甘反。鼈并列反。遯與遁同。音鈍。鍩胡瞎反。汪烏皇反。瘞於例反。洙音殊。螭丑知反。絺他朗反。涯五佳反。貲卽移反。謦苦定反。簁所宜反。與篩同。睫紫葉反。撾陟瓜反。鉗其炎反。嚬音頻。瑕古雅反。芒屩居灼反。傖助庚反。勃窣蘇骨反。襦日朱反。熨音尉。複褌古渾反。煖乃管反。緦音叶。窒陟栗反。爻胡交反。瑲苦夬反。牝毗忍反。旂渠希反。箋側前反。餗音速。桷音角。彘直例反。紊無運反。蔀音部。葳音戚。

列傳第四十六卷　晉書七十六

輜側持反。鄶古外反。騠音斐。埭達賚反。苞皮表反。栅側戟反。燾徒到反。浙之舌反。醒息定反。番禺音潘愚。廙音翼。弢吐高反。胏腑音附。頟五格反。樟諸良反。鐸徒落反。舫府妄反。眩音縣。彬府巾反。騫居輦反。跪去委反。棱魯登反。彪甫尤反。鬚相俞反。秣音末。寒悴在醉反。猖蹶昌、厥二音。蔕都計反。頜五感反。鷙脂利反。掎居綺反。滬音戶。仡許訖反。鯗字林：鯗魚出東萊。文字集略：鯗亦作鮝。字音祭，又音制。蝦音霞。鮓側下反。廞許金反。崎嶇上去奇反，下音區。詰去吉反。琉〔三〕音充。茹而據反。苲在各反。虔亭恥陵反。吳志孫權射於虔亭，卽此亭也。耽丁含反。鸇諸然反。碏左傳音鵲，史記音且亦反。鮒音附。鄺音歷。巇魚綺反。

列傳第四十七卷　晉書七十七

曄筠輒反。瑕古雅反。培塿上蒲走反，下力狗反。蝤以周反。傖助庚反。慺落侯反。瘖於禁反。鬒于閔反。䜌力兗反。一柈音盤。裝音莊。樸房玉反。俶昌六反。撞宅江反。灊音潛。惲於粉反。叡以芮反。壟音主。概古礙反。嗷五勞反。釀女亮反。翜字林曰：翜，捷飛之疾也。山立反，又所甲反。頠魚毀反。坑客庚反。柴音寨。叱齒日反。呵呼何反。悳與德同。忖七本反。狷固吉緣反。圮符鄙反。句音鉤。穫胡郭反。炬音巨。掬九六反。哂式忍反。璩音渠。僂力主反。顙蘇朗反。瞶撫諷反。彭蜞音其。蟹胡買反。螯五勞反。航胡郎反。靚疾政反。䶂說文：黑獸也。山六反。甝說文：白獸也。下甘反。〔四〕嘐說文：嘐，燒種也。音流。案通溝溉田亦爲嘐。輜側持反。羯居謁反。芍陂七削反。肘陟柳反。咄咄當沒反。櫛阻瑟反。隧〔五〕音遂。窆方驗反。拊孚武反。

列傳第四十八卷　晉書七十八

籠龜盧紅反。堰於建反。閘語巾反。汪烏光反。茹如魚反。殛鯀古本反。汜音汎。膾古外反。砎周易音介。字林：砎，堅也。齕下沒反。諏子于、子侯二反。榱椽上音衰，下直專反。甖烏莖反。斤斤音靳。詩云：斤斤其明。傳云：明明、斤斤，察也。〔六〕穰汝陽反。埭達賚反。覆瓿揚雄傳云：蓋醬瓿。服虔曰：瓿，小甖也。音部。〔七〕秫音述。糵魚列反。豚徒渾反。盎阿浪反。弛式是反。篠蕩上蘇鳥反，下走浪反。

列傳第四十九卷　晉書七十九

鯤音昆。咷音陶。鴝鵒衢、欲二音。襦日朱反。枋音方。譎古穴反。梗澀色立反。軺音遙。錮音固。惔徒甘反。噂嗒上茲損反，下動合反。輯音集。胼胝史記上蒲堅反，下竹尸反。繕市戰反。睹音覩。屐奇逆反。旆薄蓋反。慽下紺反。尪烏光反。衄女六反。迮狹上側陌反，下音洽。艦胡黯反。刳苦胡反。禁攣力兗反。一狏亦豚字。戴逯與遁同。徒困反。東莞音官。涂度乎反。盱眙與之反。航胡郎反。蚝七吏反。屈氏音支。駱駝徒何反。渦潁古和反。栅側戟反。派匹卦反。碻磝上苦勞反，下五勞反。昋音桂。風俗通：彭城昋景以爲計掾。古有此姓。鏑音的。雰撫云反。孑居列反。慺落侯反。瑍音奐。鶴氅昌兩反。修治直之反。褊阨上方緬反，下烏懈反。來舐食爾反。郜音告。懟直類反。褫池爾反。泌鄙媚反。瞰苦濫反。媮託侯反。類盧潰反。

列傳第五十卷　晉書八十

炙之夜反。噉徒敢反。啗徒濫反。亟紀力反。饋逵位反。麋音眉。涖力至反。浙旨熱反。禊胡計反。湍他端反。惓〔八〕渠眷反。悶也。出玉篇。姥莫補反。棐几音匪。刮古滑反。懊烏到反。戢山阻立反。洒先禮反，又所買反。顙蘇朗反。曒音皎。彷彿髣、髴二音。犖呂角反。拄頰上張禹反，下古協反。摴敕居反。掣尺折反。駮牸上北角反，下音字。傖助庚反。殿榜博朗反。釘丁定反。橙都鄧反。鬚相俞反。揣初委反。韍分物反。袠音秩。靚疾政反。霤力救反。槎枿五曷反。說文：枿，伐木餘。春蚓音引。翥之據反。蟠音盤。

列傳第五十一卷　晉書八十一

馘古獲反。牂柯臧、歌二音。釗指遙反。爨七亂反。透他候反。龕口含反。莞音官。鴦於良反，又烏郎反。愞乃亂反。弩〔九〕奴古反。狡古巧反。衄女六反。郝瑕好各、古雅二反。輜側持反。販方願反。忕音太。銍陟栗反。詡況羽反。廐久祐反。鑊胡郭反。鉏耒上助魚反，下盧潰反。軺餘昭反。芸穫云、鑊二音。鎧苦愛反。峴山胡典反。惔徒甘反。蚝七吏反。醟音詠。詖彼義反。串古患反。習也。捋盧活反。伺相吏反。灄書涉反。郴丑林反。姓也。名寶。楊珉武巾反。弢吐高反。脛戶定反。櫓音魯。怯去業反。噤渠飲反。械胡界反。鋋市連反。甑子孕反。茄古牙反。髀傍禮反。蹋徒合反。鞾與靴同。邾音誅。狢下各反。燾徒到反。汶無運反。璩彊魚反。璠音繁。瑾音僅。迸北諍反。菰葑甫用反。珠叢云：菰草叢生，其根盤結，名曰葑。昇餘吏反。涪音浮。僰傍北反，又符逼反。剿子小反。邃雖遂反。隙去逆反。毆烏口反。迭徒結反。簋咋含反。噲苦夬反。蛟音交。枋音方。蚖音元。鞞蒲迷反。罝子邪反。赳音糾。

列傳第五十二卷　晉書八十二

謖所六反。髡苦昆反。郪取私反，又音妻。齧五結反。上貸他代反。下貸徒得反。償常亮反。旃諸然反。溥與普同。碧力灼反。契音挈。矍相居縛反。撮子括反。摯音至。喈音皆。斥昌石反。跌徒結反。訾即移反。爨七亂反。玁狁險、允二音。龕口含反。濞匹備反。耐罪乃代反。裸袒徒旱反。麈音主。鸇諸然反。瑩烏定反。驎力珍反。碣渠列反。躊躇儔、除二音。碌碌音祿。歔音虛。欷許既反。緹徒奚反。癉多旱反。流漣音連。惇都昆反。

列傳第五十三卷　晉書八十三

蝨音瑟。喘昌兗反。耽丁含反。白旋似泉反。嬈乃了反。洙市朱反。媟私列反。甑子孕反。滬音戶。負進漢書高紀云蕭何主進。鄭氏曰：主賦斂禮錢也。陳遵傳云：遵祖父遂與宣帝博，數負進。顏云：進，勝也。帝博而勝。秭歸孟康云秭音姊。〔一〇〕鶱翥上虛言反，下之據反。逌音由。塹柵上七艷反，下惻戟反。泮音判。賁返～易音方義反。徐一音扶云反，又音奔。餽逵祕反。糒平祕反。沴魯帝反。瞢武登反，又武亙反。顗〔一一〕几利反。脅虛業反。繖蘇旱反。讜丁浪反。

列傳第五十四卷

晉書八十四

忱氏林反。長直亮反。珧餘昭反。榱所追反。緝秦入反。鞅於兩反。廞許金反。邏盧箇反。簳各旱反。合鏑閤、的二音。髀傍禮反。葦韋鬼反。鬚相俞反。氅昌兩反。盱眙與之反。跳音調。狡古巧反。斲丁角反。梠音呂。麑音迷。鴞于驕反。葚食稔反。捍音翰。毆詈上一口反，下力智反。犍爲渠焉反。鍵其偃反。獠音老。扞音翰。柝音托。湓蒲奔反。遹音聿。歃山合反。酇城音贊。柞子各反，又在各反。診之忍反。獷古猛反。餉式亮反。剽匹妙反。

列傳第五十五卷

晉書八十五

慴之涉反。譟蘇到反。悛此緣反。佻吐彫反。躁則到反。愎符逼反。捘五木奴禾反。窶其矩反。褊方緬反。矟所角反。新淦顔音紺，又古含反。黥渠京反。旿音午。拉盧合反。桎音質。梏古屋反。跳踉音良。椽桷傳、角二音。祏音石。蠆丑芥反。莞音官。

列傳第五十六卷　晉書八十六

烏氏音支。筴音册。氾音汎。繆靡幼反。刎武粉反。魴音房。鵰苕徒聊反。晁直遙反。耽丁含反。屣所綺反。髦音毛。轄胡瞎反。蹹動合反。琠字林：琠，玉也。他殄反。浩亹閻、門二音。毯布吐敢反。塢烏古反。銖市朱反。肘陟柳反。筐篚匡、匪二音。漂音飄。宛許於元反。崧息融反。譟蘇到反。腕烏段反。岌魚及反。糟粕匹各反。齷音握。齪側角反。攘音壤。白帢字林云：帢，士服，制如榼，缺四角。苦洽反。隲之日反。揹次上子魚反，下音恣。令居孟康令音連，顔音零。葑音封。窪烏瓜反。竇堂見反。漒音彊。踊音勇。解扁音篇。諠譁喧、花二音。慓悍上匹笑反，下音汗。虓許交反。璣居希反。穰苴汝陽、子魚二反。耿弇古南反。梟古堯反。雹車蒲角反。白帢苦洽反。瑁莫佩反。煅許委反。燼疾忍反。皝音晃。帑他朗反。囹圄零、語二音。茨疾脂反。琪音其。驪靬顔音驪力馳反，靬音虔。今其土俗人呼驪靬，疾言曰力虔。訞音妖。張壔殊六反。綝丑林反。剔他歷反。鞘私妙反。瑕古雅反。仂與力同。又音勒。葚食稔反。甜徒兼反。覘丑廉反，又敕艷反。

列傳第五十七卷　晉書八十七

黁奴昆反。騧古華反。且渠子余反。謖所六反。湟胡光反。騂息營反。赫呼格反。泮普半反。邅張連反。榛士臻反。拓音託。繄烏奚反。餗音速。昏墊都念反。鴟處脂反。樂涫洛、官二音。類盧對反。傉檀音耨，又奴荅反。恣睢上如字，下許季反。又恣音千私反，睢音千余反。荏如甚反。勍渠京反。菴藹於蓋反。沮七余反。鳶音緣。嚇呼訝反。潄所祐反。彭音淨。闃苦覓反。忪懞上之凶反，惶也。下音蒙。啑喋上才接反，下音業。嶔岑欽、吟二音。鞅於兩反。罩都孝反。馘古獲反。芟所銜反。帢苦洽反。豢音患。

列傳第五十八卷　晉書八十八

亹亹音尾。循陔音該。矖所綺反。視也。頫與俯同。沫莫葛反。蒔時吏反。毳此芮反。醮子誚反。孑居列反。豎刁音凋。哺薄故反。蠐螬齊、曹二音。飴與之反。蓼莪上音六，下五哥反。屩居約反。邴兵永反。負笈其輒反。風土記：笈，學士所以負書籍。許孜音茲。羸憊防介反。頸居郢反。搏音博。袞古本反。一本作袞，音裕。筥音舉。糝先感反。捃居運反。橡音象。苕音條。賡如蚩反。說文以爲古文續字。孥音奴。畟初力反。〔一三〕蘂而髓反。柚直牛反。眩瞀莫候反。蔑莫結反。呵呼何反。籃盧甘反。籠屬。惇都昆反。瞳音同。刮古滑反。髯汝鹽反。髦音毛。菫居隱反。榱椽上所追反，下直緣反。穰汝陽反。抶丑栗反。認而晉反。鉏助魚反。廞許金反。焰與燄同。以贍反。熒渠營反。購古候反。葦韋鬼反。磚甓蒲歷反。梘胡廣反。

列傳第五十九卷　晉書八十九

崎去奇反。嘐許交反。頠魚毀反。翬許歸反。伶音零。血濺子賤反，又則幹反。浣胡管反。眕之忍反。

桷音角。之溜力救反。勱音邁。呼噏許及反。圻渠希反。蹻足許慎云：舉足小高也。〔一三〕音矯。訕所晏反。蘧爲委反。疋與雅同。鬻音育。儻〔一四〕當亮反。鷂弋笑反。茨簷疾脂反。漂撫昭反。瞋昌鄰反。偵人丑鄭反。幘側革反。挂音卦。筋舉欣反。悝苦回反。鯨鯢上渠京反，下五奚反。蓮芍如淳音輦酌。粒音立。甖烏莖反。

列傳第六十卷　晉書九十

偪與逼同。氾音汎。亥莫候反。蔡音部。在始平，一音來。賵芳鳳反。貔房脂反。爨七亂反。廐音救。衵尼質反。燎力召反。逌音由。酈郎激反。廞許金反。拖託何反。歠昌雪反。菹側魚反。絮息據反。歃所洽反。剔他歷反。飧音孫。篷薄紅反。番禺潘、愚二音。

列傳第六十一卷　晉書九十一

煬餘亮反。塡徒賢反。坑穽疾政反。孑居列反。弛式是反。亟去吏反。銍陟栗反。奭音適。襄賁音肥。祧吐彫反。詁音古。鞾與靴同。炤燿與照耀同。臍音齊。氾音汎。鉏助魚反。癰於容反。斂力驗反。澣胡管反。葦席韋鬼反。祲作鴆反。躓陟利反。礙吾愛反。本或作硋。媟私列反。裸郎果反。輯秦入反。謏蘇了反。抵都禮反。軟而兗反。綈音題。癢音養。踁踁口莖反。字當作硜。愾苦愛反。丐古泰反。鏟初限反。

獷古猛反。 輠古火反。

列傳第六十二卷　晉書九十二

軑音大。 塹才敢反。 硏音硯。 薈烏外反。 埒力輟反。 飫於據反。 溷淆上胡本反，下胡交反。 蚑巨支反。 蝡而允反，又而兗反。 鎔音容。 委虵音委迤。 注張丁救反。 暈云問反。 珥仍吏反。 彗孛上四歲反，下薄背反。 沆漭上胡朗反，下莫朗反。 熾尺志反。〔一五〕炮白交反。 鼇五勞反。 爹陟加反。 濛汜蒙、似二音。 熛必遙反。 洿安都反。 慨慷上音愷，下苦朗反。 嘈音曹。 柔撓而小反。 澎濞上普彭反，下普祕反。 冽音列。 怫符弗反。 蟬蜎伊緣反。 悱妃尾反。 磞硠上普萠反，下朗堂反。 訇磕上火宏反，下苦蓋反。 嘲嘈勞、曹二音。 吻武粉反。 嚁音狄。 溷胡困反。 傖助庚反。 溳音云。 占之贍反。 帶都計反。 蹴取育反。 蹋徒合反。 腆他典反。 汙音烏。 瞿俱遇反。 韍甫勿反。 褞褐於門反。 儜女耕反。 耨奴豆反。 泓噌疾陵反，又則登反。 鎗鎗初庚反。 脢胎音梅。 僂垢上力口反，下音苟。 嘲哮上張交反，下許交反。 韞蠢上於粉反，下尺允反。 痷婪上烏含反，下盧含反。 眂眂上支反。 廣疋：眂，視也。 拉盧合反。 嗛閃上力冉反，下舒斂反。 嗆啍七鄉、向良二反。 闒茸上土盍反，下而勇反。 饕音叨。 諍音爭。 䶑𪖙上寥，去聲。 下五弔反。 惛音昏。 圮音被。 蕨音厥。 菰古胡反。 鱸音盧。 蹺去遙反。 櫛阻瑟反。 栧餘制反。 汨音覓，亡狄反。 倬丁角反。 焯之藥反。 琅琅音郎。 仆音赴。 綽約處灼反。 趠諸教反。 字林：走也。 騄力玉反。 鰓蘇才反。 狷吉緣反。 擺北買反。 蟪蛄惠、姑二音。 罝子耶反。 洿音烏。 蘄茝上居希反，下音怙。砎音介。棼櫓汾、魯二音。塹七艷反。柝音託。迂憶居反。蔗之夜反。紿徒亥反。彖他亂反。

列傳第六十三卷　晉書九十三

剿子小反。滅之許劣反。餽逵位反。務莫候反。姥莫補反。䂮力灼反。榱椽衰、傳二音。麋音眉。嶷魚力反。本作揔，作孔反。皝黃廣反。惔徒含反。淦古南反。帽莫報反。嫗紆遇反。犀杷音西霸。紓音舒。胏胕符遇反。

列傳第六十四卷　晉書九十四

渟音亭。窅烏了反。窐烏華反。悛此緣反。斁音妒。汩音骨。⿰尺鳥與斥同。顰顣上脾賓反，下子六反。梠音呂。蠊⿰虫越上乎緎反。字林曰：蠊，海蟲，長一寸，可食。下音越。帀子荅反。撞宅江反。挑柈音盤。螮蝀上都計反，下多動反。忼慨音慷慨。踧踖上子六反，下資昔反。柂徒可反。櫓音魯。鯔鰞音淄烏。鯆音鋪。⿰魚孚音浮。埤蒼：⿰魚孚，⿰魚匊魚也。說文：⿰魚匊魚出樂浪番國，一名江豚，多膏少肉。一曰出江，有兩乳。〔一六〕⿰魚匊音居六反。鷊五歷反。梢所交反。跳徒聊反。喉囀知戀反。嗽蘇豆反。咤陟嫁反。讙況袁反。葭音加。袿音圭。襡音蜀。字林曰：袿，婦人上衣也。襡，連要衣也。認而晉反。涫音官。媟私列反。䪼居筠反，又於倫反。哿古我反。荀崧音嵩。貿莫候反。菴烏含反。袴褶神執反。踑踞居御反。瞪眸直陵、直耕二反。梁踦魚綺、其綺二反。墊都念反。

鮞音而。饋求位反。歠昌雪反。驎力珍反。囷去倫反。纁音勳。餼許既反。羯居謁反。倮郎果反。鐃女交反。椵古雅反。銖音殊。瞿硎客庚反。汁溲疎有反。縶陟立反。秫音述。秔古行反。拳拳巨員反。芸秄音云子。叶韵音兹。籃輿盧甘反。颯蘇合反。敻虛政反。泌毗必反。

列傳第六十五卷　晉書九十五

讖初譖反。畛之忍反。闓音開。蠡音禮。禺音隅。胃昴音謂卯。炬音巨。偵邏丑鄭、盧箇二反。賽先代反。魅美祕反。鼉徒何反。脹陟亮反。欻許物反。大鸛共俱反。齧五結反。嗥胡刀反。拉盧合反。搥拍上直追反，下普伯反。咋鉏陌反。浚私閏反。羆彼爲反。駮北角反。隗炤音照。著式脂反。珝況羽反。靚疾政反。捍音翰。鴨烏押反。蚊音文。痿痹上人垂反，下必至反。訶叱上呼何反，下齒日反。絮息據反。鉢博末反。枋府良反。劬其居反。肘陟柳反。鷗烏侯反。懺初鑒反。黿音元。噀蘇困反。菅古顏反。蛻託臥反。紞都敢反。泮普半反。啖徒敢反。濛汜蒙、似二音。島與嶋同。滑稽音骨雞。叉初牙反。紕匹夷反。曇徒含反。睫紫葉反。

列傳第六十六卷　晉書九十六

娀息融反。㜪所臻反。姙如林反。韡韋鬼反。翅施智反。郝好各反。袤莫候反。浣胡管反。瘞於例反。

坩鮓苦甘反。剉麄臥反。晞音希。藐妙小反。弢吐高反。覘敕艷反。碌音祿。崧音嵩。葩普巴反。剔縣他歷反。登橙等鄧反。鷁音皇。壼苦本反。彎烏關反。娩晚、免二音。

晉書九十七

列傳第六十七卷

夫餘音扶。罽居厲反。貂豽女滑反。穢王於肺、乙劣二反。沃沮子余反。紒亦髻字。音計。蹻其虐、居灼二音。讙音喧。楯食允反。扁音褊。襘處膾反。砮奴古反。楛音戶。傉雞內沃反。倭烏禾反。孥音奴。釤所監反。羃羅音冪離。鷜理之反。酋字秋反。拔蒲撥反。葉音攝。恍惚上呼晃反，下呼骨反。涸下各反。愞乃亂反。汗音寒。溺音强。蹢音題。詩云白蹢，音的。襦日朱反。獪古邁反。賁崙音奔。月氏音支。賈音古。銖音殊。顥音昊。薤胡界反。犁鞬上落奚反，下居言反。梲栭音拙而。礎音楚。合縫下音俸。西卷漢書音卷，又音權。鏟初限反。估較音古角。鉦之成反。大灣烏關反。舶音白。獷古猛反。婆莎蘇和反。蛭之日反。蠡音螺。綦毋音無。倪苦見反。韝古候反。

晉書九十八

列傳第六十八卷

敺烏口反。磾音低。坫都念反。閫苦本反。陳頒布還反。帑他朗反。舐西鄙反。犒苦到反。剽掠上西笑反，下力讓反。鬻拳音育權。莚音延。煽音扇。踑暨儿反。桁胡郎反。輗車輗，礙車也。五奚反。枹音俘。

棱落登反。蛸云貴反。礫陟格反。魚復應劭音腹。笮橋側陌反。葭萌音加。昝子感反。噂喈上茲損反，下徒合反。淅音錫。芟音衫。潸數扳反。褫池爾反。牸音字。鞞補鼎反。韡方孔反。赭圻上之野反，下渠希反。柈音盤。涂度都反。蚝七吏反。慴之涉反。祟雖遂反。纛徒到反。鄖人蘇林音盲，字林芒耿反。睥睨上匹詣反，下五計反。懟直類反。浞士捉反。猹於計反。

列傳第六十九卷　晉書九十九

冏舉永反。瓢符遙反。妳媼上奴解反，下烏浩反。溢蒲奔反。悍胡幹反。虓呼交反。跋扈步撥反。蹙子六反。綟盧結反。梠音呂。舸古我反。彬甫巾反。榜博朗反。衽如甚反。輀音而。蒐所愁反。讙音喧。帔彼義反。偵丑鄭反。譟蘇到反。喁魚容反。譁音花。衄女六反。舫府望反。磯居希反。柞在各反，又則洛反。涓音云。酗醬上香句反，下音詠。狙七余反。幺麼上一堯反，下亡可反。

列傳第七十卷　晉書一百

惏古賢反。本作怯。劵去願反。揞子感反。傴於武反。下儁辭兗反。腐扶雨反。絆音半。涅陽奴結反。莠音酉。呵呼何反。弢吐高反。箋則前反。崧音嵩。臠力兗反。畛之忍反。眺他鳥反。踧丁六反。汶衡亡運反。紐女久反。歃山洽反。鮪榮美反。貰舒制反，又時夜反。皖戶版反，又胡官反。縣名，在廬江。盱眙與之反。

栅惻戟反。攘如兩反。裸郎果反。羕餘亮反。沮衄上慈呂反，下女六反。怯懦上去業反，下奴亂反。淩丑升反。靫音釵。緦音叶。蛻託臥反。尪烏光反。傿於建反。堙音因。簏音祿。贛音感。柤浦側加反。譎古穴反。翌音翼。盥古纂反，又去聲。痡普胡反。蜮音或。踣傍北反。

載記第一卷　　晉書一百一

湩乳汁也。多貢反，又竹用反。詖彼義反。覘敕廉、敕艷二反。盟津音孟。劃胡麥反。沮渠子魚反。冒頓莫北反。奥鞬上於六反，下居言反。鬐渠脂反。覡胡狄反。邯鄲寒、丹二音。齠齔上音條，一本作髫。下初謹反。賻音附。磾音低。珧餘昭反。培塿蒲口反，盧斗反。拉盧合反。崎嶇上去奇反，下音區。拓音託。閹音奄。宦官，又豎也，宮中閹閽閉門者。聶尼輒反。泫氏胡犬反。氐當奚反。酋字秋反。顥音浩。

載記第二卷　　晉書一百二

彎烏關反。鹿蠡韋昭音離。鷔五勞反。胏腑音府。疋與雅同。柘之夜反。銀硏五見反。珝況雨反。狼猛漢書狼音浪。殿屎詩云：人之方殿屎。爾雅云：殿屎，呻吟也。孫炎云：愁苦呻吟之聲。殿音丁見反，屎音香伊反。獳字林火迷反。狃女久反。戇丁降反。蹄涔助簪反。悸其季反。侊吐彫反。袤莫候反。猗乙奇反。詿音挂。獳而遇反。綦毋音無。螟螣音冥特。螣食苗葉。蝥音謀。磻石薄官反。螽斯音終。劉勱音邁。榱所追反。簀側革反。喧喧况袁反。卿但識禮記云：弟子識之。識音之吏反。

載記第三卷　晉書一百三

仆撫遇反。鬚髯上相兪反，下汝鹽反。菅涔〔一七〕鋤簪反。菅一作管。掎居起反。諜徒叶反。大荔音戾。剽匹笑反，又音飄。齔初謹反。滈池胡老反。向魋杜回反。倮郎果反。咢酉五各反。奮剌直引反。困敦丁回反。獷古猛反。汧城音牽。休屠漢書屠音除。驫字或作駬。女輒反。馬行疾也。躓涉利反。皚五來反。軹諸氏反。帢苦洽反。戲水許羈反。炮烙上音匏。下公百反，一作格。謻門謻音池。字林力之反，又直紙反。

載記第四卷　晉書一百四

肻音背。下張肻督同。羯居謁反。鄔太原鄔縣也。音一戶反。鞞步迷反。鬻食育、鬻二音。茌平之士反，又仕疑反。逯明音綠。噎於計反。䐗圈渠篆反。犒苦到反。禧許其反。敳五來反。呵呼何反。塡殺之塡音陟鄰反。洧榮美反。螘魚綺反。愀子小反，又茲糾反。鎧苦愛反。筏音伐。欲塡徒賢反。范龕音堪。王脊古愼字。哆丁佐反，又車者反。鴦烏郎反，又於良反。坫都念反。桑乾音干。踁戶定反，本作脛，同。蛻託臥反。鼂音朝錯之朝。挈壺苦結反。孛薄背反，又薄沒反。

晉書一百五

載記第五卷

瑕古雅反。滹荒烏反。本或作滹。纛徒到反。呵呼何反。咄哪上當沒反，下乃結反。岍音牽。毆烏口反。漚麻於候反。拳巨員反。復之方六反。釀女亮反。擈殺蒲角反。刳音枯。鄼才何反。酈食歷、易二音。核下革反。琅音郎。逡遒才由反。闓音開。堨烏葛反。澌〔一八〕字林：澌，流水也。息移反。犖訾上居悚反，下卽移反。醌他典反。偵諜上丑鄭反，下音蝶。句麗音駒離。楛音戶。于窴音殿。犖呂角反。礌礌落猥反。洿下哀都反。謏蘇鳥反。涅奴結反。澍之樹反。涉瓆公回反。

晉書一百六

載記第六卷

趫去遙反，又音喬。吻武粉反。㶏陶上一井反，下音遙。費縣音祕。絙字林：大索也。古恒反。輞音罔。橡音象。綷子對反。鐺都堂反。崇杠音江。竿也。緪繳之藥反。紐女九反。衄女六反。褻私列反。捶之累反。安次漢書次音恣。令支應劭令音零，孟康支音祇。蹋頓徒合反。海島都浩反。艘蘇遭反。鉦諸盈反。臬丑路反。郲陟輸反。葦韋鬼反。迭徒結反。遞也。豫且子余反。中扁芳蓮反。湎彌兗反。昴音卯。恚於避反。溺中乃弔反。晼晼目深也。一丸反。耐乃代反。韡與靴同。偶語五口反。象箸張據反。孕以證反。

晉書一百七

載記第七卷

湟音黃。鵠胡沃反。孑居列反。張瑁莫佩反。愀子小反，又茲糾反。頷胡感反。舐食爾反。郝呼各反。洿反烏。豺士諧反。頡胡結反。下辨步莧反。惛音昏。羯居謁反。盂音于。郯以贍反。浹子協反。銖市朱反。滏音釜。滆音鬲。譎古穴反。餉式亮反。縋馳僞反。渴陘戶經反。汨音骨。闢鞞蒲迷反。仆音赴。倜儻博雅：卓異也。倜音他歷反，儻他沆反。褫池爾反。懟直類反。畚鍤上音本，下初洽反。惵惵徒協反。獷古猛反。燥蘇浩反。唵烏感反。

晉書一百八

載記第八卷

廆五罪反。步搖餘招反。魁苦回反。耐乃代反。膾古外反。岌魚及反。皝音晃。崔毖音祕。犒苦到反。紐女久反。燾徒到反。傕氾較、汎二音。員音云。蓨音條。

晉書一百九

載記第九卷

佟徒冬反。滹火湖反。蚡房粉反。噂喈上茲損反，下徒合反。漉盧谷反。釗指遙反。蠮螉上烏結反，下烏紅反。澮古兌反。墊都念反。佛肸許乙反。

載記第十卷　晉書一百十

鶩音務。龕口含反。沲徒何反。綫仙箭反。瓫蒲奔反。猶音由。鏗鏘上口莖反，下七將反。構古侯反。禩陸氏士戀反，顧音士眷反。踶齧上特計反，下五結反。滎渠營反。縻靡爲反。鴦於良反，又烏郎反。潸然出涕〔一九〕毛詩：潸，涕下貌。劉炫音生版反。涕音他禮反。闃苦覓反。蹋徒合反。嵪嶅口勞、五勞二反。

載記第十一卷　晉書一百十一

暐文字集略：暐亦煒字，于鬼反。螗蜋堂、郎二音。圈渠篆反。竺陟六反。一作築。〔二〇〕跋扈蒲撥反。燼疾刃反。荷擔都濫反。甌吳一侯反。謏蘇鳥反。涌〔二一〕音勇。餽逵位反。賕音求。陟岵字或作阽。乎古反。帑他朗反。襜褕字林曰：直裾曰襜褕。上處詹反，下式朱反。弋綈杜奚反。稠直牛反。彙音謂。隔閡五代反。挻式連反。螯莫浮反。讋章葉反。字林：失氣也。媼烏浩反。衝棚步萌反。蜎云貴反。鴟尺脂反。

載記第十二卷　晉書一百十二

氐當奚反。酋字秋反。上邽古攜反。枋府良反。艸古草字。本或作廾。菁子情反。軹音紙。淅音析堆都回反。屐奇逆反。瞎許鎋反。耐刀槊所角反。跣蘇典反。梁楞來登反。彎烏關反。錘直垂反。鉗巨淹反。鋸音遽。僵仆薑、赴二音。洿音烏。鄜城撫夫反。燗徐廉反。隻之石反。悸其季反。

晉書一百十三

載記第十三卷

翌與職反。嘔血烏口反。蚝七吏反。丏古泰反。廄音救。京索應劭曰：京，縣名。今有大索、小索亭。晉灼曰音柵。顏氏索音求索之索。耳屬朱辱反。瓮湳奔反。鷲陝上音就。陝，漢書音下夾反。兩山之間也。本或作俠。溛音强。胏胕音府。輶以周反。沮水七余反。虓許交反。邛笮在各反。本爲筰。墊江音疊。仂來北反。翼犍渠焉反。溉古礙反。游馬以渡說文曰：游水上也。〔二〕音由。盱眙上況于反，下與之反。溯音素。璅音早。涂中度都反。擯必刃反。褊阨方緬反，烏懈反。嵕子紅反。璣居希反。玕音干。哂式忍反。於寘堂見反。又音田。滶五勞反。

晉書一百十四

載記第十四卷

餧奴罪反。袤莫候反。彌寘堂見反。輟餔薄故反。咤陟嫁反。沮計慈呂反。鄖音云。柵惻戟反。掎居綺反。勍渠京反。憮音武。壺飧音孫。髀傍禮反。厭於艷反。豫且子魚反。潸數版反。戇丁降反。堰於建反。鸛古段反。揭竿去竭反。碭山音宕。碻磝上口勞反，下五勞反。蘧蒢渠、除二音。以飴辭吏反。埳與坎同。苦感反。蓮勺輦、酌二音。圮喪符鄙、息浪二反。衄女六反。焰以艷反。長鞘所交反。馬鞭頭也。鬻畚音育。一作粥。鬒相俞反。捫蝨門、瑟二音。揃字林：揃音子善反。螭蟠上丑知反，下音盤。哃與哂同。式忍反。睚眦上五懈反，下士懈反。如綖私箭反。汰音太。唾吐臥反。精餚音肴。

載記第十五卷　晉書一百十五

犍爲渠焉反。驎力珍反。猗於宜反。吒陟加反。械胡界反。輜軿上側持反，下薄經反。刻鉡字林：古矛字。稍所角反。彌姐慈野反，又作可反。字林子冶反。祼郎果反。瞬舒閏反。笞丑之反。湟胡光反。泮普半反。鼃黽字林：鼃似蝦蟆。烏佳反，又烏媧反。黽，水蟲也。芒耿反。蠆丑芥反。愎符逼反。

載記第十六卷　晉書一百十六

塡徒賢反。洿音烏。狷吉緣反。貫鉀音甲。碻磝上口勞反，下五勞反。愊芳逼反。蠡音禮。北屈居勿反。黨删丁浪反。馬嵬五回反。鴟處脂反。蒔時吏反。槌直追反。闚闟窺、渝二音。

載記第十七卷　晉書一百十七

泫氏胡犬反，又胡堅反。上黨有泫氏縣。彭音靜。朓他了反。驢磑五內反。讞魚列反。沮渠子余反。洸古皇反。傉內沃反。梴式連反。番禾音盤。譯羊益反。波若人者反。玁狁險、允二音。鶚五各反。鐔音託。重繭上持容反，下古典反。擯必刃反。

晉書一百十八
載記第十八卷

瀘口水經曰：瀘水出襄鄉縣東北陽中山。瀘，疾亂反。南都賦云：瀙、灃、濼、瀘，發源巖穴。即此水也。袤莫候反。拓跋上音託，下步末反。楞盧登反。裨音卑。平輿音豫。鶩陜下夾反，下同。絕亢下郎反。亢，頸也。紓音舒。覬几利反。鏗口莖反。洿音烏。

晉書一百十九
載記第十九卷

雒古候反。殷殷有聲殷音隱。瞋昌鄰反。洸古皇反。完胡官反。墨蠡祿戈反。蠡吾上音禮。掎居綺反。裨將頻卑反。嘔一口反。拔蒲撥反。憮無府反。

晉書一百二十
載記第二十卷

嗥胡老反。碭杜浪反。黔中音琴。賨南蠻賦才冬反。剽匹笑反。復方六反。覡胡狄反。苾毗必反。廞許金反。愞乃亂反。幟昌志反，又式吏反。弇古南反。氐叟蘇后反。犍居言反。晶音精。晶，光也。檉敕貞反。衙博上音牙。葭萌上音加，下莫耕反。墊徒叶反。璜胡光反。汜音汎。黃訇呼宏反。皐尺玉反。古文觸字。

郫符羈反。幢宅江反。

載記第二十一卷　晉書一百二十一

郪倉杳反，又音妻。芋羽遇反。羅羕餘亮反。覡胡狄反。惇都昆反。經丑結反。釗指遙反。玪胡紺反。玝音午。扞音翰。矺字林：本砨字。萬廉反。毋丘音無。朱提上是朱反，下是支反。瘍左傳云：生瘍於頭。字林：瘍，頭瘡也。音羊。酗香句反。椵古雅反。痕字林：痕，瘢也。戶恩反。吮徐兗反。瓌姑回反。紊無運反。昝子感反。艦胡黯反。譟蘇到反。祟雖遂反。獠音老。蹙子六反。汶音旻。鑕之日反。剽竊字林：剽，劫人也。匹召反。鼈并列反。

載記第二十二卷　晉書一百二十二

蚝七吏反。獪古邁反。吶女劣反，又女鬱反。馗渠追反。矛矟音朔。羂古犬反。黠胡八反。尉祐音鬱。允吾應劭曰：允吾音鉛牙。〔三三〕鷉之然反。犍居言反，下同。揟次孟康：揟音子如反，次音恣。鞅於兩反。涫音官。番禾音盤和。本一作和。呑吐根反。咀慈呂反。拉盧合反。榼苦盍反。崎嶇上去奇反，下音區。坑客庚反。橜其月反。琱音彫。蕞爾在最反。

晉書一百二十三

載記第二十三卷

句踐音鉤。靬音牛。郥城音云。歃山洽反。椹食稔反。罟姑戶反。侏張上張流反。塹七豔反。兜當侯反。北走音奏。跳徒聊反。嫄音原。溯音素。曇徒含反。狃女久反。

晉書一百二十四

載記第二十四卷

砥音旨。惷丑江反，又丑降反。畦戶圭反。撾捶上陟瓜反，下之累反。鴟鴞上處脂反，下于驕反。羿五計反。勍渠京反。呪詛上職救反，下側據反。暍說文：傷暑也。音謁。剗初限反。躃踊房益反。仆音赴。縰鞾與靴同。跋蒲撥反。藁古老反。儗魚紀反。惡有音烏。掎拔居綺反。勦子小反。鬒之忍反。逭胡段反。

晉書一百二十五

載記第二十五卷

紇下沒反。汗音寒。鐸大各反。軻音柯，又去聲。姓也。䩭居宜反。翟瑥音溫。狃女九反。羖羝音古低。踧子六反。捫音門。党丁浪反。嵻崀康、郎二音。轘音患。蹢直炙反。蹢，豕蹄也。又音的。噍祚叫反。阽余廉反。叱咤上齒只反，下陟嫁反。跋蒲撥反。韮町徒鼎反。閼伯烏葛反。賕音求。蝚蠕上音柔，下而兗反。睹音覩。柘之夜反。鸛古段反。厮音斯。砥礪旨、厲二音。

載記第二十六卷　晉書一百二十六

壽闐徒賢反。鞬居言反。湟胡光反。鍮託侯反。崘音倫。麗軒上力馳反，下音虔。頃襄頃音傾。允街孟康曰：允音鈆，〔二四〕街音皆。氐池都兮反。或作丘池。番和音盤。邯川音寒，又胡甘反。苕藋上音條，下徒弔反。愎符逼反。子鮮音仙。羈靮音的。馬韁也。乾谿音干。

載記第二十七卷　晉書一百二十七

拓拔上音託，下蒲撥反。諄音卓。紐女久反。流澌息移反。奎苦圭反。勦子小反。耿弇古南反。湫隘子小反。鴟鴞上處脂反，下于驕反。鉦諸盈反。

載記第二十八卷　晉書一百二十八

恚於避反。繯音患，下同。霈普蓋反。峴胡典反。陘音邢。臨朐音劬。從成即容反。翌與職同。龕音堪。悛此緣反。撓奴效反。

載記第二十九卷　晉書一百二十九

沮子余反。滑稽史記猾、雞二音，又骨、雞二音。匄古泰反。覡胡狄反。挐女余反。湟胡光反。魋杜回反。姐才也反。隗五罪反。澍之樹反。研研五見反。

載記第三十卷　晉書一百三十

孑居列反。偵丑鄭反。堆都回反。髑髏獨、樓二音。刎武粉反。党丁浪反。瓚公回反。蒯恩苦壞反。罩都孝反。絙古恒反。濛汜蒙、似二音。旰音幹。綷子對反。閟宮兵冀反。侐況逼反。嵯峨上昨何反，下五哥反。螭丑知反。

校勘記

〔一〕琉　正文無「琉」字。

〔二〕膊　正文無「膊」字。有「贈錢五十萬」，或何超所見本作「膊錢五十萬」。

〔三〕琉　正文作「玩」字，無「琉」字。

〔四〕注說文白獸也下甘反　說文：「甝，白虎也。讀若鼏。」爾雅釋獸釋文引字林：「甝，下甘反。」

〔五〕隧　原作「璲」，今據正文改。

〔六〕注傳云至察也　此爾雅釋訓文。若引毛傳，當作「斤斤，明察也」。

〔七〕注揚雄傳至音部　漢書揚雄傳「蓋」作「覆」。顏師古曰：「瓿，音蔀，小甖也。」

〔八〕惓　正文作「倦」。

〔九〕弩　原作「拏」，今據正文改。

〔一〇〕注秭音姊　原作「下音秭」，今據漢志上注改。

〔一一〕顒　原作「覬」，今據正文及殷顒傳改。

〔一二〕畟注初力反　正文作「晏」，無「畟」字。

〔一三〕注舉足小高也　說文「小」作「行」。

〔一四〕儻　正文無「儻」字。

〔一五〕⿰土戠　正文無「⿰土戠」字，當卽正文「赤埴」之「埴」字。

〔一六〕魣注說文至兩乳　說文云，「⿰魚肙，魚名，出樂浪潘國。一曰⿰魚肙魚出江東，有兩乳」。與所引略異。

〔一七〕菅涔　正文已改作「管涔」，參見卷一〇三校記。

〔一八〕澌　正文作「凘」。說文，凘，流水也。

〔一九〕出涕　正文「出」作「流」。

〔二〇〕竺注一作築　正文無「竺」字，亦無「築」字。蓋爲「慕容筑」「筑」字之形近譌。

〔二一〕涌　正文無「涌」字，疑「甬東」「甬」字之誤增水旁。

〔二二〕注說文至上也　游，說文謂「旌旗之流也」。游泳之游說文作「汓」，云「浮行水上也」。正文假「游」爲「汓」，何超直以「汓」釋之，引說文又脫「浮行」二字。

〔二三〕注音鉛ㄎ　「ㄎ」原作「牙」，今據漢志下注改。

〔二四〕注音鈆　「鈆」原作「訟」，今據漢志下注改。

修晉書詔

朕拯溺師旋，省方禮畢，四海無事，百揆多閑。遂因暇日，詳觀典府，考龜文於羲載，辨鳥册於軒年。不出巖廊，神交千祀之外；穆然旒纊，臨睨九皇之表。是知右史序言，由斯不昧；左官詮事，歷茲未遠；發揮文字之本，通達書契之源，大矣哉，蓋史籍之爲用也！

自沮誦攝官之後，伯陽載筆之前，列代史臣，皆有删著。仲尼修而採檮杌，倚相誦而闡丘墳。降自西京，班馬騰其茂實；逮于東漢，范謝振其芳聲。蕞爾當塗，陳壽敷其國志；眇哉劉宋，沈約裁其帝籍；至梁陳高氏，朕命勒成，惟周及隋，亦同甄錄：莫不彰善癉惡，激一代之清芬；褒吉懲凶，備百王之令典。

唯晉氏膺運，制有中原。上帝啓玄石之圖，下武代黃星之德。及中朝鼎沸，江左嗣興，並宅寰區，各重徽號，足以飛英麗筆，將美方書。但十有八家，雖存記注，而才非良史，事虧實錄。緒煩而寡要，思勞而少功；叔寧課虛，滋味同於畫餅；子雲學海，涓滴堙於涸流；處叔不預於中興，法盛莫通於創業；洎乎干陸曹鄧，略記帝王；鸞盛廣訟，〔校注：「訟」當作「謙」，指劉謙之。說見余嘉錫四庫提要辨證卷三〕纔編載記。其文旣野，其事罕傳，遂使典午清高，韜遺芳於簡册；金行曩誌，闕繼美於驪騵。遐想寂寥，深爲歎息。

宜令修國史所更撰晉書，銓次舊聞，裁成義類。俾夫湮落之誥，咸使發明。其所須，可依五代史故事。若少學士，亦量事追取。貞觀二十年閏三月。